Milena Zampieri Sellmann

O ISS NO CONTRATO DE FRANQUIA

Milena Zampieri Sellmann

O ISS NO CONTRATO DE FRANQUIA

EDITORA CRV
Curitiba - Brasil
2016

Copyright © da Editora CRV Ltda.
Editor-chefe: Railson Moura
Diagramação e Capa: Editora CRV
Revisão: A Autora
Conselho Editorial:

Profª. Drª. Andréia da Silva Quintanilha Sousa (UNIR)
Prof. Dr. Antônio Pereira Gaio Júnior (UFRRJ)
Prof. Dr. Carlos Alberto Vilar Estêvâo
- (Universidade do Minho, UMINHO, Portugal)
Prof. Dr. Carlos Federico Dominguez Avila (UNIEURO - DF)
Profª. Drª. Carmen Tereza Velanga (UNIR)
Prof. Dr. Celso Conti (UFSCar)
Prof. Dr. Cesar Gerónimo Tello
- (Universidad Nacional de Três de Febrero - Argentina)
Profª. Drª. Elione Maria Nogueira Diogenes (UFAL)
Prof. Dr. Élsio José Corá (Universidade Federal da Fronteira Sul, UFFS)
Profª. Drª. Gloria Fariñas León (Universidade de La Havana – Cuba)
Prof. Dr. Francisco Carlos Duarte (PUC-PR)
Prof. Dr. Guillermo Arias Beatón (Universidade de La Havana – Cuba)

Prof. Dr. João Adalberto Campato Junior (FAP - SP)
Prof. Dr. Jailson Alves dos Santos (UFRJ)
Prof. Dr. Leonel Severo Rocha (UNISINOS)
Profª. Drª. Lourdes Helena da Silva (UFV)
Profª. Drª. Josania Portela (UFPI)
Profª. Drª. Maria de Lourdes Pinto de Almeida (UNICAMP)
Profª. Drª. Maria Lília Imbiriba Sousa Colares (UFOPA)
Prof. Dr. Paulo Romualdo Hernandes (UNIFAL - MG)
Prof. Dr. Rodrigo Pratte-Santos (UFES)
Profª. Drª. Maria Cristina dos Santos Bezerra (UFSCar)
Prof. Dr. Sérgio Nunes de Jesus (IFRO)
Profª. Drª. Solange Helena Ximenes-Rocha (UFOPA)
Profª. Drª. Sydione Santos (UEPG PR)
Prof. Dr. Tadeu Oliver Gonçalves (UFPA)
Profª. Drª. Tania Suely Azevedo Brasileiro (UFOPA)

Este livro foi aprovado pelo Conselho Editorial.

CIP-BRASIL. CATALOGAÇÃO-NA-FONTE
SINDICATO NACIONAL DOS EDITORES DE LIVROS, RJ

S464

Sellmann, Milena Zampieri.
    O ISS no contrato de franquia. / Milena Zampieri Sellmann. – Curitiba: CRV, 2016.
    196 p.

    Bibliografia
    ISBN: 978-85-444-0864-3
    DOI 10.24824/978854440864.3

1. Direito 2. Franquia – contrato I. Título II. Série.

CDD   341.39

2016
Foi feito o depósito legal conf. Lei 10.994 de 14/12/2004
Proibida a reprodução parcial ou total desta obra sem autorização da Editora CRV
Todos os direitos desta edição reservados pela:
Editora CRV
Tel.: (41) 3039-6418
www.editoracrv.com.br
E-mail: sac@editoracrv.com.br

SUMÁRIO

INTRODUÇÃO 7

1 A CONSTITUIÇÃO FEDERAL E SUA SUPREMACIA........................ 11
1.1 As normas constitucionais na cúspide da "pirâmide jurídica"........... 11
1.1.1 Hierarquia entre as normas constitucionais 14
1.2 Competência tributária e sua discriminação constitucional.............. 18
1.2.1 Normas de conduta e as normas de estrutura 20
1.2.2 A repartição constitucional da competência tributária 23
1.2.3 Titulares da competência tributária... 26
1.2.4 Competência tributária para criar impostos................................... 29
1.2.4.1 Espécies de tributos 31
1.2.4.2 Os impostos.. 33
1.3 Os princípios constitucionais e as limitações constitucionais ao exercício da competência tributária... 37

2 IMPOSTO SOBRE SERVIÇOS DE QUALQUER NATUREZA (ISS)..... 41
2.1 Origem e histórico 41
2.2 Autonomia e competência tributária 47
2.3 Regra-matriz de incidência do ISS 51
2.3.1 Critério material 52
2.3.2 A função da lei complementar 69
2.3.2.1 A Lei Complementar n. 116/03 72
2.3.3 Rol dos serviços – lista anexa da Lei Complementar n. 116/03..... 75
2.3.3.1 O subitem 17.08 e o descompasso com a regra-matriz............. 81
2.4 Critério temporal e espacial... 84
2.5 Critério pessoal: sujeito passivo 90
2.6 Critério quantitativo.. 93
2.6.1 Base de cálculo 94
2.6.2 Alíquota.. 96

3 O CONTRATO DE FRANQUIA 101
3.1 Esboço histórico 101
3.2 Direito Norte-Americano 104
3.3 Direito Brasileiro 105
3.3.1 Legislação Aplicável 105
3.3.2 Definição do conceito 107
3.3.3 Objetos 107
3.3.4 Classificação 110
3.3.5 Circular de oferta de Franquia... 111
3.3.6 Franquia como espécie de contrato de adesão 114

4 JUSTIÇA SOCIAL, PRINCÍPIO DA FUNÇÃO SOCIAL E O CONTRATO DE FRANQUIA 119
4.1 Função Social como Princípio Constitucional 119
4.1.1 Função Social dos Contratos 126
4.2 Função Social como pilar da Justiça Social 131
4.3 Direitos Sociais como pilares da concretização da Justiça Social 135
4.4 Direito Social ao Trabalho 137

5 CONTRATO DE FRANQUIA: A INCONSTITUCIONALIDADE DA INCIDÊNCIA DO ISS E A FUNÇÃO SOCIAL EXERCIDA 141
5.1 Natureza jurídica do objeto do contrato de franquia 141
5.2 Atividades-meio e atividades-fim 144
5.3 Impossibilidade da tributação via ISS das atividades-meio no contrato de franquia 147
5.4 Inconstitucionalidade da incidência do ISS no contrato de franquia em razão da não subsunção ao conceito constitucional de 'serviço' 151
5.5 Inconstitucionalidade da incidência do ISS no contrato de franquia face à violação da função social 159
5.5.1 Violação ao princípio da função social 161
5.6 Franquia: negócio jurídico de fomento ao Direito Social do Trabalho e arrecadação tributária 168
5.7 Predominância da função social sobre a finalidade fiscal do imposto 172

CONCLUSÃO 175

REFERÊNCIAS 185

INTRODUÇÃO

O fundamento da ordem jurídica é a Constituição, a qual estabelece a estrutura básica do Estado ao descrever e discriminar direitos e garantias fundamentais, instituir poderes, determinar competências, resguardando e protegendo toda a sociedade.

As normas jurídicas estão estruturadas dentro do ordenamento de forma escalonada. Ocupam posição de superioridade as normas constitucionais, as quais legitimam todas as normas inferiores, já que estabelecem como deverão ser elaboradas e lhes dão fundamento de validade.

Dentre as competências fixadas pela Constituição está a legislativa, consistente na capacidade das pessoas jurídicas de direito público interno de expedir e introduzir normas inaugurais, observadas as limitações impostas pelo próprio ordenamento.

Uma das facetas da competência legislativa é a competência tributária definida como poder, conferido e discriminado pelas normas constitucionais, de criar tributos.

Ao delimitar a competência tributária, estabelece a Constituição, ainda que implicitamente, o arquétipo constitucional do tributo, o qual deverá ser observado pelos entes federados ao instituírem os tributos dos quais são competentes.

Dentre os impostos da competência dos Municípios e Distrito Federal (artigo 147 da Magna Carta), encontra-se o Imposto Sobre Serviços de Qualquer Natureza (ISS ou ISSQN), previsto, especificamente, no artigo 156, inciso III, da Constituição Federal, o qual estabelece incidir a exação sobre "serviços de qualquer natureza, não compreendidos no art. 155, II, definidos em lei complementar".

Desta feita, cabe aos referidos entes políticos instituir imposto sobre serviços de qualquer natureza, desde que não se trate dos serviços de transporte interestaduais e intermunicipais e de comunicação, cuja competência é dos Estados-membros, os quais deverão ser definidos em lei complementar.

A Lei Complementar que atualmente regula o imposto municipal é a de n. 116, de 31 de julho de 2003, a qual trouxe no subitem 17.08 do seu rol anexo, o contrato de franquia como atividade passível de tributação.

O contrato de franquia é um dos contratos mais celebrados na atualidade e emprega milhares de trabalhadores diretos e indiretos, o que implica que tem forte função social no objetivo de satisfazer a Justiça Social com a concretização dos direitos sociais.

Em sendo assim, a título de introito, o presente trabalho tem por fim analisar questão relativa à inconstitucionalidade da incidência do Imposto

Sobre Serviços de Qualquer Natureza sobre a atividade decorrente da celebração do contrato de franquia, por não se amoldar no conceito constitucionalmente pressuposto de "serviço" e por ferir a função social do contrato.

A elaboração do trabalho se justifica na medida em que a franquia se apresenta como negócio jurídico de extrema incidência prática, de importância econômica e social, não estando a matéria pacificada em dias atuais pelos nossos Tribunais Superiores.

Para tanto, primeiro serão analisadas as peculiaridades do Imposto Sobre Serviços de Qualquer Natureza. Buscar-se-ão sua origem e histórico, o conceito pressuposto constitucionalmente de "serviço", a função da lei complementar na delimitação da competência tributária, a especificação do momento da ocorrência do fato imponível, o local de sua ocorrência, os sujeitos da relação e serão identificados os critérios para a determinação do valor da dívida, tudo para delimitar o arquétipo constitucional do imposto e analisar sua regulamentação infraconstitucional.

Em seguida, será estudado o contrato de franquia enquanto negócio jurídico, com a indicação de seu esboço histórico no direito norte-americano e brasileiro, a legislação aplicável, conceito, objetos e características da avença.

Depois, examinar-se-á a função social enquanto princípio constitucional, demonstrando sua força e importância, sua presença nos contratos, seu exercício enquanto alicerce da Justiça Social, passando, em seguida, à análise dos Direitos Sociais enquanto pilares da Justiça Social; por fim, demonstrar-se-á a relação do contrato de franquia com a Justiça Social, pontuando sua função social.

Em remate, serão aplicados todos os assuntos precedentes para analisar a inconstitucionalidade da incidência do Imposto Sobre Serviços de Qualquer Natureza no contrato de franquia. Haverá a identificação da natureza do objeto do contrato de *franchising*, das suas atividades-meio e fim, demonstrar-se-á a impossibilidade da tributação das atividades secundárias, para, ao final, analisar a inconstitucionalidade da incidência do imposto municipal em face da não subsunção ao conceito constitucional de serviço e violação à função social, demonstrando, ainda, a preponderância da função social à finalidade arrecadatória.

O trabalho foi estruturado em cinco partes: a primeira destinada à Constituição Federal e sua supremacia; a segunda referente ao Imposto Sobre Serviços de Qualquer Natureza; a terceira concernente ao contrato de franquia; a quarta reservada à Justiça Social, princípio da função social e função social no contrato de franquia; e a quinta e última destinada à inconstitucionalidade do ISS no contrato de franquia e sua função social.

Por meio das análises dogmática, histórica e de dados dos institutos da Franquia e do Imposto Sobre Serviços de Qualquer Natureza, bem como dos institutos correlatos, perceber-se-á que a cobrança desse tributo sobre os serviços prestados pelo franqueador ao franqueado se mostra como flagrante à violação do texto Constitucional.

1 A CONSTITUIÇÃO FEDERAL E SUA SUPREMACIA

1.1 As normas constitucionais na cúspide da "pirâmide jurídica"

O Estado, ordem jurídica total ou sua unidade personificada[1], é criado juridicamente por uma Constituição[2].

A Constituição estabelece a estrutura básica do Estado, cria poderes, fixa competências, discrimina e elenca os direitos e as garantias fundamentais, protegendo a sociedade.[3] É a lei suprema de um Estado da qual decorrerão suas normas fundamentais[4].

Em sendo assim, em razão de as normas constitucionais serem o fundamento da ordem jurídica, gozam as mesmas de posição hierárquica superior em comparação com as outras de cunho infraconstitucional, ocupam o grau mais elevado na ordem jurídica, validando as demais normas jurídicas.

Quanto à posição hierárquica das normas jurídicas, Hans Kelsen enunciou o discurso jurídico mais adequado e completo ao criar a teoria da formação escalonada do ordenamento jurídico, ao dizer que o ordenamento jurídico é composto por um grupo de normas estruturadas hierarquicamente.

---

1 KELSEN, Hans. *Teoria geral do direito e do estado*. Tradução Luís Carlos Borges. 4. ed. São Paulo: Martins Fontes, 2005, p. 279.

2 A definição de Constituição não é uníssona na doutrina, por isso, utiliza-se do conceito de J. J. Gomes Canotilho, que distingue constituição moderna e constituição histórica: "Por **constituição moderna** entende-se a ordenação sistemática e racional da comunidade política através de um documento escrito no qual se declaram as liberdades e os direitos e se fixam os limites do poder político. Podemos desdobrar este conceito de forma a captarmos as dimensões fundamentais que ele incorpora: (1) ordenação jurídico-política plasmada num *documento escrito*; (2) declaração, nesta carta escrita, de um conjunto de *direitos fundamentais*; (3) organização do poder político segundo esquemas tendentes a torná-lo um *poder limitado e moderado*. [...] Por constituição em sentido histórico entender-se-á o conjunto de regras (escritas ou consuetudinárias) e de estruturas institucionais conformadoras de uma dada ordem jurídico-política num determinado sistema político-social" (*Direito constitucional e teoria da constituição*. 7. ed. Coimbra: Almedina, 2003, p. 52-53).

3 COÊLHO, Sacha Calmon Navarro. *Curso de direito tributário brasileiro*. 9. ed. rev. e atual. de acordo com o Código Civil de 2002. Rio de Janeiro: Forense, 2007, p. 39.

4 SILVA, José Afonso da. *Curso de direito constitucional positivo*. 10. ed. São Paulo: Malheiros, 1995, p. 49.

De acordo com a teoria kelseniana, as normas jurídicas estão estruturadas como uma pirâmide, chamada de "pirâmide jurídica", dispostas em diferentes níveis, de forma escalonada, e as normas hierarquicamente superiores dão fundamento para as normas inferiores[5].

As normas constitucionais estão na cúspide da "pirâmide jurídica". Aquelas são, portanto, as normas de maior importância, uma vez que todas para elas convergem para encontrar fundamento de validade, existindo um vínculo de dependência entre elas, já que a norma de escalão menor está condiciona à norma de escalão maior.

No escólio de Hans Kelsen, em sua obra *Teoria pura do direito*:

> Como, dado o caráter dinâmico do Direito, uma norma somente é válida porque e na medida em que foi produzida por uma determinada maneira, isto é, pela maneira determinada por uma outra norma, esta outra norma representa o fundamento imediato de validade daquela. A relação entre a norma que regula a produção de uma outra norma e a norma assim regularmente produzida pode ser figurada pela imagem espacial da supra-infraordenação. A norma que regula a produção é a norma superior, a norma produzida segundo as determinações daquela é a norma inferior. A ordem jurídica não é um sistema de normas jurídicas ordenadas no mesmo plano, situadas uma ao lado das outras, mas é uma construção escalonada de diferentes camadas ou níveis de normas jurídicas. A sua unidade é produto da conexão de dependência que resulta do fato de a validade de uma norma, que foi produzida de acordo com outra norma, se apoiar sobre essa outra norma, cuja produção, por sua vez, é determinada por outra; e assim por diante, até abicar finalmente a norma fundamental – pressuposta. A norma fundamental – hipotética, nestes termos – é, portanto, o fundamento de validade último que constitui a unidade desta interconexão criadora.[6]

Neste sentido, esclarecedoras as lições do filósofo político italiano Norberto Bobbio:

> A complexidade do ordenamento, [...], não exclui sua *unidade*. [...] Aceitamos aqui a teoria da construção escalonada do ordenamento jurídico, elaborada por Kelsen. Essa teoria serve para dar explicação da unidade de um ordenamento jurídico complexo. [...] Cada ordenamento tem uma norma fundamental. É essa norma fundamental que

---

5   Nas lições de Hans Kelsen: "A estrutura hierárquica da ordem jurídica de um Estado é, grosso modo, a seguinte: pressupondo-se a norma fundamental, a constituição é o nível mais alto dentro do Direito nacional" (*Teoria geral do direito e do estado*. Tradução Luís Carlos Borges. 4. ed. São Paulo: Martins Fontes, 2005, p. 182).

6   Id. *Teoria pura do direito*. Tradução João Batista Machado. 6. ed. São Paulo: Martins Fontes, 1998, p. 246-247.

dá unidade a todas as outras normas, isto é, faz das normas espalhadas e de várias proveniências um conjunto unitário que pode ser chamado de "ordenamento". A norma fundamental é o termo unificador das normas que compõem um ordenamento jurídico. [...], por mais numerosas que sejam as fontes do direito num ordenamento complexo, tal ordenamento constitui uma unidade pelo fato de que, direta ou indiretamente, com voltas mais ou menos tortuosas, todas as fontes do direito podem ser remontadas a uma única norma. Devido à presença, num ordenamento jurídico, de normas superiores e inferiores, ele tem uma *estrutura hierárquica*.[7]

Tárek Moysés Moussallem disserta que a Constituição Federal é hierarquicamente superior aos demais veículos introdutores de enunciados-enunciados,

[...] porquanto ela regula a forma (hierarquia sintática) e o conteúdo (hierarquia semântica) de criação dos demais atos normativos. De acordo com a teoria dos atos da fala, poder-se-ia dizer que a Constituição Federal confere todos os requisitos de felicidade para a expedição dos demais atos de fala deônticos do sistema normativo. Dessarte, **todo ato de fala produzido tem como "fundamento de validade" último a Constituição Federal**.[8]

O fundamento último da ordem jurídica[9] é a Constituição, é ela quem legitima toda a legislação infraconstitucional, já que as normas superiores estabelecerão como as normas inferiores deverão ser produzidas, sendo o seu fundamento imediato de validade, de forma que as normas jurídicas legais ou infralegais deverão observar os ditames constitucionais sob pena de serem inconstitucionais.[10]

---

7   *Teoria do ordenamento jurídico.* Trad. Maria Celeste Cordeiro Leite dos Santos; rev. téc. Claudio De Cicco. 10. ed. Brasília: Universidade de Brasília, 1999, p. 49.
8   *Revogação em matéria tributária.* São Paulo: Noeses, 2005, p. 158-159, grifo nosso.
9   Marçal Justen Filho demonstra a especificidade do ordenamento jurídico com maestria: "A peculiaridade (que torna o ordenamento jurídico um sistema único e inconfundível) é que a estrutura dele é fornecida e organizada através, também, de normas jurídicas – que, pelo simples fato de o serem, também estão compreendidas no repertório do sistema. Ou seja, é o próprio repertório que determina a estrutura do sistema jurídico. Enquanto em outros sistemas pode-se distinguir, com uma nitidez, repertório e estrutura, no Direito isso é muito difícil. O repertório do sistema jurídico é integrado por dois tipos diversos e inconfundíveis de elementos: as normas que regulam a conduta (elementos exclusivamente do repertório) e as normas que regulam a estrutura do próprio sistema. Vê-se então que a estrutura do sistema é regulada por normas que também integram o repertório do mesmo sistema, caracterizando-se o fenômeno da autorreferibilidade"(*O Imposto sobre Serviços na Constituição.* São Paulo: Revista dos Tribunais, 1985, p. 23).
10 "No grau mais elevado da hierarquia, encontra-se a Constituição, à qual todas as demais normas se devem adaptar. Em rigor, perante a Constituição, todas as normas restantes constituem o segundo grau da hierarquia; mas, entre estas, novos graus se assinalam, na seguinte ordem decrescente e no pressuposto de não poderem as de grau inferior nem invadir a matéria de competência das de grau mais elevado, nem,

Assim, as normas constitucionais estão no ápice da pirâmide jurídica dando fundamento de validade para todas as demais normas que com elas coadunam, de forma a dar unidade e coesão a todo o sistema de normas que estão posicionadas de forma hierarquicamente a elas inferiores.

1.1.1 Hierarquia entre as normas constitucionais

Sabido que o ordenamento jurídico é formado por um conjunto de normas estruturadas hierarquicamente e que no topo da "pirâmide normativa" encontram-se as normas constitucionais, as quais dão fundamento de validade para as normas infraconstitucionais ou de hierarquia inferior, é preciso dizer que também existe uma hierarquia entre as próprias normas constitucionais, gozando estas de distinta importância.

Desta feita, dentro do ordenamento jurídico há normas de maior e menor relevância, ou seja, as que veiculam apenas regras e outras que trazem verdadeiros princípios.

Américo Lourenço Masset Lacombe observou com maestria a diversidade de valor entre as normas constitucionais: "[...] as normas constitucionais não têm todas o mesmo valor. Existe uma hierarquia entre elas. Entre todas, avultam aquelas que são qualificadas como princípios. São superiores às regras e condicionam a interpretação e o alcance das demais".[11]

Nas lições de J. J. Gomes Canotilho:

> (1) Os princípios são normas jurídicas impositivas de uma *optimização*, compatíveis com vários graus de concretização, consoante os condicionalismos fácticos e jurídicos; as *regras* são normas que prescrevem imperativamente uma exigência (impõe, permitem, proíbem) que é ou não cumprida (no termos de Dworkin: *applicable in all-or-nothing fashion*); a convivência dos princípios é conflitual (Zagreblesky); a convivência das regras é antinómica. Os princípios coexistem; as regras antinómicas excluem-se.[12]

---

consequentemente, infirmar as suas disposições: leis federais, constituições estaduais e leis estaduais e municipais. O princípio da Constitucionalidade exige a conformidade de todas as normas e atos inferiores, leis decretos, regulamentos, atos administrativos e atos judiciais, às disposições *substanciais ou formais* da Constituição [...]" (RÁO, Vicente. *O direito e a vida dos direitos*. 5. ed. São Paulo: Revista dos Tribunais, 1999, p. 305).

11   *Princípios constitucionais tributários*. 2. ed. São Paulo: Malheiros, 2000, p. 11.
12   *Direito constitucional*. 6. ed. Coimbra: Almedina, 1996, p. 173.

O princípio jurídico pode ser concebido como

> [...] mandamento nuclear de um sistema, verdadeiro alicerce dele, disposição fundamental que se irradia sobre diferentes normas compondo-lhes o espírito e servindo de critério para a sua exata compreensão e inteligência, exatamente por definir a lógica e a racionalidade do sistema normativo, no que lhe confere a tônica e lhe dá sentido harmônico.[13]

Ou, de acordo com Roque Antonio Carrazza,

> [...] *é um enunciado lógico, implícito ou explícito, que, por sua grande generalidade, ocupa posição de preeminência nos vastos quadrantes do Direito e, por isso mesmo, vincula, de modo inexorável, o entendimento e a aplicação das normas jurídicas que com ele se conectam.*[14]

As normas constitucionais contempladoras de princípios jurídicos são as vigas mestras do ordenamento jurídico, estão na sua base, dando coesão ao sistema[15]. Neste sentido, é possível fazer uma analogia entre um edifício e o sistema jurídico:

> A cada época a arquitetura sugere novos projetos os quais acabam por melhorar as suas características. Contudo, jamais poderão tirar-lhe a estrutura básica, consistente no alicerce, das paredes e do teto, sob pena de causar o desabamento do prédio. Assim, também ocorre no ordenamento jurídico. As leis de uma maneira geral (identificáveis como mudanças arquitetônicas) podem ser introduzidas a qualquer momento no ordenamento jurídico, bastando apenas que o legislador ordinário queira. Já os princípios (a estrutura básica do prédio) não podem sequer ter mudada sua posição, sob pena de ruir todo o ordenamento. Podemos dizer que os princípios constitucionais são aqueles que condensam a estrutura do ordenamento social e jurídico do Estado. São os preceitos básicos das instituições jurídicas.[16]

---

13 MELLO, Celso Antonio Bandeira de. *Curso de direito administrativo*. 19. ed. São Paulo: Malheiros, 2005, p. 888-889.
14 *Curso de direito constitucional tributário*. 26. ed. rev., amp. e atual. até EC n. 64/2010. São Paulo: Malheiros, 2010, p. 44-45, grifo do autor.
15 No escólio de Norberto Bobbio, "um ordenamento jurídico constitui um sistema porque não podem coexistir nele *normas incompatíveis*. Aqui, 'sistema' equivale à validade do princípio que exclui a *incompatibilidade das normas*" (*Teoria do ordenamento jurídico*. Trad. Maria Celeste Cordeiro Leite dos Santos; rev. téc. Claudio De Cicco. 10. ed. Brasília: Universidade de Brasília, 1999, p. 80). Já Lourival Vilanova define sistema jurídico: "O conceito formal de todo (no sentido husserliano) corresponde ao sistema. Sistema implica ordem, isto é, uma ordenação das partes constituintes, relação entre as partes ou elementos. [...] A unidade de um sistema é decorrente de um superior fundamento-de-validade desse sistema – a *Constituição positiva*, ou, em nível epistemológico, a *Constituição em sentido lógico-jurídico*, ou seja, a norma fundamental" (*Estruturas lógicas e o sistema de direito positivo*. 3. ed. São Paulo: Noeses, 2005, p. 162, 168).
16 MELO, José Eduardo Soares de; LIPPO, Luiz Francisco. *A não cumulatividade tributária (ICMS, IPI, ISS, PIS COFINS)*. 2. ed. São Paulo: Dialética, 2004, p. 8.

Quanto à importância dos princípios, Hugo de Brito Machado menciona que,

> Para os positivistas, o princípio jurídico nada mais é do que uma norma jurídica. Não uma norma jurídica qualquer, mas uma norma que se distingue das demais pela importância que tem para o ordenamento jurídico. Essa importância decorre de ser o princípio uma norma dotada de grande abrangência, vale dizer, de universalidade, e de perenidade. Os princípios constituem, por isto mesmo, a estrutura do sistema jurídico. São os princípios jurídicos os vetores do sistema.[17]

Corrobora Genaro R. Carrió, ao mencionar que "[...] principios: son objetivos, metas, propósitos sociales, económicos, políticos, etc. y exigencias de justicia, equidad y moral positivas".[18]

Inegável, portanto, que os princípios são de extrema importância para o ordenamento já que orientam a sua compreensão, aplicação, integração, bem como determinam sobre a elaboração de normas inaugurais, fixando as diretrizes de todo o ordenamento jurídico.

Em sendo assim, os princípios constitucionais devem ser rigorosamente observados, sob pena de subversão de todo o sistema jurídico. Deve o Poder Legislativo observá-los e o Poder Judiciário cumpri-los na aplicação do direito.

De outra banda, e por tratar da aplicação do direito, relevante reforçar o valor dos princípios constitucionais na exegese das normas[19].

Karl Larenz define princípio como "as normas de grande relevância para o ordenamento jurídico, **na medida em que estabelecem fundamentos normativos para a interpretação e aplicação do Direito**, deles decorrendo, direta ou indiretamente, normas de comportamento".[20]

Sacha Calmon Navarro Coêlho observou a função interpretativa dos princípios mencionando que estes não se caracterizam por estabelecer um comportamento determinado, mas uma meta, padrão, enunciando uma razão para a interpretação dos casos, servindo como pauta para a interpretação das leis, a elas se sobrepondo[21].

---

17 *Os princípios jurídicos da tributação na constituição de 1988.* 4. ed. São Paulo: Dialética, 2001, p. 14.
18 *Notas sobre derecho y lenguaje.* 4. ed. Buenos Aires: Abeledo-Perrot, 1990, p. 219.
19 Como observa Eros Roberto Grau: "A existência (= positividade), no ordenamento jurídico, de determinados princípios que, embora não enunciados em nenhum texto de Direito Positivo, desempenham papel de importância definitiva no processo de interpretação/ aplicação do direito, é inquestionável" (*A ordem econômica na constituição de 1988 (interpretação e crítica).* 16. ed. rev. atual. São Paulo: Malheiros, 2014, p. 151).
20 Karl Larenz, *Richtiges Recht*, p. 26 apud ÁVILA, Humberto. *Teoria dos princípios.* 14. ed. rev. atual. ampl. São Paulo: Malheiros, 2014, p. 55-56.
21 *Curso de direito tributário brasileiro.* 9. ed. rev. e atual. de acordo com o Código Civil de 2002. Rio de Janeiro: Forense, 2007, p. 95.

Por sua vez, Roque Antonio Carrazza ensina que

> [...] o princípio cumpre uma função informadora dentro do ordenamento jurídico e, assim, as diversas normas devem ser aplicadas em sintonia com ele. Todas só encontram a correta dimensão quando ajustadas aos princípios que a Carta Magna alberga e consagra.
> [...]
> Interpretação é uma atividade cognitiva que visa a precisar o significado e o alcance das normas jurídicas, possibilitando-lhes uma correta aplicação.[22]

A finalidade dos princípios constitucionais é orientar e condicionar a orientação das normas jurídicas, indicando suas amplitudes, bem como se e como devem ser aplicadas.

Humberto Ávila ensina que os princípios são normas imediatamente finalísticas na medida em que estabelecem um estado de coisas cuja promoção gradual depende dos efeitos decorrentes do comportamento a ela necessários e menciona que os princípios têm como qualidade frontal a determinação da realização de um fim juridicamente relevante, citando que a característica principal de uma regra é prever um comportamento.[23]

Disserta Paulo de Barros Carvalho em relação à função dos princípios:

> [...] os princípios aparecem como linhas diretivas que iluminam a compreensão de setores normativos, imprimindo-lhes caráter de unidade relativa e servindo de fator de agregação num dado feixe de normas. Exercem eles uma reação centrípeta, atraindo em torno de si regras jurídicas que caem sob seu raio de influência e manifestam a força de sua presença. Algumas vezes constam de preceito expresso, logrando o legislador constitucional enunciá-los com clareza e determinação. Noutras, porém, ficam subjacentes à dicção do produto legislativo, suscitando um esforço de feitio indutivo para percebê-los e isolá-los. São os princípios implícitos. Entre eles e os expressos não se pode falar em supremacia, a não ser pelo conteúdo intrínseco que representam para a ideologia do intérprete, momento em que surge a oportunidade de cogitar-se de princípios e sobre-princípios.[24]

---

22 *Curso de direito constitucional tributário*. 26. ed. rev., amp. e atual. até EC n. 64/2010. São Paulo: Malheiros, 2010, p. 48.
23 *Teoria dos princípios*. 14. ed. rev. atual. ampl. São Paulo: Malheiros, 2014, p. 225-226.
24 *Curso de direito tributário*. 25. ed. rev. São Paulo: Saraiva, 2013, p. 158-159.

Assim, existe uma hierarquia entre as normas do ordenamento jurídico, em cujo ápice estão as normas constitucionais que fornecem fundamento de validade para as demais, infraconstitucionais. Mas, mesmo entre as normas constitucionais, há as que possuem menor e maior relevância. Nas primeiras estão as regras, e nas segundas encontram-se os princípios constitucionais.

As regras e os princípios são distinguíveis, nas lições de Humberto Ávila, porque

> As regras são normas imediatamente descritivas, primariamente retrospectivas e com pretensão de decidibilidade e abrangência, para cuja aplicação se exige a avaliação da correspondência, sempre centrada na finalidade que lhe dá suporte e nos princípios que lhes são axiologicamente sobrejacentes, entre a construção conceitual da descrição normativa e a construção dos fatos.[25]

Em remate, sistematizando as ideias expostas, os princípios constitucionais são a estrutura do ordenamento jurídico, fornecem coesão ao sistema, auxiliam na interpretação e norteiam a aplicação das demais normas, ocupando posição de suma hierarquia dentro do sistema.

1.2 Competência tributária e sua discriminação constitucional

Competência legislativa[26] é a aptidão dum ente federado para expedir normas gerais e abstratas, assim entendida como a capacidade das pessoas jurídicas de direito público interno de introduzirem no ordenamento jurídico normas, observadas limitações constitucionais.

O ingresso de novas normas na ordem jurídica, em virtude do Princípio da Legalidade, consubstanciado no artigo 5º, inciso II, da Constituição Federal[27], deve ser realizado única e exclusivamente através de lei. Desta

---

25 *Teoria dos princípios.* 14. ed. rev. atual. ampl. São Paulo: Malheiros, 2014, p. 225.
26 Segundo Tércio Sampaio Ferraz Júnior, "Competência é uma forma de poder jurídico, i.é, de exercício impositivo de comportamentos e relação de autoridade regulado por normas. Enquanto poder jurídico, **competência pode ser entendida especificamente como capacidade juridicamente estabelecida de criar normas jurídicas (ou efeitos jurídicos) por meio e de acordo com certos enunciados**" (Competência tributária municipal. *Revista de Direito Tributário.* São Paulo, n. 53, ano 14, jul./set. 1990, p. 82, grifo nosso) ou, de acordo com Paulo de Barros Carvalho: "Competência legislativa é a aptidão de que são dotadas as pessoas políticas para expedir regras jurídicas, *inovando* o ordenamento positivo. Opera-se pela observância de uma série de atos, cujo conjunto caracteriza o processo legislativo" (*Curso de direito tributário.* 25. ed. rev. São Paulo: Saraiva, 2013, p. 217).
27 Artigo 5º, inciso II, da CF: "ninguém será obrigado a fazer ou deixar de fazer alguma coisa senão em virtude de lei".

feita, os indivíduos somente estarão sujeitos a deveres e obrigações se estes estiverem previstos em lei, no sentido amplo da palavra.

Um dos desdobramentos da competência legislativa é a competência legislativa tributária das pessoas políticas, usualmente chamada de competência tributária.

Competência tributária é o poder, conferido pela Constituição Federal[28], às pessoas jurídicas de direito público interno para criar legislativamente os tributos.

Em matéria de competência tributária, a Constituição Federal estabeleceu de modo exaustivo, pleno, a discriminação para instituição de tributos. Isso significa que a ordem constitucional prescreveu um sistema rígido de partilha de competências, fixando os limites de atuação dos entes federados para a tributação, ao estabelecer as formas para o seu exercício e os seus titulares.

Paulo de Barros Carvalho conceitua competência tributária como "[...] uma das parcelas entre as prerrogativas legiferantes de que são portadoras as pessoas políticas, consubstanciadas na possibilidade de legislar para a produção de normas jurídicas sobre tributos".[29]

No mesmo sentido, Tácio Lacerda Gama, para quem competência tributária

> É a aptidão, juridicamente modalizada como permitida ou obrigatória, que alguém detém, em face de outrem, para alterar o sistema de direito positivo, mediante a introdução de novas normas jurídicas que, direta ou indiretamente, disponham sobre instituição, arrecadação e fiscalização de tributos.[30]

Os entes federados só podem agir nos estritos termos da competência tributária que lhes foi dada pela Carta Política, de forma que não gozam de poder tributário, mas, na verdade, de uma porção desse poder, restringidas pelas normas que tratam do seu exercício.[31]

No escólio de Luciano Amaro, competência tributária é

> [...] a *aptidão para criar tributos* – da União, dos Estados, do Distrito Federal e dos Municípios. Todos têm, dentro de certos limites, o poder de criar determinados tributos e definir seu alcance, obedecidos os

---

28 J. J. Gomes Canotilho afirma que "uma tarefa da lei fundamental, aceite sem grandes discrepâncias, é a *do constituir normativo da organização estatal*, ou seja, a determinação vinculativa de competências, formas e processos do exercício do poder" (*Constituição dirigente e vinculação do legislador: contributo para a compreensão das normas constitucionais programáticas*. Coimbra: Almedina, 1994, p. 151).
29 *Curso de direito tributário*. 25. ed. rev. São Paulo: Saraiva, 2013, p. 218.
30 *Competência tributária* – fundamentos para uma teoria da nulidade. São Paulo: Noeses, 2009, p. 218.
31 CARRAZZA, Roque. *ICMS*. 10. ed. rev., ampl., até EC 45/2004 e de acordo com a Lei Complementar 87/1996, com suas ulteriores modificações. São Paulo: Malheiros, 2005, p. 27.

critérios de partilha de competência estabelecidos pela Constituição. A competência engloba, portanto, um amplo poder político no que respeita a decisões sobre a própria criação do tributo e sobre a amplitude da incidência, não obstante o legislador esteja submetido a vários balizamentos [...].[32]

Nesse contexto, surge a relevância de se estabelecer a diferenciação entre as chamadas normas de conduta e normas de estrutura, dentre as quais se encontram as normas constitucionais que outorgam competência tributária, fixando competência legislativa.

1.2.1 Normas de conduta e as normas de estrutura

O Direito tem como uma das suas funções primordiais a regulamentação de condutas. Para que possa exercê-la, é preciso regras que determinem direta ou indiretamente o comportamento humano e outras que estabeleçam como essas normas deverão ser elaboradas, alteradas e extirpadas do ordenamento jurídico.[33]

Norberto Bobbio ensina que num ordenamento jurídico há, pelo menos, dois tipos de normas: as de conduta e as de estrutura. Explana o doutrinador italiano:

> Em todo ordenamento jurídico, ao lado das normas de conduta, existe um outro tipo de normas, que costumamos chamar de *normas de estrutura ou de competência*. São aquelas normas que não prescrevem a conduta que se deve ter ou não ter, **mas as condições e os procedimentos através dos quais emanam normas de conduta válidas.** Uma norma que prescreve caminhar pela direita é uma norma de conduta; uma norma que prescreve que duas pessoas estão autorizadas a regular seus interesses em certo âmbito mediante normas vinculantes e coativas é uma norma de estrutura, na medida em que não determina uma conduta, **mas fixa as condições e os procedimentos para produzir normas válidas de conduta.**[34]

Alf Ross classifica as normas jurídicas, segundo o conteúdo imediato, em normas de conduta e normas de competência, que são as regras de estrutura de acordo com Bobbio.

---

32 *Direito tributário brasileiro*. 20. ed. rev. e atual. São Paulo: Saraiva, 2014, p. 115-116.
33 DÁCOMO, Natália de Nardi. *Hipótese de incidência do ISS*. São Paulo: Noeses, 2007, p. 15.
34 *Teoria do ordenamento jurídico*. Trad. Maria Celeste Cordeiro Leite dos Santos; rev. téc. Claudio De Cicco. 10. ed. Brasília: Universidade de Brasília, 1999, p. 33-34, grifos nossos.

> El primer grupo incluye aquellas normas que prescriben una cierta línea de acción. [...] El segundo grupo contiene aquellas normas que crean una competencia (poder, autoridad). Ellas son directivas que disponen que las normas se creen de conformidad con un modo establecido de procedimiento serán consideradas normas de conducta. Una norma de competencia es, así, una norma de conducta indirectamente expresada.[35]

Em sendo assim, as normas de conduta[36], também chamadas de primárias, materiais ou de comportamento, são aquelas que disciplinam os comportamentos ou condutas dos indivíduos, permitindo-os, obrigando-os e proibindo-os; já as normas de estrutura[37], secundárias, de organização ou de competência, são aquelas que estabelecem o modo de elaboração de outras normas, ou seja, a forma a ser seguida para que normas inaugurais sejam introduzidas no sistema.

Paulo de Barros Carvalho aponta a diferença entre esses dois tipos de normas, bem como destaca o objeto mediato e imediato de ambas:

> Toda e qualquer norma jurídica, simplesmente por integrar o sistema, tem que ver com a disciplina das condutas entre os sujeitos da interação social. Sob esse aspecto, aliás, fica até redundante falar-se em regras de conduta. Mas acontece que numa análise mais fina das estruturas normativas, vamos encontrar unidades que têm por objetivo final ferir de modo decisivo os comportamentos interpessoais, modalizando-os deonticamente como obrigatórios (O), proibidos (V) e permitidos (P), com o que exaurem seus próprios regulativos. Essas regras, quando satisfeito o direito subjetivo do titular por elas indicado, são terminativas de cadeias de normas. Outras, paralelamente, dispõem também sobre condutas, tendo em vista, contudo, a produção

---

35 ROSS, Alf. *Sobre el derecho y la justicia*. 4. ed. Buenos Aires: Editorial Universitaria de Buenos Aires, 1977, p. 32.
36 Usam a expressão *normas de conduta*: BOBBIO, Norberto. *Teoria do ordenamento jurídico*. Trad. Maria Celeste Cordeiro Leite dos Santos; rev. téc. Claudio De Cicco. 10. ed. Brasília: Universidade de Brasília, 1999, p. 34; BARROSO, Luís Roberto. *Interpretação e Aplicação da Constituição*: Fundamentos de uma Dogmática Transformadora. 5. ed. São Paulo: Saraiva, 2003, p. 109, CARVALHO, Paulo de Barros. *Direito tributário*: fundamentos jurídicos da incidência. 8. ed. rev. São Paulo: Saraiva, 2010, p. 62; MARÇAL FILHO, Justen Marçal. *O Imposto sobre Serviços na Constituição*. São Paulo: Revista dos Tribunais, 1985, p. 22; *normas primárias*: HART, Herbert. L. A. *O conceito de direito*. Lisboa: Fundação Calouste Gulbenkian, 1986, p. 91; *normas materiais*: CANOTILHO, José Joaquim Gomes. *Direito constitucional e teoria da constituição*. 7. ed. Coimbra: Almedina, 2003, p. 181; e *normas de comportamento*: BORGES, José Souto Maior. *Teoria geral da isenção tributária*. 3. ed. rev. atual. São Paulo: Malheiros, 2011, p. 376.
37 Utilizam a expressão *normas de estrutura*: BOBBIO, Norberto, op. cit., p. 45; CARVALHO, Paulo de Barros, op. cit., p. 62; MARÇAL FILHO, Justen Marçal, op. cit., p. 22; *normas secundárias*: HART, Herbert. L. A., op. cit., p. 91; BARROSO, Luís Roberto, op. cit., p. 109; CANOTILHO, José Joaquim Gomes, op. cit., p. 181; e *normas de competência*: ROSS, Alf, op. cit., p. 32.

de novas estruturas deôntico-jurídicas. São normas que aparecem como condição sintática para elaboração de outras regras, a despeito de veicularem comandos disciplinadores que se vertem igualmente sobre os comportamentos intersubjetivos. **No primeiro caso, a ordenação final da conduta é objetivo pronto e imediato. No segundo, seu caráter é mediato, requerendo outra prescrição que podemos dizer intercalar, de modo que a derradeira orientação dos comportamentos intersubjetivos ficará a cargo de unidades que serão produzidas sequencialmente.**[38]

José Souto Maior Borges, quando trata da distinção entre as referidas normas, pondera que elas se diferenciam apenas em relação aos seus destinatários imediatos, a conduta de uma determinada pessoa (normas de conduta), e mediatos, a conduta dos órgãos, agentes públicos e privados.[39]

São exemplos de normas de conduta as normas que tratam das regras-matrizes de incidência dos tributos e as que estabelecem as obrigações tributárias acessórias ou deveres instrumentais[40]; já de estrutura são as que fixam as regras de competência tributária, estabelecem isenções, dentre outras.

Assim, as normas constitucionais que tratam da competência tributária, que disciplinam a criação legislativa de tributos são regras que se amoldam às normas de estrutura.

Valéria Furlan reforça a ideia mencionando que somente a Constituição Federal pode atribuir competência legislativa através das normas de estrutura, as quais

> [...] **não criam tributos, mas, sim, informam o processo de elaboração das normas de comportamento que criam tributos.** As normas de comportamento instituidoras de tributos são emanadas de leis infraconstitucionais; e, portanto, devem estar sempre em conformidade com o disposto na Lei Maior.[41]

Desta feita, são normas de comportamento aquelas regras que estão direcionadas para o comportamento dos indivíduos em suas relações interpessoais, e de estrutura, as que versam sobre procedimento, órgãos públicos e

---

38 *Direito tributário*: fundamentos jurídicos da incidência. 8. ed. rev. São Paulo: Saraiva, 2010, p. 62, grifo nosso.
39 *Teoria geral da isenção tributária*. 3. ed. rev. atual. São Paulo: Malheiros, 2011, p. 378.
40 As obrigações tributárias acessórias são aquelas previstas no artigo 113, § 2°, do CTN, que assim dispõe: "A obrigação acessória decorre da legislação tributária e tem por objeto as prestações, positivas ou negativas, nela previstas no interesse da arrecadação ou da fiscalização dos tributos". Essas obrigações são também chamadas deveres instrumentais ou formais (CARVALHO, Paulo de Barros, op. cit., p. 290) e deveres de contorno (ALESSI, Renato; STAMMATI, Gaetano. *Istituzioni di diritto tributario*. Torino: UTET, 1964, p. 40).
41 *Apontamentos de direito tributário*. 3. ed. São Paulo: Malheiros, 2009, p. 163, grifo nosso.

que preveem como as normas devem ser criadas, modificadas e expulsas do sistema. São regras de estruturas as normas constitucionais que distribuem ou partilham a competência legislativa tributária entre os entes da federação, normas que serão agora analisadas.

1.2.2 A repartição constitucional da competência tributária

O poder constituinte originário, ao editar a Constituição Federal, com objetivo de garantir a autonomia[42] e delimitar o campo de atuação legislativa dos entes federados, estabeleceu fartas regras relativas à competência legislativa tributária[43].

Misabel de Abreu Machado Derzi leciona:

> No Brasil, **a questão da discriminação da competência tributária é manifestação do próprio federalismo, por configurar partilha, descentralização do poder de instituir e regular tributos**. Sendo assim, as ordens jurídicas tributárias (federal, estadual e municipal), que convivem na ordem nacional, são produzidas por órgãos legislativos próprios das comunidades descentralizadas, uma vez que são manifestação da distribuição do poder estatal, vale dizer, da competência para instituir e regrar tributos.[44]

A Carta Magna delimita e subordina a atuação dos entes da Federação no que tange à instituição de tributação. É, portanto, a carta das competências e, em sendo assim, da competência tributária[45].

---

[42] A finalidade da fixação das regras de competência não é apenas assegurar a autonomia política e administrativa dos entes federados, mas, sobretudo, assegurar a autonomia financeira, sem a qual aquelas outras não existirão. Os entes federados, para que possam satisfazer as necessidades públicas, necessitam de dinheiro, exercitando atividade financeira. A principal fonte de receita das entidades federadas advém da arrecadação tributária, daí decorre a importância do exercício da competência tributária.

[43] Quanto à presença de normas tributárias na Constituição da República Federativa de 1988, escreve Sacha Calmon Navarro Coêlho: "O Brasil, ao contrário, inundou a Constituição com princípios e regras atinentes ao Direito Tributário. Somos, indubitavelmente, o país cuja Constituição é a mais extensa e minuciosa em tema de tributação. Este cariz, tão nosso, nos conduz a três importantes conclusões: *Primus* – os fundamentos do Direito tributário brasileiro estão enraizados na Constituição, de onde se projetam altaneiros sobre as ordens jurídicas parciais da União, dos estados e dos municípios; *Secundus* – o Direito Tributário posto na Constituição deve, antes de tudo, merecer as primícias dos juristas e operadores do Direito, porquanto é o texto fundante da ordem jurídico-tributária; *Tertius* – as doutrinas forâneas devem ser recebidas com cautela, tendo em vista as diversidades constitucionais" (*Curso de direito tributário brasileiro*. 9. ed. rev. e atual. de acordo com o Código Civil de 2002. Rio de Janeiro: Forense, 2007, p. 48).

[44] *Direito tributário, direito penal e tipo*. São Paulo: Revista dos Tribunais, 1988, p. 103, grifo nosso.

[45] Ives Gandra da Silva Martins, em artigo intitulado "O sistema tributário brasileiro", menciona ser o sistema tributário nacional mais uma carta de direitos do contribuinte e o tributo uma norma de rejeição social,

As normas constitucionais, segundo Roque Antonio Carrazza, que dividam competências tributárias possuem duplo mandamento: "[...] (a) habilitam a pessoa política contemplada – e somente ela – a criar o tributo; e (b) proíbem as demais de fazê-lo"[46].

O próprio Código Tributário Nacional (Lei n. 5.172/66), em seu artigo 6º, ratifica a partilha constitucional da competência tributária ao dispor:

> Art. 6º A atribuição constitucional de competência tributária compreende a competência legislativa plena, ressalvadas as limitações contidas na Constituição Federal, nas Constituições dos Estados e nas Leis Orgânicas do Distrito Federal e dos Municípios, e observado o disposto nesta Lei.

Aliomar Baleeiro, ao comentar o referido artigo, demonstra:

> A competência tributária, no sistema rígido do Brasil, que discriminou as receitas dos três níveis de governo do Estado Federal, retirando qualquer possibilidade de acumulação ou concorrência dum com outro, é regida pela Constituição Federal. Mas o art. 6º do CTN esclarece que a Pessoa de Direito Público Interno competente para decretar um tributo também é competente para a "legislação plena" sobre o mesmo, desde que qualquer delas não contrarie a Constituição Federal.[47]

Luiz Eduardo Schoueri faz interessante análise a respeito da repartição de competência tributária, em sua obra *Direito Tributário*, mencionando que a discriminação das competências tributárias não é requisito de um sistema federal, o qual exige que se assegure às pessoas jurídicas de direito público autonomia financeira, que implica em discriminação de rendas, a qual não se confunde com discriminação das competências.[48]

"Tendo o constituinte plena consciência de que a carga tributária é excessiva, optou, como já fizera o constituinte anterior, por um sistema rígido, pelo qual tudo o que estiver em lei é permitido ao Fisco e nada obriga o contribuinte se em lei não estiver. É, portanto, o Sistema plasmado mais uma carta do contribuinte do que um Estatuto do Poder Tributante, nada obstante hospedar considerável aumento da carga tributária, que já não era pequena, à luz do velho sistema. Tenho para mim que o tributo é uma norma de rejeição social, porque todos os contribuintes de todos os espaços geográficos pagam mais do que deveriam pagar para sustentar o governo naquilo que retorna a comunidade em nível de serviços públicos, e para sustentar os desperdícios, as mordomias, o empreguismo dos detentores do poder. Esta realidade é maior ou menor, conforme o período histórico ou o espaço geográfico, mas é, desgraçadamente, comum a todos os governos" (*Curso de direito tributário*. 10. ed. rev. e atual. São Paulo: Saraiva, 2008, p. 11).

46 *Imposto sobre a renda*: perfil constitucional e temas específicos. 2. ed. rev., ampl. e atual. São Paulo: Malheiros, 2006, p. 34.

47 *Direito tributário brasileiro*. 11. ed. atual. por Misabel de Abreu Machado Derzi. Rio de Janeiro: Forense, 2006, p. 75.

48 Ilustra o doutrinador com o que acontece no sistema norte-americano: "Nos Estados Unidos, por exemplo, encontra-se a convivência de tributos federais e locais (com a mera reserva de poucos), sem que de tal

Segundo referido autor, se o constituinte não precisava prever competências tributárias privativas, mas o fez, o critério por ele utilizado foi pautado na diferenciação entre tributos vinculados e não vinculados. Em remate, explana:

> Vê-se, pois, na visão sistemática ora proposta, que o tema da repartição de competências foi resolvido, conforme as seguintes diretrizes:
> Para os tributos vinculados, justificados pelo sinalagma, a competência se resolve a partir do conceito de competência anexa: quem tem a atribuição para atividade estatal terá, igualmente, competência tributária;
> Para os tributos não vinculados, justificados pela capacidade contributiva, o próprio constituinte trata de atribuir as competências tributárias, tomando cuidado de afastar a cumulação de competências.[49]

Inegável que o constituinte brasileiro realizou a repartição das competências e, mais, que as regras que a discriminam não podem ser modificadas.

Em que pesem os argumentos trazidos à baila sobre o critério para a discriminação da competência tributária, é sabido ser condição necessária para a manutenção dos entes políticos a existência de fontes de receitas próprias, sendo a principal delas a decorrente da arrecadação tributária[50].

Por ser assim, é necessário que seja garantida a autonomia financeira das pessoas políticas, sob pena de violação do pacto federativo, protegido no artigo 60, parágrafo 4º, da Carta Suprema, através de cláusula pétrea.

Isso implica dizer que as regras constitucionais que discriminam, estabelecem ou fixam a competência tributária são inalteráveis. Goza a competência tributária da característica da imutabilidade, não podendo ser objeto

---

bitributação se extraia qualquer inconveniência ao funcionamento da federação. O que importa é assegurar que os integrantes da federação tenham autonomia financeira, i.e., que tenham orçamentos próprios, com recursos assegurados independentemente de repasses de outros entes. Não é sem razão, neste sentido, que já se disse que 'foi a discriminação de rendas a causa última e decisiva para a criação da figura política do Estado Federal'" (*Direito tributário*. São Paulo: Saraiva, 2011, p. 238).

49 *Direito tributário*. São Paulo: Saraiva, 2011, p. 240-241.
50 Esta característica foi observada por Hugo de Brito Machado: "No Brasil vigora a regra da liberdade de iniciativa na ordem econômica. A atividade econômica é entregue à iniciativa privada. A não ser nos casos especialmente previstos na Constituição, o exercício direto da atividade econômica só é permitido ao Estado quando necessário aos imperativos da segurança nacional, ou em face de relevante interesse coletivo, conforme definidos em lei (Constituição Federal, art. 173). Não é próprio do Estado, portanto, o exercício da atividade econômica, que é reservada ao setor privado, de onde o Estado obtém os recursos financeiros de que necessita. Diz-se que o Estado exercita apenas *atividade financeira*, como tal entendido *o conjunto de atos que o Estado pratica na obtenção, na gestão e na aplicação dos recursos financeiros de que necessita para atingir os seus fins*. A tributação é, sem sombra de dúvida, o instrumento de que se tem valido a economia capitalista para sobreviver. Sem ele não poderia o Estado realizar os seus fins sociais, a não ser que monopolizasse toda a atividade econômica. O tributo é inegavelmente a grande e talvez única arma contra a estatização da economia" (*Curso de direito tributário*. 31. ed. rev., atual. e amp. São Paulo: Malheiros, 2010, p. 45).

de emenda constitucional. Somente uma nova ordem jurídica poderia modificar as normas relativas à competência tributária.[51]

Sob outro enfoque, não podem os entes federados, ao exercer a competência tributária, ampliar as dimensões estabelecidas pela Constituição Federal. Não é permitido ao legislador infraconstitucional alterar as regras discriminatórias da competência, sob pena de estar maculada de inconstitucionalidade.

Os titulares da competência possuem permissão constitucional para utilizar em toda a latitude do poder que lhes foi conferido, todavia não podem ultrapassar os limites pela Constituição fixados.

Em remate, as normas constitucionais partilharam o poder de criar tributos e ainda estabeleceram quais espécies tributárias poderão ser instituídas. Da análise do texto constitucional é possível dessumir quem são os titulares da competência tributária e quais exações poderão ser criadas, assuntos que serão versados nos tópicos subsequentes.

1.2.3 Titulares da competência tributária

Dos itens precedentes, é possível dessumir que os entes integrantes do Estado Federal brasileiro são, de acordo com o texto constitucional, os titulares da competência tributária.

A competência tributária é uma das facetas da competência legislativa, donde decorre o termo *competência legislativa tributária*, da qual somente são titulares as pessoas políticas, posto que somente elas são dotadas de Poder Legislativo com representação própria. Assim, possuem competência legislativa tributária a União, os Estados, o Distrito Federal e os Municípios.

Expõe Kiyoshi Harada sobre a submissão do contribuinte a três governos distintos:

> No Estado Federal Brasileiro, coexistem três entidades políticas autônomas e independentes: a União, os Estados e os Municípios, além do Distrito Federal, que são entidades juridicamente parificadas, que

---

51 A regra não pode ser vista de forma absoluta. Desde que a emenda constitucional, embora alterando a competência tributária, não interfira na autonomia financeira do ente, é, em tese, possível e aceitável a mudança. Coaduna-se com Roque Antonio Carrazza, ao defender: "O que se pode admitir, em tese, é que uma emenda constitucional venha a redefinir as fronteiras dos campos tributários das pessoas políticas. Para tanto, todavia, deve o constituinte derivado cercar-se de todas as cautelas para que, reduzindo a competência tributária de uma dada pessoa política, não lhe venha a retirar a autonomia financeira, com o quê estaria lanhando sua autonomia jurídica e, neste sentido, dando à estampa uma emenda 'tendente a abolir a forma federativa de Estado' – inconstitucional, por afronta ao art. 60, § 4º, I, da Constituição da República" (*Curso de direito constitucional tributário*. 26. ed. rev., amp. e atual. até EC n. 64/2010. São Paulo: Malheiros, 2010, p. 695-696).

se situam no mesmo plano de igualdade, extraindo as três entidades diretamente da Constituição Federal, seus poderes e competências. Exatamente, a ausência de hierarquia entre elas fez que o Texto Magno estabelecesse a repartição de competência legislativa de cada uma, delimitando o campo de atuação de cada pessoa jurídica de direito público interno, notadamente em matéria tributária, que mereceu tratamento específico em atenção à tipicidade da Federação Brasileira, onde o contribuinte é súdito, ao mesmo tempo, de três governos distintos.[52]

Os Territórios Federais[53], ainda que existissem no Brasil, não gozariam de competência tributária, por não serem dotados de autonomia e competência tributária.

Quanto à titularidade da competência tributária e a posição dos Territórios Federais, ensina Emygdio F. da Rosa Júnior:

> O poder de tributar decorre diretamente da Constituição e é inerente a toda pessoa jurídica de direito público. Todavia, no regime federativo adotado pela CF de 1988 gozam de autonomia política e capacidade de legislar não só o poder central mas também as entidades periféricas. Assim, o próprio texto constitucional reparte parcela do poder de tributar entre os entes políticos, atribuindo a cada um deles competência tributária para criar determinados tributos (*competência tributária legislativa*). **De notar que os Territórios não são titulares de competência tributária porque não são pessoas jurídicas de direito público e, portanto, não gozam nem de autonomia política nem de autonomia financeira. Daí o art. 18 da CF estabelecer que os Territórios Federais integram a União e o art. 33 rezar que a lei disporá sobre sua organização administrativa e judiciária.**[54]

Aliomar Baleeiro, de sua vez, esclarece:

> Os Territórios não são pessoas de direito público interno, como a União, o Distrito Federal, os Estados-membros e os Municípios. Não passam de possessões às quais a União, por lei, querendo, poderá

52　*Direito financeiro e tributário.* 23. ed. rev. ampl. São Paulo: Atlas, 2014, p. 388.
53　Comina o artigo 147 da Carta Magna: "Competem à União, em Território Federal, os impostos estaduais e, se o Território não for dividido em Municípios, cumulativamente, os impostos municipais; [...]". Doutra parte, estabelece o art. 14, *caput*, e o art. 15 do ADCT: "Art. 14. Os Territórios Federais de Roraima e do Amapá são transformados em Estados Federados, mantidos seus atuais limites geográficos. Art. 15. Fica extinto o Território Federal de Fernando de Noronha, sendo sua área reincorporada ao Estado de Pernambuco".
54　*Manual de direito financeiro & direito tributário.* 19. ed. rev. e atual. Rio de Janeiro: Renovar, 2006, p. 204, grifo nosso.

outorgar maior ou menor autonomia administrativa. O ideal seria que a outorgasse gradativamente, seguindo, também neste ponto, a política dos Estados Unidos da América, imitada desde a anexação do Acre. Este foi prematuramente convertido em Estado-membro sem uma fase preparatória de adaptação ao *self government* (v. RDA 74/338).

Mas os Municípios dos Territórios são pessoas de direito público interno, e nisso não há paradoxo, pois no Brasil, diferentemente dos Estados Unidos da América, não se identificam como criaturas dos Estados-membros. Historicamente, gozaram de autonomia antes das Províncias e Capitanias coloniais. A eles referiam-se todas as Constituições, desde a de 1824 até a atual (art. 15 e especialmente o inciso II, "a").[55]

Os territórios não são pessoas jurídicas de direito público interno, de forma que não gozam de autonomia política nem de autonomia financeira. Se os territórios forem divididos em Municípios, estes gozarão de autonomia financeira e política já que serão pessoas jurídicas de direito público interno.

Na medida em que compete ao Poder Legislativo de cada pessoa política a edição de norma instituidora do tributo e, em sendo os membros do mencionado poder eleitos pelo povo, é possível dizer que, em última análise, o povo consente na instituição do tributo.

Assim, o exercício da competência por seus titulares engloba um amplo poder político no que tange às decisões sobre a própria criação do tributo e o espectro de sua incidência, inobstante esteja o legislador submetido aos balizamentos constitucionais.[56]

Só as pessoas jurídicas de direito público, dotadas de Poder Legislativo, são titulares da competência tributária, haja vista que tal competência somente pode ser exercida por meio de lei. Tem-se, pois, que a União, os Estados, o Distrito Federal e os Municípios, entes autônomos integrantes da Federação, receberam da Magna Carta competência legislativa para criar tributos.

---

55 *Direito tributário brasileiro*. 11. ed. atual. por Misabel de Abreu Machado Derzi. Rio de Janeiro: Forense, 2006, p. 208.
56 Esta característica foi apontada por Luiz Emygdio F. da Rosa Júnior: "O fundamento do poder de tributar reside na soberania que o Estado exerce em seu território, podendo exigir de todos os que estão a ele submetidos que contribuam, de forma obrigatória, com recursos para que possa através do serviço público satisfazer as necessidades públicas. O poder de tributar decorre diretamente da Constituição Federal e somente pode ser exercido pelo Estado através de lei, **por delegação do povo, logo este tributa a si mesmo** e a norma jurídica deve preexistir ao exercício do poder tributar" (*Manual de direito financeiro & direito tributário*. 19. ed. rev. e atual. Rio de Janeiro: Renovar, 2006, p. 219, grifo nosso).

1.2.4 Competência tributária para criar impostos

As entidades políticas têm competência legislativa para a instituição dos tributos.

Sem adentrar na questão relativa à polissemia da palavra *tributo*[57], importante esclarecer que a Constituição Federal de 1988 não trouxe uma definição expressa do que é um tributo. Ao contrário, o Código Tributário Nacional (Lei n. 5.172/66) oferece uma conceituação de tributo em seu artigo 3º, *verbis*:

> Tributo é toda prestação pecuniária compulsória, em moeda ou cujo valor nela se possa exprimir, que não constitua sanção de ato ilícito, instituída em lei e cobrada mediante atividade administrativa plenamente vinculada.[58]

A definição oferecida pelo Código Tributário Nacional exprime toda a fenomenologia da incidência tributária, desde a norma instituidora do tributo, passando pela ocorrência do fato ou atividade nela prevista no mundo concreto, até o surgimento do liame obrigacional.

Geraldo Ataliba preconiza a necessidade de cautela à definição legal do tributo:

> Evidentemente não é função de lei nenhuma formular conceitos teóricos. O art. 3º do C.T.N. é mero *precepto didactico*, como qualificaria o eminente mestre espanhol Sainz de Bujanda. Por outro lado,

---

57 Paulo de Barros Carvalho aponta seis significações para o vocábulo *tributo* ao analisar sua utilização nos textos de direito positivo, na doutrina e na jurisprudência: como quantia em dinheiro, como prestação correspondente ao dever jurídico do sujeito passivo, como direito subjetivo de que é titular o sujeito ativo, como sinônimo de relação jurídica tributária, como norma jurídica tributária, como norma fato e relação jurídica (25. ed. rev. São Paulo: Saraiva, 2013, p. 52). V. também JARDIM, Eduardo Marcial Ferreira. *Manual de direito financeiro e tributário*. 7. ed. rev. atual. São Paulo: Saraiva, 2005, p. 97 et seq.

58 É sabido que não cabe à lei a definição e a classificação dos institutos do direito, pois tal tarefa é da doutrina. A Constituição, embora não defina o tributo, leva em consideração, implicitamente, ao disciplinar o sistema tributário, certa definição de tributo que se aproxima e amolda à prevista no artigo 3º do Código Tributário Nacional. Regina Helena Costa defende que a noção essencial do conceito de tributo é extraída da Constituição Federal e explica: "O conceito de tributo é extraído da própria Constituição. Da leitura do capítulo dedicado à disciplina do Sistema Tributário Nacional (arts. 145 a 156), depreende-se a noção desse conceito, segundo a qual *tributo corresponde a uma relação jurídica existente entre Estado e contribuinte, uma vez implementada determinada situação fática prevista em lei como autorizadora dessa exigência, cujo objeto consiste numa prestação pecuniária, não revestida de caráter sancionatório, e disciplinada por regime jurídico próprio*. Tal situação fática pode ou não estar vinculada a uma *atuação estatal*. Em todos os casos, porém, revestirá *conteúdo econômico*, sem o qual nenhuma hipótese pode dar suporte à instituição de tributo. À vista desses elementos, o legislador infraconstitucional estatui uma definição do conceito de tributo, estampada no artigo 3º CTN" (*Curso de direito tributário*: constituição e código tributário nacional. São Paulo: Saraiva, 2009, p. 103, grifos do autor).

o conceito de tributo é constitucional. Nenhuma lei pode alargá-lo, reduzi-lo ou modificá-lo. É que ele é um conceito chave para demarcação das competências legislativas e balizador do "regime tributário" conjunto de princípios e regras constitucionais de proteção do contribuinte contra o chamado "poder tributário", exercido, nas respectivas faixas delimitadas de competências, por união, Estados e Municípios. Daí o despropósito dessa "definição" legal, cuja admissão é perigosa, por potencialmente danosa aos direitos constitucionais dos contribuintes. Direitos, constitucionalmente pressupostos ou definidos não podem ser "redefinidos" por lei. Admiti-lo é consentir que as demarcações constitucionais corram o risco de ter sua eficácia comprometida. É com tais cautelas que comentamos essa "definição" legal.[59]

Por outro lado, completa:

É notável a cláusula "que não constitua sanção de ato ilícito" porque permite estremar o tributo das multas. Se não se fizesse a ressalva, o conceito ficaria ambíguo – e, pois, cientificamente inútil – por excessivamente compreensivo, a ponto de abranger entidade tão distinta como é a multa de direito público. O conceito legal, *in casu,* coincide com o doutrinário, que deve ser extraído do direito positivo (no caso, o constitucional, já que tributo é conceito constitucional).[60]

Em que pese não ser função da lei a conceituação de institutos jurídicos e deixando de lado ainda as várias definições oferecidas por doutrinadores[61] ao tributo, corrobora-se com Geraldo Ataliba e adota-se, no presente trabalho, o conceito ofertado pelo Código Tributário Nacional[62], por ser de notável mérito, além de satisfazer as necessidades nele pretendidas.

---

59 *Hipótese de incidência tributária.* 6. ed., 7. tiragem. São Paulo: Malheiros, 2005, p. 32-33.
60 *Hipótese de incidência tributária.* 6. ed., 7. tiragem. São Paulo: Malheiros, 2005, p. 33.
61 Cite-se, como exemplo, Luciano Amaro, que, após criticar o conceito legal de tributo, oferece definição de tributo como: "prestação pecuniária não sancionatória de ato ilícito, instituída em lei e devida ao Estado ou a entidades não estatais de fins de interesse público" (*Direito tributário brasileiro.* 20. ed. rev. e atual. São Paulo: Saraiva, 2014, p. 47).
62 Sacha Calmo Navarro Coêlho defende a perfeição do conceito legal de tributo ao asseverar: "O conceito de tributo no sistema brasileiro é fruto de intensa observação do fenômeno jurídico, é dos mais perfeitos do mundo. Se nos compararmos com os países do *Common Law*, com a Itália, França e Alemanha no plano dogmático, a vantagem da tributarística brasileira desponta com notável evidência, sendo lastimável que as faculdades de Direito, pela desatualização dos currículos e pela rapidez dos cursos de Direito Tributário, não formem juristas versados verdadeiramente em Direito Tributário, anulando a vantagem do Brasil no campo da dogmática e da codificação" (*Curso de direito tributário brasileiro.* 9. ed. rev. e atual. de acordo com o Código Civil de 2002. Rio de Janeiro: Forense, 2007, p. 435).

Assim, quando o artigo 3º da Lei n. 5.172/66 utiliza a cláusula "instituída em lei", faz menção à norma jurídica que estatui a incidência, a criação *in abstracto* das exações. Na medida em que estabelece que se trate de uma prestação pecuniária compulsória que não pode derivar de ato ilícito, deixa claro que o tributo surge sempre de uma atividade lícita, não é pena ou sanção e, por via oblíqua, faz alusão ao fato concreto, acontecido de acordo com a hipótese. Por fim, oferece os elementos que integram a obrigação tributária, enquanto vínculo jurídico que nasce da ocorrência fática.

Ocorre que tributo é gênero que comporta várias espécies. As espécies tributárias estão previstas na Constituição Federal, a qual repartiu o poder de instituição das exações entre as pessoas políticas e fixou o arquétipo de cada tributo a ser seguido pelo legislador infraconstitucional. Passa-se, então, à análise das espécies de tributos.

1.2.4.1 Espécies de tributos

Os tributos podem ser classificados de diversas formas e também são classificados em espécies, uma vez que elas recebem tratamento jurídico diferenciado.

Ao classificar existirão normas que serão aplicáveis a um tipo de tributo e a outro não, por isso, buscam-se traços comuns a um determinado grupo, para a compreensão do ordenamento jurídico enquanto sistema, eis a função da classificação.

Existem, basicamente, quatro teorias quanto à classificação das espécies tributárias:

1. Dicotômica ou bipartida – analisa a hipótese de incidência dos tributos e os separam em tributos vinculados e não vinculados. Nos primeiros, o antecedente da norma traz a descrição de uma atividade estatal (taxa); e, nos segundos, a atividade seria relativa ao contribuinte (impostos). São adeptos da corrente Alfredo Augusto Becker[63] e Geraldo Ataliba[64].
2. Tricotômica, tripartite ou tripartida – divide os tributos em impostos, taxas e contribuições de melhoria. Classificação pautada pela redação da Constituição Federal, artigo 145, e do Código Tributário Nacional, art. 5º. Ressalte-se que tal teoria acaba sendo um desdobramento da teoria bipartida, vez que ou o tributo é

---
63 *Teoria geral do direito tributário*. 5. ed. São Paulo: Noeses, 2010, p. 384-409.
64 *Hipótese de incidência tributária*. 6. ed., 7. tiragem. São Paulo: Malheiros, 2005, p. 130-136.

vinculado (ao serviço público ou ao poder de polícia, no caso de taxas ou à obra pública, nos caso das contribuições de melhoria), ou não é vinculado a qualquer atividade estatal. Esta corrente reconhece os empréstimos compulsórios e as contribuições sociais como tributos, os quais se amoldam nas espécies taxa ou imposto. São adeptos da classificação Roque Antonio Carrazza[65], Paulo de Barros Carvalho[66] e Vittorio Cassone[67].

3. Quadricotômica, quadripartite ou tetrapartida – considera como tributo os impostos, as taxas, as contribuições de melhorias e o empréstimo compulsório, classificação adotada por Fábio Fanucchi[68].

4. Pentapartite, pentapartida ou quinpartite – considera como tributo os impostos, as taxas, as contribuições de melhoria, os empréstimos compulsórios e as contribuições sociais, corrente defendida pela maior parte da doutrina[69] e pelo Supremo Tribunal Federal[70].

A Constituição Federal discriminou cinco espécies de tributos. Adota-se, quanto à natureza jurídica dos tributos, a corrente pentapartida. Assim, a partilha da competência tributária entre os entes da Federação foi feita com base em três critérios, quais sejam: o fato de o aspecto material da hipótese de incidência conter ou não uma atividade estatal (tributos vinculados e não vinculados); a necessidade de restituição do valor arrecadado; e a destinação específica do produto da arrecadação.

São, portanto, espécies de tributos: (i) os impostos, previstos no artigo 145, inciso I, do Texto Maior, cuja repartição de competências decorre dos artigos 153, 154, incisos I e II, artigo 155 e artigo 156 do mesmo diploma legal; (ii) as taxas, previstas no artigo 145, II, da Constituição; (iii) as contribuições

---

65 *Curso de direito constitucional tributário.* 26. ed. rev., amp. e atual. até EC n. 64/2010. São Paulo: Malheiros, 2010, p. 495.
66 *Curso de direito tributário.* 25. ed. rev. São Paulo: Saraiva, 2013, p. 68.
67 *Direito tributário*: fundamentos constitucionais da tributação, definição de tributos e suas espécies, conceito e classificação dos impostos, doutrina e jurisprudência. 19. ed. São Paulo: Atlas, 2008, p. 52-53.
68 *Curso de direito tributário brasileiro.* 4. ed. São Paulo: Resenha Tributária, 1986, p. 60.
69 Hugo de Brito Machado (*Curso de direito tributário.* 25. ed. rev., atual. e amp. São Paulo: Malheiros, 2004, p. 282-283) e Celso Ribeiro Bastos (*Curso de direito financeiro e de direito tributário.* 8. ed. atual. São Paulo: Saraiva, 2001, p. 146).
70 RE n. 146. 733 (Pleno, Data do Julgamento: 29/06/92, v.u., DJ de 6 nov. 1992, p. 20110, RTJ 143-2/684), sob relatoria do Min. Moreira Alves: "Perante a Constituição de 1998, não tenho dúvida em manifestar-me afirmativamente. De efeito, a par das três modalidades de tributos (os impostos, as taxas e as contribuições de melhoria) a que se refere o artigo 145 para declarar que são competentes para instituí-los a União, os Estados, o Distrito Federal e os Municípios, os artigos 148 e 149 aludem a duas outras modalidades tributárias, para cuja instituição só a União é competente: o empréstimo compulsório e as contribuições sociais, inclusive as de intervenção o domínio econômico e de interesse das categorias profissionais e econômicas".

de melhoria, previstas no artigo 145, III, do referido Diploma; (iv) os empréstimos compulsórios, decorrentes do artigo 148 do Texto; e, por fim, (v) as contribuições especiais, previstas de modo geral no artigo 149 da Magna Carta.

Tributo é gênero que comporta cinco espécies. No direito brasileiro, a União, os Estados, o Distrito Federal e os Municípios são titulares de competência tributária, possuem faixas tributárias exclusivas. Somente podem instituir as espécies tributárias que a Carta Magna lhes facultou mediante a observância dos limites, dentre os quais, os arquétipos (norma padrão de incidência) por ela estabelecidos. Assim, podem, dentro das atribuições privativas contempladas, instituir impostos, taxas, contribuição de melhoria, empréstimos compulsórios e contribuições especiais.

1.2.4.2 Os impostos

Dentre as cinco espécies de tributos estão os impostos, os quais não se vinculam à atividade estatal. Esta espécie de exação, assim como as demais, tem seu fundamento de validade na competência tributária de cada pessoa política discriminada pela Carta Magna. Para que seja instituída e cobrada, não há necessidade do Poder Público desenvolver qualquer atividade específica em relação ao contribuinte.[71]

O imposto tem por hipótese de incidência[72] uma situação jurídica em que se encontra o contribuinte ou uma atividade a ser desenvolvida por ele. Nisso, diferencia-se das taxas e da contribuição de melhoria, que trazem, em sua hipótese tributária, uma atividade a ser desenvolvida pelo ente tributante. No primeiro caso, a prestação de um serviço público ou o exercício regular do poder de polícia; na segunda hipótese, a realização de uma obra pública donde decorra uma valorização imobiliária.

O fato imponível do imposto é sempre realizado pelo contribuinte[73], sem qualquer relação com uma atividade estatal.

---

71 Com base nesse entendimento, é comum a referência ao imposto como sendo um tributo sem causa, na medida em que não há necessidade de nenhuma contraprestação por parte do ente tributante para sua cobrança.

72 Hipótese de incidência é a norma de incidência tributária, a qual define o fato ou a atividade que, uma vez realizado no mundo concreto, dará azo à subsunção tributária. Opõe-se ao fato imponível, o qual corresponde à ocorrência no mundo concreto do fato descrito na norma.

73 O artigo 21 do Código Tributário Nacional estabelece que o sujeito passivo da obrigação tributária é a pessoa física ou jurídica obrigada ao pagamento do tributo ou penalidade e distingue-o no contribuinte e responsável. Contribuinte é a pessoa física ou jurídica realizadora do fato imponível do tributo (mantém relação pessoal e direta com o fato gerador), ao passo que o responsável é aquele que, mesmo sem realizar o fato imponível do tributo, tem a obrigação do pagamento, decorrente da lei. Assim, o fato imponível somente é realizado pelo contribuinte, e nunca pelo responsável.

Geraldo Ataliba define o imposto como "[...] tributo não vinculado, ou seja, tributo cujo h.i. consiste na conceituação legal dum fato qualquer que não se constituía numa atuação estatal (art. 16 do Código Tributário Nacional); um fato da esfera jurídica do contribuinte".[74]

É um tributo não vinculado a uma atividade estatal. O ente político não precisa prestar nenhuma atividade estatal específica em prol do contribuinte, não exige qualquer contrapartida. O Código Tributário Nacional deixou claro esta noção ao conceituar o imposto no artigo 16, *verbis:*

> Art. 16. Imposto é o tributo cuja obrigação tem por fato gerador uma situação independente de qualquer atividade estatal específica, relativa ao contribuinte.

A competência tributária relativa aos impostos foi discriminada pelo Texto Supremo segundo o critério territorial e material. Quanto ao âmbito territorial, a Carta Política repartiu de modo exaustivo e criterioso entre os entes federados a aptidão para instituição dos impostos. Já o critério material refere-se à materialidade da hipótese de incidência dos diversos impostos passíveis de instituição, ou seja, o constituinte descreveu os fatos que podem situar-se na hipótese tributária de cada uma das exações[75].

Destarte, ao fazer a discriminação da competência impositiva dos impostos, o Texto Constitucional faz referência às materialidades das diversas espécies de impostos. Assim, a Magna Carta traçou a norma padrão de incidência dos impostos de competência dos entes federados[76].

Nas lições de Humberto Ávila:

> Os impostos que podem ser instituídos pela União, pelos Estados e pelos Municípios são previstos pela Constituição, nos arts. 153 a 156, por meio da delimitação dos seus pressupostos materiais. [...] Essa competência legislativa em razão de normas definitórias é de grande importância. Considerando que os impostos que podem ser instituídos pela União, pelos Estados e pelos Municípios são os estabelecidos pela indicação de pressupostos de fato e de conceitos jurídicos

---

74 *Hipótese de incidência tributária.* 6. ed., 7. tiragem. São Paulo: Malheiros, 2005, p. 137.
75 Cf. GONÇALVES, José Artur Lima. *Imposto sobre a renda*: pressupostos constitucionais. São Paulo: Malheiros, 2002, p. 90.
76 De acordo com Roque Antonio Carrazza: "Também no que concerne aos impostos a Magna Carta traçou a *regra-matriz* daqueles que podem ser criados, sempre em caráter exclusivo, pela União, pelos Estados-membros, pelos Municípios e pelo Distrito Federal. Mais: para evitar conflitos entre as pessoas políticas, delimitou-lhes, de modo rígido e exaustivo, o âmbito de incidência – restringindo, assim, a ação do legislador infraconstitucional" (*Imposto sobre a renda*: perfil constitucional e temas específicos. 2. ed. rev., ampl. e atual. São Paulo: Malheiros, 2006, p. 31).

(arts. 153 a 156), o Poder Legislativo não pode modificar o conceito ou a forma dos institutos implícita ou explicitamente utilizados pela Constituição (art. 110, CTN). Do contrário, a própria distribuição da competência seria alterada. Já que os pressupostos de fato e de direito são definidos pela Constituição, cada atribuição de competência representa, ao mesmo tempo, uma limitação material, no sentido de que a partir de cada distribuição de competência decorre uma limitação não constante da seção "limitações ao poder de tributar" (art. 150). Isso explica as dimensões positiva e negativa das regras de competência. Qualquer imposto, cuja hipótese de incidência não corresponda aos pressupostos de fato e de direito previstos na Constituição, não poderá ser exigido.[77]

Desta feita, a Constituição da República Federativa do Brasil discriminou de modo exclusivo os impostos da competência da União, dos Estados-membros, do Distrito Federal e dos Municípios.

Por conseguinte, os Municípios são competentes para criar os impostos previstos no artigo 156, incisos I a III do Diploma Supremo. Têm aptidão para expedir normas instituidoras e reguladoras do imposto sobre a propriedade predial e territorial urbana, sobre a transmissão *inter vivos*, por ato oneroso, de bens imóveis e **sobre serviços de qualquer natureza**.

Os Estados-membros estão autorizados a criar os impostos discriminados no artigo 155, incisos I a III, da Constituição Federal, quais sejam, o imposto sobre transmissão *causa mortis* e doação, de quaisquer bens e direitos, sobre operações relativas à circulação de mercadoria e prestação de serviço de transporte interestadual, intermunicipal e de comunicação e sobre a propriedade de veículo automotor.

Já o Distrito Federal, dentro de seu âmbito territorial, tem aptidão para instituir todos os impostos estaduais e também os municipais. É o que estabelece o artigo 32 e também o artigo 147, *in fine*, da Magna Carta.

Por sua vez, a União, ente titular da maior parcela da competência tributária, pode instituir os impostos enumerados nos artigos 153, incisos I a VII, da Lei Maior, quais sejam: imposto sobre a importação, sobre a exportação, sobre rendas e proventos de qualquer natureza, sobre produtos industrializados, sobre operações financeiras, sobre a propriedade territorial rural e sobre grandes fortunas.

Além dos mencionados, pode a União instituir os impostos extraordinários, consoante dicção do artigo 154, inciso II, daquele Diploma Legal, bem como outros impostos não previstos no ordenamento, desde que não sejam

---
77 *Teoria dos princípios*. 14. ed. rev. atual. ampl. São Paulo: Malheiros, 2014, p. 256-257.

cumulativos e não tenham base de cálculo e fato gerador próprios dos discriminados. Trata-se da competência residual prevista no artigo 154, inciso I, da Lei Maior.

José Artur Lima Gonçalves preleciona:

> Em matéria de impostos, todas as competências tributárias impositivas estão expressamente previstas no texto constitucional. Algumas delas perfeitamente identificadas por meio da menção das materialidades das respectivas hipóteses de incidência, como por exemplo, nos arts. 153, 155 e 156 da Constituição. As demais encontram-se albergadas pela chamada competência residual, a que faz menção o art. 154, I, da Constituição, e que foi outorgada à União.[78]

E ainda acrescenta:

> Essa repartição constitucional de competência impositiva é rígida e exaustiva, outorgando a cada pessoa política amplos poderes legislativos nos seus respectivos compartimentos. Não pode haver distorção, alteração ou diminuição desses compartimentos por meio de norma infraconstitucional, pois afetados estariam os princípios da Federação e da autonomia municipal, estabelecidas na própria Constituição.[79]

As competências tributárias impositivas estão expressamente previstas e foram exaustivamente partilhadas na Constituição Federal no que diz respeito aos impostos. Os entes tributariamente competentes deverão observar as normas constitucionais ao exercitar a competência tributária, especialmente no que tange à materialidade das hipóteses de incidência, não sendo permitida qualquer alteração ou distorção através de norma infraconstitucional.

Percebe-se, neste momento, que a possibilidade de instituir impostos, atribuída pela Constituição aos entes federados, não é ilimitada. Ao discriminar as competências tributárias, a Lei Maior delimitou as fronteiras que a União, os Estados, o Distrito Federal e os Municípios deverão necessariamente observar.[80]

Demarcou a competência fixando o critério material da hipótese dos impostos, descreveu fatos que podem ser colocados pelos legisladores ordinários nas hipóteses da norma de incidência dos impostos de suas pessoas políticas. Ao criar os impostos, devem os entes federados observar a norma padrão de incidência preestabelecida no Texto Constitucional.

---
78 *Imposto sobre a renda*: pressupostos constitucionais. São Paulo: Malheiros, 2002, p. 90.
79 Ibid., p. 91.
80 Ibid., p. 35.

No capítulo subsequente, serão abordados os aspectos constitucionais e mais importantes do imposto objeto do presente trabalho, qual seja, o Imposto Sobre Serviços de Qualquer Natureza (ISS). Todavia, antes da análise específica da exação, importante analisar os princípios constitucionais e as limitações ao exercício da competência tributária.

1.3 Os princípios constitucionais e as limitações constitucionais ao exercício da competência tributária

A Constituição Federal partilhou e distribuiu entre as pessoas políticas o poder para a criação de tributos e o fez de modo exaustivo; entretanto, não o fez de forma ilimitada, estabeleceu restrições, já que não será possível a criação de tributos sobre situações em relação às quais a entidade não é competente.

Acontece que as limitações ao exercício da competência tributária vão além[81]. A atribuição de competência tributária não foi sem fronteiras, posto que, além de demarcar claramente o âmbito de atuação de cada ente federado, com a discriminação da competência tributária, a Constituição Federal fixou limites ao exercício do poder de criação dos tributos.

A face mais visível das limitações ao exercício da competência tributária está consubstanciada nos princípios constitucionais tributários e nas imunidades tributárias.

Misabel de Abreu Machado Derzi, em nota à obra de Aliomar Baleeiro, explana que as normas de princípios são os alicerces:

> a) de normas atributivas de poder (citemos como exemplo o princípio federal que inspira a distribuição de renda, quanto às fontes políticas impositivas, entre os entes estatais que compõem a Federação);
> **b) de normas denegatórias de poder, como as imunidades (que ora são mero corolário do princípio federal, como a recíproca, ora da ausência de capacidade econômica, como a imunidade de instituição de educação e assistência social sem finalidade lucrativa);**
> c) como também de requisitos ao bom exercício (válido) da competência, a saber: legalidade, anterioridade, igualdade etc. [...][82]

81　Análise sistemática das limitações ao exercício da competência tributária é feita na obra de Humberto Ávila chamada *Sistema constitucional tributário* (3. ed. São Paulo: Saraiva, 2008).
82　*Limitações constitucionais ao poder de tributar.* 7. ed. atual. por Misabel de Abreu Machado Derzi. Rio de Janeiro: Forense, 2006, p. 17, grifo nosso.

As normas de princípios são, desta feita, normas que conferem poder, atribuem competência tributária, bem como estabelecem regras que retiram o poder de criar tributos e ainda preveem requisitos para o exercício regular do mencionado poder.

A Constituição Federal de 1988, no Capítulo chamado "Do Sistema Tributário Nacional", traz na Seção II, intitulada "Das Limitações do Poder de Tributar", consubstanciada do artigo 150 ao artigo 152, normas relativas aos princípios constitucionais tributários e às imunidades tributárias.

Entretanto, é preciso reconhecer que os limites ao exercício da competência tributária não se esgotam nos dispositivos citados. A Seção "Das Limitações ao Poder de Tributar" contém apenas alguns princípios e imunidades. Todavia, outros poderão ser encontrados dispersos no Texto Constitucional. Aliás, o *caput* do artigo 150, do Diploma Constitucional, expressamente dispõe: "Sem prejuízo de outras garantias asseguradas ao contribuinte, [...]", o que deixa indiscutível a inexistência de exaustividade na Seção.

Atentando-se apenas para os princípios constitucionais tributários, elenca Sacha Calmon Navarro Coêlho os expressos na Constituição Federal, *in verbis*:

> A) legalidade formal e material da tributação (art. 5º, II e 150, I);
> B) irretroatividade da lei tributária e dos critérios ligados à sua aplicação administrativa e judicial (art. 5º, XXVI, e 150, III, "a");
> C) anterioridade da lei tributária em relação ao fato jurígeno tributário, seja anual, seja nonagesimal (art. 150, III, "b" e "c", e 195, § 6º, também chamado da não surpresa;
> D) princípio do livre trânsito de pessoas e bens em território nacional, vedada a criação de barreiras estaduais e municipais (art. 150, V);
> E) princípio da isonomia tributária (art. 5º, I e 150, II);
> F) princípio da capacidade econômica e da pessoalidade dos impostos (art. 145, § 1º);
> G) princípio do não confisco (negativa de tributo com efeito confiscatório), a teor dos artigos 5º e 150, IV;
> H) princípio da generalidade, universalidade e progressividade do Imposto de Renda (art. 153, § 2º);
> I) princípio da progressividade dos impostos sobre propriedade urbana e rural (art. 153, § 4º, I, e 156, § 1º);
> J) princípio da não cumulatividade do ICMS e do IPI (art. 153, § 3º, II, e 155, II).[83]

---

83 *Curso de direito tributário brasileiro.* 9. ed. rev. e atual. de acordo com o Código Civil de 2002. Rio de Janeiro: Forense, 2007, p. 197-198.

Pois bem, os limites ao exercício da competência tributária consubstanciam-se nos princípios constitucionais tributários e nas imunidades tributárias. Servem para demarcar o campo, o modo, a forma e a intensidade do exercício da aptidão de criação das espécies tributárias.

Ademais, como a arrecadação tributária é um instrumento de oneração do patrimônio da sociedade, as determinações contidas nos princípios constitucionais tributários constituem garantias fundamentais[84] dos contribuintes. Asseveram que o contribuinte somente será tributado em seu patrimônio na medida consentida pelo Sistema Tributário Nacional.

---

84   Os princípios constitucionais tributários são normas definidoras de garantias fundamentais e, por isso, nos termos do artigo 5°, parágrafo primeiro, do Texto Maior, tem eficácia plena e aplicabilidade imediata. Além disso, são cláusulas pétreas, o que impede a alteração destas normas por emenda constitucional (artigo 60, parágrafo 4°, inciso IV, da Constituição).

2 IMPOSTO SOBRE SERVIÇOS DE QUALQUER NATUREZA (ISS)

2.1 Origem e histórico

A prestação de serviços começou a ser tributada no Brasil no ano de 1812, desde a vigência do Alvará de 20 de outubro de 1812, ato baixado pelo Príncipe Regente D. João VI, que estabeleceu o imposto sobre seges, lojas e embarcações[85].

Através da Lei Orçamentária n. 70, de 22 de outubro de 1836, foi instituído "imposto sobre lojas", que incidia sobre estabelecimentos com produtos à venda[86].

Em substituição ao "imposto sobre lojas", a partir da Lei Orçamentária n. 1.174, de 27 de setembro de 1860, surge o "imposto sobre indústrias e profissões", passando incidir sobre toda atividade lucrativa, dentre as quais, a de prestação de serviços.

José Jayme de Macêdo Oliveira explica a ampla incidência da exação que culminou por abarcar outros impostos:

> Meio século após, surgiu o imposto sobre indústrias e profissões, cuja ampla hipótese de incidência **alcançava toda atividade produtora de lucros, inclusive serviços. Em verdade, dito imposto incidia sobre o simples exercício de qualquer atividade comercial, industrial, civil ou profissional** e adotava como base de lançamento o movimento econômico, i. e., produto total das vendas ou outros atos cuja prática constituía a atividade do contribuinte. Este, a lei definia como sendo todas as pessoas naturais ou jurídicas que explorassem qualquer modalidade de indústria e comércio, bem assim os exercentes de profissão, arte ou ofício. Salta à vista, daí, que o **"indústria e profissões" se superpunha a vários outros impostos, tais como o de consumo de mercadoria, vendas e consignações, transações, diversões públicas e até mesmo ao imposto predial** (a partir do momento em que passou a adotar como base imponível o valor locativo dos imóveis), circunstância que, por si só, escancarava a impropriedade e a inconveniência de tal imposição fiscal, sob qualquer ponto de vista (jurídico, econômico, financeiro).[87]

---

85 A redação do Alvará está disponível em: BRASIL. Câmara dos Deputados. *Alvará de 20 de outubro de 1812*. Estabelece um imposto sobre seges, lojas e embarcações para fundo capital do Banco do Brazil. Disponível em: <http://www2.camara.leg.br/legin/fed/alvara/anterioresa1824/alvara-39745-20-outubro-1812-570461-publicacaooriginal-93591-pe.html>. Acesso em: 23 jul. 2014.
86 Cf. OLIVEIRA, José Jayme de Macedo. *Impostos municipais*: ISS, ITBI, IPTU: comentários, doutrina, jurisprudência. 2 ed. São Paulo: Saraiva, 2011, p. 15.
87 Ibid., grifos nossos.

O amplo raio de incidência do "imposto sobre indústria e profissões" também foi observado por Aliomar Baleeiro, no trabalho intitulado *Direito tributário brasileiro*, em que menciona que a exação alcançava as profissões "[...] de comerciante, industrial e produtor, pois o fato gerador era o exercício de qualquer atividade econômica com o objetivo de remuneração".[88]

A inclusão constitucional do "imposto sobre indústria e profissões" data de 24 de fevereiro de 1891, o que aconteceu com a promulgação da Constituição da República dos Estados Unidos do Brasil, especificamente no art. 9º, § 4º[89], cuja competência tributária foi atribuída de forma exclusiva aos Estados-membros.

Na Constituição Federal de 1934, o "imposto sobre indústrias e profissões" foi mantido na competência tributária dos Estados; todavia, estabeleceu-se que, uma vez lançado, metade do produto da arrecadação pertenceria àquele ente federado e a outra parte aos Municípios.[90]

A situação se repetiu com Carta de 1937. Uma importante modificação ocorreu com a Constituição dos Estados Unidos do Brasil de 1946, já que transferiu a competência tributária do imposto para esfera impositiva exclusiva municipal, nos termos do que dispunha o artigo 29, inciso V (redação dada pela Emenda Constitucional n. 5, novembro de 1961), daquela carta.[91]

Fernando Augusto Ferrante Poças ensina que a tributação dos serviços ocorria da seguinte maneira:

> (i) Imposto de Transações, incidentes sobre certas prestações de serviços, tais como hospedagem, locação de bens móveis, conserto pintura etc. (competência estadual); (ii) Imposto de indústrias e profissões, incidente sobre o efetivo exercício da atividade lucrativa, inclusive prestação de serviços (competência municipal); e (iii) Imposto de diversões públicas (competência municipal).[92]

---

88 *Direito tributário brasileiro*. 11. ed. atual. por Misabel de Abreu Machado Derzi. Rio de Janeiro: Forense, 2006, p. 490.
89 Art 9º: "É da competência exclusiva dos Estados decretar impostos: 1º) sobre a exportação de mercadorias de sua própria produção; 2º) sobre Imóveis rurais e urbanos; 3º) sobre transmissão de propriedade; 4º) sobre indústrias e profissões."
90 Constituição de 1934, art 8º: "Também compete privativamente aos Estados: I - decretar impostos sobre: [...] g) indústrias e profissões; [...] § 2º - O imposto de indústrias e profissões será lançado pelo Estado e arrecadado por este e pelo Município em partes iguais".
91 Ibid.
92 POÇAS, Fernando Augusto Ferrante. *Imposto sobre serviços de acordo com a lei complementar n. 116/03*. São Paulo: Quartier Latin, 2004, p. 17.

Através da Emenda Constitucional n. 18, de 01 de dezembro de 1965, promulgada com o advento da Revolução de 1964[93], e também com a Constituição da República Federativa do Brasil de 1967, houve a redução do campo de abrangência do tributo à prestação de serviços, excluindo-se o comércio e a produção de bens de sua incidência, ganhando, dessa forma, contornos constitucionais análogos ao existente na carta política atualmente vigente.[94]

Com a alteração decorrente da emenda, o texto constitucional passou a incluir o Imposto Sobre Serviços de Qualquer Natureza, da competência tributária dos Municípios, (art. 15) e Imposto sobre Operações Relativas à Circulação de Mercadorias (ICM), da competência estadual (art. 12).

> Art. 12. Compete aos Estados o impôsto sôbre operações relativas à circulação de mercadorias, realizadas por comerciantes, industriais e produtores.
> Art. 15. Compete aos Municípios o impôsto sôbre serviços de qualquer natureza, não compreendidos na competência tributária da União e dos Estados.
> Parágrafo único. Lei complementar estabelecerá critérios para distinguir as atividades a que se refere êste artigo das previstas no art. 12.

Observa-se que, com a modificação constitucional, houve a inclusão no ordenamento jurídico nacional de um imposto incidente exclusivamente sobre serviços, posto que nos textos constitucionais anteriores uma única exação abarcava serviços e outras atividades produtivas.

Assim, apenas com a reforma tributária realizada pela Emenda Constitucional n. 18, de 01 de dezembro de 1965[95], que alterou a Constituição dos Estados Unidos do Brasil de 1946, é que passou a competir aos Municípios o Imposto Sobre Serviços de Qualquer Natureza, não compreendidos na competência tributária da União e dos Estados.

---

93 A Emenda Constitucional n. 18 alterou o sistema tributário brasileiro, expurgando os seguintes impostos: 1- Imposto sobre Transações (Estadual); 2- Imposto de Industriais e Profissões (Municipal); 3- Impostos sobre Diversões Públicas (municipal).
94 Cf. BALEEIRO, Aliomar. *Direito tributário brasileiro*. 11. ed. atual. por Misabel de Abreu Machado Derzi. Rio de Janeiro: Forense, 2006, p. 490.
95 Fernando Dias Fleury Curado e Robinson Sakiyama Barreirinhas demonstram os motivos da reforma: "As premissas da reforma de 65 eram de simplificação da tributação, unificando impostos de idênticas naturezas e definindo-os por via de referência às suas bases econômicas, formando, de fato, um sistema tributário nacional. O legislador nacional baseou-se nas experiências da Comunidade Econômica Europeia, na uniformização da tributação sobre transações de bens e serviços, nos moldes do sistema de valor acrescido francês. [...] Diferentemente da tributação europeia, houve repartição da competência tributária relativa às circulações de mercadorias e às prestações de serviços. Essa divisão se deu por conta das peculiaridades de nosso sistema federativo [...]" (*Manual do ISS*. São Paulo: Método, 2011, p. 24-25).

Há que se observar que o parágrafo único do artigo 15 da Emenda Constitucional estabeleceu competir à lei complementar fixar os critérios para **distinguir** as atividades nele previstas das elencadas no art. 12, ou seja, das operações relativas à circulação de mercadorias, realizadas por comerciantes, industriais e produtores. Previu-se, portanto, ser função da lei complementar distinguir os serviços da competência tributária dos municípios daqueles da incidência do imposto municipal.

É neste contexto constitucional que surge o Código Tributário Nacional corporificado na Lei n. 5.172, de 25 de outubro de 1966[96], cujo imposto estava previsto dos artigos 71 a 73, com alterações realizadas pelo Decreto-lei n. 28, de 14 de novembro 1966, Ato Complementar n. 27, de 08 de dezembro de 1966, Ato Complementar 31, de 28 de dezembro de 1966, Ato Complementar n. 34, de 30 de janeiro de 1967 e Ato Complementar n. 35, de 28 de fevereiro de 1967.

A Constituição da República Federativa do Brasil de 1967, mantendo quase a mesma redação do artigo 15 da Emenda Constitucional n. 18, dispôs no art. 25, inciso II, competir aos municípios decretar o imposto "sobre serviços de qualquer natureza não compreendidos na competência tributária da União ou dos Estados, definidos em lei complementar".

A competência para tributação dos serviços de qualquer natureza continuou sendo por exclusão, ou seja, não compreendidos na competência dos Estados e da União, e, nos termos do disposto no artigo, a lei complementar passou a **definir** os serviços sujeitos a exação e não mais apenas **distingui-los** dos sujeitos à incidência da União e dos Estados.

Em 31 de dezembro de 1968, os dispositivos do Código Tributário Nacional referentes ao Imposto Sobre Serviços de Qualquer Natureza foram revogados pelo do Decreto-lei n. 406, o qual passou a regular o imposto, contendo anexa uma lista dos serviços tributáveis. Em 12 de setembro de 1969, referido decreto foi alterado pelo Decreto-lei n. 834.

A Emenda Constitucional n. 01, de 17 de outubro de 1969, permaneceu com o Imposto Sobre Serviços de Qualquer Natureza quase nos mesmos moldes constantes do artigo 25 da Constituição de 1967, só que agora o imposto passou a ser previsto no artigo 24, inciso II, com a alteração do termo *decretar* para *instituir* o imposto e com a determinação da fixação de alíquotas máximas por lei complementar[97].

---

96   No sistema constitucional então vigente inexistia procedimento legislativo específico para as leis complementares, motivo pelo qual foi o Código Tributário Nacional veiculado por lei ordinária federal, a qual foi recepcionada pela atual Constituição como lei materialmente complementar e formalmente ordinária.
97   Ives Gandra da Silva Martins esclarece: "Tinha-se no passado a impressão de que o ISS seria um imposto de competência residual – não confundir com a competência residual da União – visto que possuía o art.

Roque Antonio Carrazza, em notas de sua obra *Reflexões sobre a obrigação tributária*, demonstra:

> O imposto sobre serviços de qualquer natureza *(ISS)* foi previsto, pela primeira vez, na Constituição de 24 de janeiro de 1.967, em seu art. 25, II; *verbis*: *"Art. 25. Compete aos Municípios decretar impostos sobre:* [...] *II – serviços de qualquer natureza, não compreendidos na competência tributária da União ou dos Estados, definidos em lei complementar".*
> A emenda Constitucional n. 1, de 18 de outubro de 1.969, voltou a tratar do assunto, agora em seu art. 24, II, que praticamente manteve a redação *supra*: *"Art. 24. Compete aos Municípios instituir imposto sobre:* [...] *II – serviços de qualquer natureza, não compreendidos na competência tributária da União ou dos Estados, definidos em lei complementar."*[98]

Em remate, complementa o doutrinador: "Apenas para registro, à época, o Texto Supremo conferia à União competência para tributar, por meio de impostos, os serviços de transporte (art. 21, X) e de comunicações (art. 21, VII), ambos intermunicipais ou entre Município brasileiro e território estrangeiro"[99].

Em sua versão original, a Constituição de 1988 no artigo 156, IV, definia a competência tributária dos Municípios no imposto sob comento da seguinte forma:

24, II da EC 1/69 a seguinte dicção 'Art. 24. Compete aos Municípios instituir imposto sobre: '[...] II – serviços de qualquer natureza não compreendidos na competência tributária da União ou dos Estados definidos em lei complementar'. Os primeiros estudos [...] orientavam no sentido de que a competência primária seria dos Estados e da União e o que não estivesse nela compreendido caberia ao Município tributar. Pelo prisma de uma interpretação gramatical tal postura chegou a ser defendida, posto que a dicção 'não compreendidos na competência da União ou dos Estados' terminava para tais intérpretes a permitir o exercício impositivo sobre serviços residuais e, mesmo assim, apenas sobre aqueles definidos em lei complementar. O aprofundamento, todavia, que os estudos tributários foram propiciando sobre a real conformação do sistema brasileiro, possibilitou verificar que a única competência residual era aquela outorgada à União para criar novos impostos, sendo que as competências privativas deviam ser exercidas sobre áreas que o constituinte decidira ofertar aos diversos poderes tributantes. O discurso do art. 24, II, portanto, não reduzia a força impositiva dos Municípios apenas a serviços que os Estados ou União não tributassem, mas declarava área própria de atuação municipal que não estariam compreendidas naquelas de atuação das demais entidades federativas. Em outras palavras, cada poder tributante possuía, no que concernia à sua competência impositiva privativa, área de atuação que lhe dizia respeito e a nenhum outro poder. E, no concernente ao imposto sobre serviços, tal área de atuação, sobre ser própria, possuía clareza maior, na medida em que lei complementar discriminava os serviços sobre os quais incidiria aquele tributo. Desta forma, a colocação inicial ofertava falso dilema e pretensa superioridade impositiva da União e Estados, de rigor, inexistente" (O ISS na constituição de 1988 e na anterior. *Revista dos tribunais,* São Paulo, v. 79, n. 653, mar. 1990, p. 252).

98 *Reflexões sobre a obrigação tributária.* São Paulo: Noeses, 2010., p. 104 (nota 133).
99 Ibid., loc. cit.

> Art. 156. Compete aos Municípios instituir imposto sobre:
> [...]
> IV – serviços de qualquer natureza, não compreendidos no art. 155, I, b, definidos em lei complementar.
> [...]
> § 4º - Cabe à lei complementar:
> I – fixar as alíquotas máximas dos impostos previstos nos incisos III e IV;
> II – excluir da incidência do imposto previsto no inciso IV exportações de serviços ao exterior.

Posteriormente, a Emenda Constitucional n. 03, de 13 de março de 1993, modificou a redação do artigo 155 e 156, de forma que o Imposto Sobre Serviços de Qualquer Natureza passou a ser fundado no inciso III, *in verbis:*

> Art. 156. Compete aos Municípios instituir impostos sobre:
> [...]
> III - serviços de qualquer natureza, não compreendidos no art. 155, II, definidos em lei complementar.
> [...]
> § 3º Em relação ao imposto previsto no inciso III, cabe à lei complementar:
> I - fixar as suas alíquotas máximas;
> II - excluir da sua incidência exportações de serviços para o exterior.

Por sua vez, a Emenda Constitucional n. 37, de 12 de junho de 2002, alterou a redação do parágrafo terceiro, do artigo 156, que passou a ter a seguinte e atual redação:

> § 3º Em relação ao imposto previsto no inciso III do **caput deste artigo**, cabe à lei complementar:
> I - fixar as suas alíquotas máximas e **mínimas**;
> II - excluir da sua incidência exportações de serviços para o exterior;
> III - regular a forma e as condições como isenções, incentivos e benefícios fiscais serão concedidos e revogados (grifos nossos).

O Decreto-lei n. 834/69 foi alterado pelas Leis Complementares n. 56/87 e 100/99, normas que vigoraram até a edição da Lei Complementar n. 116, de 31 de julho de 2003, a qual trouxe nova lista anexa de serviços.

No sistema tributário atual, o Imposto Sobre Serviços de Qualquer Natureza está previsto no artigo 156, III, e em seu parágrafo terceiro, bem como na Lei Complementar n. 116/03, os quais serão analisados de forma mais específica nos itens subsequentes.

2.2 Autonomia e competência tributária

A Constituição Federal de 1988, ao tratar da organização do Estado, inicia o primeiro capítulo do título estabelecendo a organização político-administrativa da República Federativa do Brasil.

> Art. 18. A organização político-administrativa da República Federativa do Brasil compreende a União, os Estados, o Distrito Federal e os Municípios, todos autônomos, nos termos desta Constituição.

Desta forma, o Brasil, enquanto federação, compreende como ente político os Municípios, de forma que o artigo 18 assegurou sua autonomia entre as demais entidades políticas.[100]

Paulo Bonavides demonstra a inovação trazida ao sistema constitucional pelo artigo 18:

> Faz-se mister assinalar desse modo o significado decisivo, inédito e inovador que assume o art. 18 da Constituição vigente. Esse artigo inseriu o município na organização político-administrativa da República Federativa do Brasil, fazendo com que ele, ao lado do Distrito Federal, viesse a formar aquela terceira esfera de autonomia, cuja presença, nos termos em que se situou, altera radicalmente a tradição dual do federalismo brasileiro, acrescido agora de nova dimensão básica.[101]

As competências dos Municípios foram arroladas nos artigos 29 e 30. O artigo 29 contempla a autonomia política; o artigo 30, inciso I, atribui competência legislativa, concedendo-lhes autonomia administrativa; e o inciso III, concede competência para instituir e arrecadar os tributos de sua competência, bem como aplicar suas rendas, garantindo autonomia financeira.

Assim, a Constituição Federal, ao versar sobre a organização político-administrativa da Federação, assegurou aos Municípios autonomia política, administrativa e financeira.

Alexandre de Moraes esclarece:

> O Município *auto-organiza-se* através de sua Lei Orgânica Municipal e, posteriormente, por meio de edição de leis municipais; *autogoverna-se* mediante a eleição direta de seu prefeito, Vice-prefeito e

---

100 A autonomia municipal é reforçada pelo artigo 34 da Constituição Federal, que, ao elencar as hipóteses de intervenção da União nos Estados e Distrito Federal, prevê a inobservância do princípio constitucional da autonomia municipal como motivo ensejador.
101 *Curso de direito constitucional.* 26. ed. atual. São Paulo: Malheiros, 2011, p. 345.

vereadores, sem qualquer ingerência dos Governos Federal e Estadual; e, finalmente, *administrar*, no exercício de suas competências administrativas, tributárias e legislativas, diretamente conferidas pela Constituição Federal.[102]

Demonstrado que foi assegurado aos Municípios autonomia pela Constituição de 1988, importante analisar se ela é passível de supressão.

Não é possível que emendas constitucionais venham a suprimir a autonomia municipal, modificação é possível desde que seja mantido o equilíbrio financeiro do ente.

Geraldo Ataliba demonstra a relevância da autonomia municipal:

> Posta a autonomia municipal como princípio constitucional dos mais eminentes – ao lado da forma republicana representativa e democrática (art. 34, VII, "a") e da independência dos poderes (inciso IV) –, protegido pelas mais drásticas das sanções institucionalmente previstas (a intervenção federal, art. 34), é, no Brasil, ingrediente necessário e ínsito na própria república; é decorrência imediata e indissociável do princípio republicano.[103]

Coaduna-se com os argumentos expostos por Marcelo Caron Baptista para quem uma reforma constitucional que suprima totalmente o conteúdo material do princípio da autonomia municipal gerará quebra no sistema constitucional brasileiro, que é calcado em traços marcantes da independência dos entes locais, regra esta norteadora de todo o sistema constitucional inaugurado pela Constituição de 1988.[104]

Deixando de lado a celeuma acima posta, fato é que a Constituição Federal garantiu às Municipalidades autonomia, dentre elas financeira, e o fez especificamente no artigo 30, inciso III, concedendo competência para instituir e arrecadar os tributos de sua competência, bem como para aplicar suas rendas; no primeiro caso, atribuiu competência e capacidade tributária.

Assim, o poder conferido aos Municípios para a expedição de normas tributárias inaugurais no sistema, ou seja, criar tributos, é decorrência do princípio da autonomia municipal.

A relação entre essa autonomia e a competência tributária foi bem observada por Aires F. Barreto:

---

102 *Direito Constitucional*. 30. ed. São Paulo: Atlas, 2014, p. 296.
103 *República e constituição*. Atual. Rosolea Miranda Folgosi. 2. ed. São Paulo: Malheiros, 1998, p. 46.
104 *ISS*: do texto à norma. São Paulo: Quartier Latin, 2005, p. 105-106.

> Decorrência do princípio da autonomia municipal é o de o Município editar suas normas tributárias de acordo om a competência que lhe foi outorgada pela Constituição, afastando a incursão de quaisquer outras, sejam elas federais ou estaduais. Não é demais lembrar que o Município, em razão da sua autonomia, haure, diretamente da Constituição, suas competências, nela encontrando seu próprio fundamento de validade. [...]
> Em resumo, o Município é autônomo e recebe suas competências diretamente da Constituição. Dada a sua posição de pessoa política, está situado no mesmo altiplano da União e dos Estados.[105]

Feita a relação entre autonomia e competência, sobeja mencionar que, nos termos do exposto no item relativo à origem e história, é da competência tributária dos Municípios o poder para instituir o imposto previsto no artigo 156, inciso III, da Constituição Federal, qual seja, o Imposto Sobre Serviços de Qualquer Natureza, o qual restará analisado.[106]

Os Municípios serão os sujeitos ativos da relação que irá se instalar quando e onde se verificar a situação ou hipótese prevista na norma de incidência tributária.

Desta feita, sujeito ativo será o credor, aquele que poderá exigir o cumprimento da obrigação, que tem o direito subjetivo de exigir o objeto da prestação, qual seja, o pagamento do tributo.

Importante mencionar que pode ser credor a pessoa jurídica de direito público interno titular, nos termos da Constituição Federal, da competência tributária, como também pode ser uma pessoa diferente da titular da competência, pessoa esta que tenha recebido daquela aptidão para arrecadar e fiscalizar o tributo.[107]

Todo ente federado tem aptidão para ser sujeito ativo da relação jurídico-tributária; entretanto, se ele desejar, pode delegar a outra pessoa o poder de cobrança e fiscalização do tributo, desde que o faça por intermédio de lei.

Trata-se da clássica diferenciação entre competência tributária e capacidade tributária ativa. Como já explanado, competência tributária é a aptidão

---

105 *ISS na constituição e na lei*. 3. ed. São Paulo: Dialética, 2009, p. 10-11.
106 Importante mencionar que o imposto, nos termos do artigo 147, parte final, da Constituição Federal, é também da competência tributária do Distrito Federal.
107 Andou mal o legislador infraconstitucional ao definir o sujeito ativo da obrigação. Estabeleceu o artigo 119 do Código Tributário Nacional que sujeito ativo é a pessoa jurídica de direito público titular da competência para exigir seu cumprimento. Ao que parece, confundiu o legislador competência tributária com capacidade tributária ativa e acabou por suprimir um grupo de possíveis sujeitos ativos ao reduzir o campo de eleição apenas às pessoas jurídicas de direito público. Aliás, este artigo não se coaduna com o artigo 7º, parágrafo terceiro, do referido código que dispõe: "Não constitui delegação de competência o cometimento, a **pessoas de direito privado, do encargo ou da função de arrecadar tributos**" (grifo nosso).

conferida e discriminada pela Constituição Federal às pessoas jurídicas de direito público interno para criar legislativamente tributos. Capacidade tributária ativa é a aptidão para fiscalizar e arrecadar tributos já instituídos.

O ente federado titular da competência tributária traz consigo a capacidade tributária ativa. Se ele pode instituir o tributo, uma vez instituído, tem também poder de cobrá-lo. Ocorre que, ao contrário da competência tributária, a qual é indelegável, a capacidade tributária ativa[108] é delegável, podendo ser transferida a outro ente. A condição de sujeito ativo pode ser transferida pelo ente federado a outra pessoa.

As disposições do artigo 7º do Código Tributário Nacional deixam claras as distinções ventiladas:

> Art. 7º **A competência tributária é indelegável, salvo atribuição das funções de arrecadar ou fiscalizar tributos, ou de executar leis, serviços, atos ou decisões administrativas em matéria tributária, conferida por uma pessoa jurídica de direito público a outra**, nos termos do § 3º do artigo 18 da Constituição.
> § 1º A atribuição compreende as garantias e os privilégios processuais que competem à pessoa jurídica de direito público que a conferir.
> § 2º A atribuição pode ser revogada, a qualquer tempo, por ato unilateral da pessoa jurídica de direito público que a tenha conferido.
> § 3º Não constitui delegação de competência o cometimento, a pessoas de direito privado, do encargo ou da função de arrecadar tributos (grifo nosso).

Observa Geraldo Ataliba:

> **Sujeito ativo é, em regra, a pessoa constitucional titular da competência tributária.** Nestes casos (regra geral), a lei não precisa ser expressa na designação do sujeito ativo. Se nada dispuser, entende-se que o sujeito ativo é o titular da competência tributária. Em outras palavras: a regra geral é que o sujeito ativo é a pessoa cuja lei criou a h.i. Está ele implícito na h.i., não havendo necessidade de que seja sua indicação formulada explicitamente. **Se, entretanto, a lei quiser**

---

[108] Capacidade tributária ativa não se confunde com capacidade tributária passiva, que consiste na aptidão para ser sujeito passivo de tributo. A capacidade tributária passiva está regulada no artigo 126 do Código Tributário Nacional que dispõe:
"Art. 126. A capacidade tributária passiva independe:
I - da capacidade civil das pessoas naturais;
II - de achar-se a pessoa natural sujeita a medidas que importem privação ou limitação do exercício de atividades civis, comerciais ou profissionais, ou da administração direta de seus bens ou negócios;
III - de estar a pessoa jurídica regularmente constituída, bastando que configure uma unidade econômica ou profissional".

> atribuir a titularidade da exigibilidade de um tributo a outra pessoa que não a competente para instituí-lo, deverá ser expressa, designando-a explicitamente [...][109]

Feitas as distinções necessárias, especialmente em relação à autonomia e competência tributária, cumpre reiterar que a competência tributária, assim como a capacidade tributária ativa, do ISS é dos Municípios (e também do Distrito Federal). Passe-se, então, à análise dos critérios, elementos ou aspectos da regra-matriz de incidência do imposto objeto do presente trabalho.

2.3 Regra-matriz de incidência do ISS

A Constituição Federal atribuiu aos Municípios e ao Distrito Federal a competência para a criação do Imposto Sobre Serviços de Qualquer Natureza, não compreendidos na competência tributária dos Estados, definidos em lei complementar.

A fim de demonstrar o arquétipo constitucional pressuposto para o imposto municipal, é preciso reiterar que a Constituição Federal não cria tributo.

Para que ocorra o fenômeno da subsunção tributária ou a chamada incidência tributária, é imprescindível que as Municipalidades e o Distrito Federal criem abstratamente o tributo, ou seja, o legislador de cada ente federado deve criar por lei a exação. Não basta a outorga, concessão, discriminação da competência tributária, é preciso o seu efetivo exercício para que ocorra o ingresso dum tributo no ordenamento jurídico.

Ocorre que para o exercício da competência tributária deve o ente político observar o arquétipo constitucional da espécie tributária de modo a constituir a sua regra-matriz.

É preciso a previsão legal para que, diante da ocorrência de um fato que se amolde perfeitamente à norma, nasça obrigação tributária, o dever de pagar o tributo[110]. Esta previsão que descreve fatos e estipula os sujeitos da relação, bem como os termos determinativos da obrigação tributária, chamar-se-á de regra-matriz de incidência.

---

109 *Hipótese de incidência tributária*. 6. ed., 7. tiragem. São Paulo: Malheiros, 2005, p. 83, grifos nossos.
110 "Quando a hipótese de incidência se realiza (acontece, deixa de ser hipótese), então, imediatamente após, sobre ela (sobre a hipótese realizada) *incide* a regra jurídica. Entretanto, a hipótese de incidência somente se realiza quando se realizaram (aconteceram e, pois, existem) *todos* os elementos que a compõem. Basta faltar um único elemento para que a hipótese de incidência continue não realizada; e enquanto não se realizar este último elemento, não ocorrerá a incidência da regra jurídica. Porém, realizando-se este último elemento, a regra jurídica incide sobre a hipótese de incidência realizada e a sua incidência é imediata, instantânea e infalível" (BECKER, Alfredo Augusto. *Teoria geral do direito tributário*. 5. ed. São Paulo: Noeses, 2010, p. 328).

A norma jurídica que cria o tributo é estruturada da mesma forma que as demais normas jurídicas, possui um antecedente ou hipótese (suposto ou descritor) à qual deriva uma consequência (prescrição, estatuição ou mandamento).

Nas lições de Paulo de Barros Carvalho, a estrutura lógica da regra-matriz de incidência se perfaz:

> A *norma tributária em sentido estrito* [...] é a que define a incidência fiscal. Sua construção é obra do cientista do Direito e se apresenta, de final, com a compostura própria dos juízos hipotético-condicionais. Haverá uma hipótese, suposto ou antecedente, a que se conjuga um mandamento, uma consequência ou estatuição. A forma associativa é a cópula deôntica, o *dever-ser* que caracteriza a imputação jurídico-normativa.

A hipótese faz referência a um fato, e a consequência prescreve os efeitos jurídicos que o acontecimento da situação descrita no antecedente da norma irá produzir, por isso também podem ser chamados de descritor e prescritor.

O descritor e prescritor, a hipótese e a consequência da norma de incidência tributária, são compostas por critérios ou aspectos:

> [...] identificaremos, no descritor da norma, um critério material (comportamento de uma pessoa, representado por verbo pessoal e de predicação incompleta, seguido pelo complemento), condicionado no tempo (critério temporal) e no espaço (critério espacial). Já na consequência, observaremos um critério pessoal (sujeito ativo e passivo) e um critério quantitativo (base de cálculo e alíquota).[111]

São critérios que compõem a regra-matriz de incidência ou a norma-padrão de incidência tributária: critério material, espacial e temporal (hipótese) e critério pessoal e quantitativo (consequente). Passa-se, então, à análise de tais critérios.

2.3.1 Critério material

O critério material da hipótese faz referência ao comportamento de pessoas, físicas ou jurídicas, condicionado por circunstância de tempo e espaço.[112]

Sabido é que o arquétipo constitucional do imposto em comento deriva da análise do artigo 156, III, o qual estabeleceu competir aos Municípios

---
[111] CARVALHO, Paulo de Barros. *Direito tributário*: linguagem e método. 3. ed. rev. ampl. São Paulo: Noeses, 2009, p. 605.
[112] Cf. CARVALHO, Paulo de Barros. *Curso de direito tributário*. 25. ed. rev. São Paulo: Saraiva, 2013, p. 260.

instituir o Imposto Sobre Serviços de Qualquer Natureza, não compreendidos no artigo 155, II, definidos em lei complementar.

Para a delimitação do critério material da hipótese do Imposto Sobre Serviços de Qualquer Natureza, dividir-se-á referida norma em duas partes: a) competência para criar imposto sobre serviços de qualquer natureza, não compreendidos no artigo 155, II; b) definidos em lei complementar.

a) Competência para criar imposto "sobre serviços de qualquer natureza, não compreendidos no artigo 155, II, da Constituição Federal".

De acordo com a redação constitucional, o ISS incide sobre "serviço de qualquer natureza".

Conforme restará demonstrado, a hipótese de incidência do imposto em comento, bem como seus critérios, foram todos demarcados, delimitados pelo texto constitucional, os quais não podem ser transpostos por normas de hierarquia inferior.

Como todo critério material da hipótese da regra-matriz de incidência é composto pelo binômio verbo pessoal e transitivo e um complemento, por primeiro é preciso dessumir que o verbo, ao qual está vinculado o complemento "serviço de qualquer natureza", é o *"prestar"*.

Serviços são prestados, executados, feitos, e não são vendidos, doados, nem auferidos.

O conceito da palavra *serviço*, no dicionário jurídico, vem ligado ao verbo *executar*, *prestar*, *fazer* e *realizar*:

> Extensivamente, porém, a expressão designa hoje o próprio trabalho a ser **executado**, ou que se **executou**, definindo a *obra,* o *exercício do ofício*, o *expediente*, o *mister*, a *tarefa*, a *ocupação ou* a *função*. Por esta forma, constitui *serviço* não somente o *desempenho de atividade* ou *de trabalho intelectual*, como *a execução de trabalho,* ou *obra material*. Onde quer que haja um encargo a cumprir, obra a **fazer**, trabalho a **realizar,** empreendimento a **executar**, ou **cumprido, feito, realizado ou executado,** há um serviço a **fazer**, ou que se **fez**.[113]

A indicação do verbo *prestar* como o integrante do núcleo da hipótese é reforçada por sua menção no artigo 155, inciso II, da Constituição. É que dois impostos incidem sobre a prestação de serviços, o imposto em comento e o ICMS (Imposto sobre a Circulação de Mercadorias e Prestação de Serviços), este previsto no artigo supracitado.

---

113   SILVA, De Plácido e. *Vocabulário jurídico*. Rio de Janeiro: Forense, 1996, s.v. *serviço*, grifos nossos.

Ao eleger o núcleo da hipótese do imposto estadual incidente sobre serviço, a norma constitucional expressamente fez constar o verbo *prestar* conjugado aos serviços desta competência.

> Art. 155. Compete aos Estados e ao Distrito Federal instituir impostos sobre:
> [...]
> II - operações relativas à circulação de mercadorias e sobre **prestações** de serviços de transporte interestadual e intermunicipal e de comunicação, ainda que as operações e as prestações se iniciem no exterior (grifo nosso).

Desta feita, os Municípios e o Distrito Federal têm competência para instituir imposto não sobre "serviços de qualquer natureza", mas sim sobre a circunstância de alguém *prestar* serviços de qualquer natureza.

Depois, a Carta Magna não deixou ao alvitre do legislador ordinário a concepção do termo *serviços de qualquer natureza*. Em razão da rigidez do sistema constitucional brasileiro, o conceito, a noção ou a ideia de "serviço" decorre do texto constitucional, é dele aferível, tratando-se de termo pressuposto pela lei maior, a qual estabeleceu o arquétipo de todos os tributos.

Ao partilhar a competência tributária entre os entes da federação, a Constituição Federal estabeleceu regra expressa de incompetência tributária quanto à instituição do imposto em análise, especificadamente no artigo 155, inciso II.

Da redação do artigo 155, inciso II, da Constituição Federal de 1988, há que se concluir que estão fora da abrangência do imposto municipal os serviços cuja competência fora atribuída aos Estados e Distrito Federal, quais sejam, os serviços de transporte interestadual e intermunicipal e de comunicação.

Os serviços de transporte entre Estados, entre Municípios e os de comunicação foram atribuídos à competência tributária dos Estados e Distrito Federal, o que torna qualquer outro ente, por exclusão, tributariamente incompetente.

Assim, numa análise perfunctória, podem os Municípios e o Distrito Federal tributar "serviços de qualquer natureza", desde que não se tratem daqueles compreendidos na competência tributária estadual e distrital.

Detendo-se ao núcleo do aspecto ou critério material da hipótese do Imposto Sobre Serviços de Qualquer Natureza, faz-se necessário mencionar que o centro de sua norma-padrão de incidência contemplará, sempre, fatos expressivos de riquezas ou, nas lições de Alfredo Augusto Becker, signos presuntivos de riqueza.

Ensina referido Autor:

> A *praticidade* e a *certeza* da incidência das regras-*jurídicas* tributárias, sempre induziu e, cada vez mais, induz o legislador a escolher, como elementos integrantes da hipótese de incidência, *signos econômicos* (fatos econômicos) ou *signos jurídicos* (fatos jurídicos) cuja existência faz presumir a existência de determinado gênero e espécie de renda ou de capital.
> É nas *vias de acesso* à renda e ao capital que surge a multiplicidade das *naturezas jurídicas* dos tributos, porque, a exemplo dos arquipélagos, apenas os *prolongamentos* da renda e do capital emergem no mundo jurídico, a fim de participarem, como *fato-signo presuntivo*, na composição da hipótese de incidência da regra jurídica da tributação.[114]

Desta feita, o conceito de "serviço" não pode ser buscado na economia, mas sim só pode ser retirado do sistema jurídico. Há um conceito econômico e jurídico de "serviço", devendo prevalecer o último para fins de cobrança do tributo.

Para os que interpretam o termo com base na economia[115, 116], o Imposto Sobre Serviços de Qualquer Natureza tem incidência sobre a circulação de bens imateriais ou incorpóreos.

Adepto ao conceito econômico, Sérgio Pinto Martins define "serviço" como:

> [...] bem imaterial na etapa da circulação econômica. É um bem intangível, incorpóreo. *Prestação de serviços* é a operação pela qual uma pessoa, em troca do pagamento de um preço (preço de serviço), realiza em favor de outra a transmissão de um bem imaterial (serviço). *Prestar serviços* é vender bem imaterial, que pode consistir no fornecimento de trabalho, na locação de bens imóveis ou na cessão de

---

114 *Teoria geral do direito tributário*. 5. ed. São Paulo: Noeses, 2010, p. 539.
115 O conceito de "serviço" para os economistas contempla a criação de um bem ou utilidade para terceiro. Assim, é "serviço": "qualquer bem não material. [...] a atividade do barbeiro que nos corta o cabelo, do menino que apara a grama de nosso jardim, da orquestra que toca para nosso prazer, da estrada de ferro que nos leva a outro Estado" (MEYERS, Albert. L. *Elementos da economia moderna*. Rio de Janeiro: Delta, 1970, p. 13) ou "O trabalho que consiste em serviços cria um artigo que de modo normal se consome precisamente durante o tempo de execução do serviço; o trabalho empregado na produção de objetivos materiais cria um artigo comum futuro. Não cabe dúvida que existe paralelismo de esforço produtivo entre o cabelereiro que corta o cabelo de um cliente e o sapateiro que ao mesmo cliente faz um par de sapatos. A diferença está no fato de o segundo produzir um objeto de utilidade material enquanto que o primeiro não produz, senão apenas presta serviço" (CREW, Albert. *Economía*. 2. ed. Barcelona: Labor, 1960, p. 49).
116 Adepto do conceito econômico de "serviço", Bernardo Ribeiro de Moraes ensina: "Assim, o imposto sobre valor acrescido, quanto à prestação de serviços, onera as atividades econômicas de transferência de bens não materiais, ou melhor, de bens imateriais, isto é, de serviços" (*Doutrina e prática do imposto sobre serviços*. São Paulo: Revistas dos Tribunais, 1975, p. 41).

direitos. Seu pressuposto é a circulação econômica de um bem imaterial, ou melhor, a prestação de serviços, em que ser presume um vendedor (prestador do serviço) e um preço (preço do serviço).

O que interessa, no conceito de serviço, é a existência de transferência onerosa, por parte de uma pessoa para outra, de imaterial que se acha na etapa de movimentação econômica. Prestam-se, assim, serviços quando se vende um bem imaterial. Prestam-se serviços quando se realiza prestação dependente de contrato de transporte, de agência, de depósito etc.[117]

Para os defensores da corrente economicista, ensina Aires F. Barreto que

> [...] o ISS não se limita a incidir sobre prestação de serviços, mas alcança os serviços, de modo geral. Serviço não se confundiria com a singela "prestação de serviços". O conceito de serviço remontaria à noção econômica e, por isso, seria abrangente do contrato de direito civil de "prestação de serviços". Serviço alcançaria qualquer bem imaterial. O âmbito de abrangência do imposto enfeixaria tanto as "prestações de serviço" como os "serviços", estes entendidos como quaisquer bens imateriais que se "vendem" ou são postos à disposição dos usuários.[118]

Assim, de acordo com o conceito econômico, para a realização da norma bastaria que se estivesse diante de um serviço passível de "venda", independentemente de efetivamente prestado. Essa era a circunstância que fundamentava a incidência do imposto sobre, por exemplo, a locação de bens móveis.

O conceito econômico de "serviço" não é o adotado no presente trabalho, nem o que é atualmente acolhido pelos tribunais superiores. Tanto é assim que, no caso específico das operações de locação de bens móveis, houve a expedição da Súmula Vinculante n. 31, publicada em 17 de fevereiro de 2010, cujo enunciado determina a não incidência do gravame na hipótese.[119]

---

117 *Manual do imposto sobre serviços*. 9. ed. atual. rev. amp. São Paulo: Atlas, 2013, p. 27.
118 *Curso de direito tributário municipal*. São Paulo: Saraiva, 2009, p. 320.
119 Mister a transcrição de julgados que originaram a súmula. "Na espécie, o imposto, conforme a própria nomenclatura, considerado o figurino constitucional, pressupõe a prestação de serviços e não o contrato de locação. Em face do texto da Carta Federal, não se tem como assentar a incidência do tributo na espécie, porque falta o núcleo dessa incidência, que são os serviços. Observem-se os institutos em vigor tal como se contêm na legislação de regência. As definições de locação de serviços e locação de móveis vêm-nos do Código Civil. Em síntese, há de prevalecer a definição de cada instituto, e somente a prestação de serviços, envolvido na via direta o esforço humano, é fato gerador do tributo em comento. Prevalece a ordem natural das coisas cuja força surge insuplantável; prevalecem as balizas constitucionais, a conferirem segurança às relações Estado-contribuinte; prevalece, alfim, a organicidade do próprio Direito, sem a qual tudo será possível no agasalho de interesses do Estado, embora não enquadráveis como primários" (STF, Primeira Turma, AI 623.226 AgR, Relator Ministro Marco Aurélio, Data do Julgamento: 01/02/2011, DJe de 11/03/2011).

O fundamento para a rechaça da definição econômica de "serviço" é revelado de forma cristalina no julgado a seguir:

> Imposto sobre serviços (ISS) – **Locação de veículo automotor – Inadmissibilidade, em tal hipótese, da incidência desse tributo municipal – Distinção necessária entre locação de bens móveis (obrigação de dar ou de entregar) e prestação de serviços (obrigação de fazer) – Impossibilidade** de a legislação tributária municipal alterar a definição e o alcance de conceitos de Direito Privado (CTN, art. 110) – Inconstitucionalidade do item 79 da antiga lista de serviços anexa ao Decreto-Lei nº 406/68 - Precedentes do Supremo Tribunal Federal - Recurso improvido. - **Não se revela tributável, mediante ISS, a locação de veículos automotores (que consubstancia obrigação de dar ou de entregar), eis que esse tributo municipal somente pode incidir sobre obrigações de fazer, a cuja matriz conceitual não se ajusta a figura contratual da locação de bens móveis.** Precedentes (STF). Doutrina. (STF, Segunda Turma, RE 446.003 AgR, Relator Ministro Celso de Mello, Data do Julgamento: 30/05/2006, DJ de 04/08/2006) (grifos nossos).

Prevalece, portanto, o conceito jurídico de "serviço", em relação ao qual o imposto só incide sobre as "prestações de fazer", ou seja, há um negócio jurídico relativo a uma obrigação de "fazer", consubstanciada nos termos do direito privado.[120]

"O recurso extraordinário do Município de São Paulo funda-se no art. 102, III, a, da Constituição Federal. Sustenta a constitucionalidade do art. 78, §1º, da Lei municipal n.º 10.423/87, que previu a locação de bens móveis como hipótese de incidência de ISS. Alega que a Constituição, em seu art. 156, inciso III, usou a expressão 'serviços de qualquer natureza, dando amplitude maior ao conceito jurídico de serviços, de modo a englobar operações de locação de bens móveis. [...] Trago o presente leading case para apreciação do Tribunal Pleno e julgamento do mérito da questão constitucional cuja repercussão geral foi reconhecida [AI 766.684]. [...] Como relatado, o caso em tela versa sobre locação de filmes cinematográficos, videoteipes, cartuchos para vídeo games e assemelhados, situação em que não está envolvida prestação de serviço." (STF, Tribunal Pleno, RE 626.706, Relator Ministro Gilmar Mendes, Data do Julgamento: 08/09/2010, DJe de 24/09/2010).

"Ementa: [...] É firme o entendimento do Supremo Tribunal Federal no sentido de que não incide Imposto sobre Serviços (ISS) sobre locação de bens móveis. A caracterização de parte da atividade como prestação de serviço não pode ser meramente pressuposta, dado que a constituição do crédito tributário é atividade administrativa plenamente vinculada, que não pode destoar do que permite a legislação (proibição do excesso da carga tributária) e o próprio quadro fático (motivação, contraditório e ampla defesa). [...] Possibilidade de as autoridades fiscais exercerem as faculdades conferidas pela lei para aferirem quais receitas são oriundas da isolada locação de bens móveis" (STF, Segunda Turma, AI 758.697 AgR, Relator Ministro Joaquim Barbosa, Data do Julgamento: 06/04/2010, DJe de 07/05/2010).

No mesmo sentido das ementas transcritas: STF, Segunda Turma, RE 405.578 AgR, Relator Ministro Teori Zavascki, Data do Julgamento: 26/02/2013, DJe de 12/03/2013; STF, Primeira Turma, AI 588.891 AgR, Relator Ministro Dias Toffoli, Data do Julgamento: 21/08/2012, DJe de 06/09/2012; STF, Segunda Turma, AI 622.421 AgR, Relator Ministro Joaquim Barbosa, Data do Julgamento: 06/04/2010, DJe de 30/04/2010.

120 Cf. MELO, José Eduardo Soares de. *ISS* – aspectos teóricos e práticos. 5. ed. São Paulo: Dialética, 2008, p. 37.

Em sendo assim, o conceito de "serviço" deve ser aquele fornecido pelo ordenamento jurídico e, se assim o é, compete ao direito privado, especificamente ao Direito Civil, a conceituação de negócio jurídico contemplador de obrigação de fazer.

O civilista Carlos Roberto Gonçalves define obrigação de fazer como aquela que abrange "[...] o serviço humano em geral, seja material ou imaterial, a realização de obras e artefatos, ou a prestação de fatos que tenham utilidade para o credor".[121]

Sílvio de Salvo Venosa, por sua vez, explica que o conteúdo da obrigação de fazer é

> [...] uma "atividade" ou conduta do devedor, no sentido mais amplo: tanto pode ser a prestação de uma atividade física ou material (como, por exemplo, fazer um reparo em máquina, pintar casa, levantar muro), como uma atividade intelectual, artística ou científica (como, por exemplo, escrever obra literária, partitura musical, ou realizar experiência científica).[122]

O fruto de uma obrigação de fazer consistirá na produção de algo imaterial ou material; o importante é que, ainda que se configure em prestação de serviços que se concretiza em bens materiais, a obrigação de fazer deve sempre sobrepor-se à de dar.[123]

Com referência à questão, Marcelo Caron Baptista leciona:

> É completamente irrelevante para a norma de incidência do ISS saber se os serviços são materiais, imateriais ou mistos. **O que assume especial importância, entre outras questões, é esclarecer se o comportamento pessoal do prestador ocorre para fins de cumprimento de uma obrigação contratual, mediante remuneração, que tem por objeto uma prestação de fazer.**[124]

Outrossim, o contrato de prestação de serviço é definido, segundo Caio Mário da Silva Pereira, como "[...] contrato em que uma das partes (prestador) se obriga para com a outra (tomador) a fornecer-lhe a prestação de uma atividade, mediante remuneração".[125]

---

121 *Direito civil brasileiro*: teoria geral das obrigações. 11. ed., v. 2. São Paulo: Saraiva, 2014, p. 84.
122 *Direito civil*: teoria geral das obrigações e teoria geral dos contratos. 8. ed., v. 2. São Paulo: Atlas, 2008, p. 75.
123 Neste sentido, Misabel Abreu Machado Derzi, em nota atualizadora (*Direito tributário, direito penal e tipo*. São Paulo: Revista dos Tribunais, 1988, p. 491).
124 *ISS*: do texto à norma. São Paulo: Quartier Latin, 2005, p. 292, grifo nosso.
125 *Instituições de direito civil*: contratos. v. 3., 4. ed. Rio de Janeiro: Forense, 1978, p. 333.

Coaduna-se com o escólio de Aires F. Barreto, que nomeia como critério material da hipótese de incidência do Imposto Sobre Serviços de Qualquer Natureza[126], a "[...] conduta humana (prestação de serviço) consistente em desenvolver um esforço visando adimplir uma obrigação de fazer".[127]

"Serviço", para mencionado autor, "[...] é o esforço de pessoas desenvolvido em favor de outrem, com conteúdo econômico, sob o regime de direito privado, em caráter negocial, tendente a produzir uma utilidade material ou imaterial".[128]

Marçal Justen Filho define o critério material da exação como "[...] prestação de utilidade (material ou não) de qualquer natureza, efetuada sob o regime de Direito privado mas não sob o regime trabalhista, qualificável juridicamente como execução de obrigação de fazer, decorrente de um contrato bilateral".[129]

Após delimitar o núcleo da regra-matriz de incidência do Imposto Sobre Serviços de Qualquer Natureza, ou seja, o conceito constitucional de serviço tributável, importante delimitar as características norteadoras, derivadas da definição, as quais definem a incidência do imposto. Assim, deve o serviço:

1) ter conteúdo econômico e ser realizado em cumprimento de um dever jurídico contratual:

O serviço passível de tributação pelo imposto decorre de uma relação jurídica contratual entre prestador e tomador, consistente na realização de uma prestação de fazer mediante uma contrapartida, qual seja, uma remuneração. Tem como característica a onerosidade[130].

---

126 Para Gustavo Masina o conceito constitucional de "serviço" consiste em: "obrigação de fazer prestada em favor de terceiro como um fim-em-si-mesmo, que tenha conteúdo econômico, regulada pelo Direito Privado ou pelo Direito Administrativo, que não seja serviço público e nem se confunda, total ou parcialmente, com o conteúdo semântico das materialidades contidas nas demais regras de competência dos impostos" (*ISSQN: Regra de competência e conflitos tributários*. Porto Alegre: Livraria do Advogado, 2009, p. 79). Já para Sílvia Helena Gomes Piva: "haverá a incidência do ISSQN se 'A' contratar 'B', a título oneroso, sem vínculo empregatício, para que lhe preste determinado serviço, o qual deve corresponder a um negócio jurídico pertinente a uma obrigação de fazer" (*O ISSQN e a determinação do local da incidência tributária*. São Paulo: Saraiva, 2012, p. 99).
127 *Curso de direito tributário municipal*. São Paulo: Saraiva, 2009, p. 320.
128 *ISS na constituição e na lei*. 3. ed. São Paulo: Dialética, 2009, p. 64.
129 O ISS, a Constituição de 1988 e o Decreto-lei n. 406. *Revista Dialética de Direito Tributário*, São Paulo, n. 3, dez. 1995, p. 66.
130 A necessidade de se tratar de um contrato oneroso não impõe, para a incidência do tributo, o fato de que a remuneração seja efetivamente recebida, auferida. "Há de ressaltar, ainda, outro engano costumeiro: o iss incide, a despeito de o prestador não vir a receber o preço avençado pela prestação. A indagação será sempre e só se houve, ou não, efetiva prestação de serviço. Se induvidosa for a ocorrência da prestação dos serviços, a incidência do imposto é inexorável, mesmo que o prestador – quaisquer que sejam as razões – deixe de receber o preço a ela correspondente. O prestador não se forra à exigência a pretexto de não ter recebido o preço. O pagamento não compõe a regra-matriz de incidência, que se esgota na existência da efetiva prestação de serviços" (BARRETO, Aires F. *Curso de direito tributário municipal*. São Paulo: Saraiva, 2009, p. 325).

A contraprestação, nos termos constantes do contrato celebrado, é elemento integrante da hipótese do tributo. Não se está a dizer, todavia, que é preciso a existência de finalidade lucrativa no serviço a ser prestado; lucro e remuneração são coisas distintas.

Não haverá possibilidade da cobrança do imposto quando se tratar de atividade graciosa ou de serviço gracioso, ou seja, sem conteúdo econômico, sem preço[131]. Neste caso, impossível será determinar critério quantitativo da regra-matriz de incidência, a base de cálculo que deverá corresponder ao preço do serviço realizado.

Neste particular, imprescindíveis os ensinamentos de Roque Antonio Carrazza:

> A onerosidade, no caso, é essencial, já que qualquer imposto só pode advir de fatos econômicos, ou seja, apreciáveis em pecúnia.
> Acrescentamos que o serviço tributável por via de ISS há de ser aferível tanto pelo tomador, quanto pelo fruidor, possibilitando, destarte, a apreciação da equivalência das respectivas obrigações.
> [...] os contratos de prestação de serviços (serviços que, quando efetivamente prestados, fazem nascer a obrigação de pagar o ISS) devem ser *comutativos* e, não aleatórios. Neles, o prestador compromete-se a realizar (*fazer*) um serviço em favor do tomador. Este, de seu turno, obriga-se a remunerá-lo de modo adequado, isto é, com valores que correspondam, o quanto possível, ao dispêndio efetuado para a prestação do próprio serviço.
> Noutros termos, para que se cogite de tributação por meio de ISS, há de haver, observada a normal margem de lucro, <u>equivalência econômica</u> entre as prestações do executor do serviço e os pagamentos efetuados pelo fruidor.[132]

Também não incide a exação em relação a serviços prestados de forma compulsória, sem manifestação de vontade do prestador, como o serviço prestado no tribunal do júri, militar e eleitoral, assim como sobre aqueles que decorrentes do cumprimento de sanção jurídica, independentemente de sua classificação como civil, eleitoral, ambiental, penal etc.

---

131 Aires F. Barreto explana que: "o imposto é devido mesmo que a pessoa física ou jurídica prestadora do serviço não tenha finalidade lucrativa. É dizer, o ter lucro ou não é irrelevante; também não tem relevo o fato de o prestador visar lucro. Basta tão-só que se trate se prestação de serviço com conteúdo econômico. Não é correto supor que o ISS incida apenas sobre situações em que se objetive lucro. Aliás, o só fato de esse imposto incidir sobre o serviço prestado pelo profissional autônomo já evidencia que não se tem envolvido aí o fim lucrativo. [...] É certo que o prestador de serviço tributável – qualquer que seja – objetiva uma remuneração; mas obter paga não é o mesmo que visar lucro" (BARRETO, Aires F. *Curso de direito tributário municipal*. São Paulo: Saraiva, 2009, p. 323-324).

132 *Reflexões sobre a obrigação tributária*. São Paulo: Noeses, 2010, p. 116-117, grifos do autor.

Essa peculiaridade foi observada por Marcelo Caron Baptista, o qual apontou que "o ISS se dirige aos serviços prestados em benefício de terceiro, mediante remuneração, que não sejam objeto de relação jurídica estabelecida pelo consequente de norma sancionatória e, ainda, que decorra de manifestação da autonomia da vontade [...]".[133]

Das palavras transcritas é possível dessumir mais uma importante característica da exação. É imprescindível que o serviço seja prestado para terceira pessoa, já que é preciso a existência de relação entre um prestador e um tomador. Estão excluídos do âmbito de abrangência do imposto os serviços prestados a si mesmo, pois o serviço deve sempre ser realizado em benefício de terceiro.

2) estar submetido ao regime de direito privado:

Não estão abarcados na hipótese de incidência do imposto os serviços públicos.

Os serviços que podem ser alcançados pelo ISS, demonstra Elizabeth Nazar Carrazza,

> [...] **são aqueles prestados em regime de direito privado, quer quando executados por particulares, quer por empresas públicas ou por sociedades de economia mista. Desta forma, os serviços tributáveis pelo ISS não se confundem com os serviços públicos, que estão submetidos a regime jurídico diverso,** na sua prestação. [...]
> Destarte, o que **diferencia o serviço público dos demais é o regime jurídico especial** ao qual está submetida a atividade desenvolvida.
> De modo geral e em princípio, não importa perquirir acerca **na natureza da pessoa que desempenha a prestação da utilidade material**. É **indiferente**, para este efeito, **seja o serviço prestado pelo Poder Público ou por pessoas privadas, que em seu nome atuem. Apenas o regime jurídico – entendido como o conjunto de normas e princípios que o regulam – pode extremá-lo dos demais serviços.**[134]

Não importa quem presta o serviço, mas sim a sua natureza jurídica, se submetido ao regime jurídico ao direito público ou privado.

Serviços públicos são, em regra, tributáveis por meio de taxas, nos termos do que dispõe o artigo 145, inciso II, da Constituição Federal, os quais podem ser de utilização compulsória. Basta que os serviços estejam à disposição dos contribuintes para que sejam compelidos ao pagamento da espécie tributária.

---
133 *ISS*: do texto à norma. São Paulo: Quartier Latin, 2005, p. 269.
134 Natureza "não cumulativa do ISS". *Revista de Direito Tributário*. São Paulo, n. 19-20, jan./jun. 1982, p. 255-256, grifos nossos.

Ao contrário, os serviços submetidos ao regime de direito privado ensejam facultatividade na contratação. Como cuida de revelar Roque Antonio Carrazza: "o *regime de Direito Privado* pressupõe a liberdade de contratar. Por isso, o serviço tributável por meio de ISS deve advir de um contrato de Direito Privado, livremente pactuado entre prestador e o fruidor."[135]

E completa: "O serviço sobre o qual pode incidir o imposto em exame é colocado *in commercium* (no mundo dos negócios), sendo submetido, em sua prestação, ao *regime de Direito Privado,* que se caracteriza pela autonomia das vontades e pela igualdade das partes contratantes".[136]

3) ser prestado sem vínculo empregatício:

Muito embora haja tributação pelo ISS diante do cumprimento de um dever jurídico contratual consistente numa obrigação de fazer, não haverá incidência da exação quando esse dever contratual derivar de serviços realizados em virtude de relação de emprego, trabalho avulso e funcional, de servidor público[137].

Estão fora do raio de incidência do ISS os serviços realizados de forma subordinada. O salário, contraprestação derivada de uma relação de emprego, não se sujeita à incidência do imposto em comento.

A subordinação, característica inerente à relação de emprego, faz com que a hipótese de incidência do imposto careça de um requisito essencial para sua realização, qual seja, a autonomia de vontade no objeto do contrato celebrado.

Marcelo Caron Baptista explica que,

> Quando o empregado presta serviços ao empregador ou a quem este direcione o esforço contratado, aquele age sem qualquer autonomia. Ele realiza a prestação, de forma obrigatória, sob pena de incorrer em infração contratual. Distancia-se, desse modo, a prestação de serviço em vínculo empregatício ou funcional, do norte constitucional que estabelece a incidência de imposto sobre fatos essencialmente facultativos.[138]

---

135 *Reflexões sobre a obrigação tributária.* São Paulo: Noeses, 2010, p. 108.
136 Ibid., p. 109.
137 Marcelo Caron Baptista elucida que outras espécies de prestação de serviços, não reguladas pela Consolidação das Leis do Trabalho, estão também fora da abrangência do imposto. "São os casos: a) dos empregados rurais (CF/88, art. 7, *caput* e Lei n. 5.889, 08/06/1973); b) do trabalhador avulso, aquele que '... *sem vínculo empregatício, com a intermediação do próprio sindicato ou de um órgão específico, presta serviços eventuais para terceiros ...*', como o define AMAURI MASCARO NASCIMENTO; ao qual a Constituição Federal, por meio de seu artigo 7, XXXIV, assegurou igualdade de direitos em relação ao trabalhador com vínculo; c) do empregado doméstico (CF/88, art. 7, parágrafo único); e d) do trabalhador temporário (Lei n. 6.019, de 03/01/1974)' (*ISS: do texto à norma.* São Paulo: Quartier Latin, 2005).
138 Ibid., p. 405.

A diferença entre a prestação de serviços regulada pelo Direito do Trabalho e pelo Direito Civil, para os fins analisados, foi objeto de súmula pelo Supremo Tribunal Federal, ainda sob o manto da Constituição de 1946, cujo enunciado estabelecia: "Enunciado n. 350: 'O imposto de indústria e profissões não é exigível de empregado, por falta de autonomia profissional'."

Ademais, o próprio Código Civil reforça a ideia ao estatuir no artigo 593: "A prestação de serviço, que não estiver sujeita às leis trabalhistas ou a lei especial, reger-se-á pelas disposições deste Capítulo".

Não se sujeitam ao imposto, por ausência de adequação à norma-padrão de incidência, os trabalhos prestados através de vínculos empregatícios.

4) ter como prestação-fim uma obrigação de fazer:

O contrato celebrado entre as partes deve ter por prestação-fim um objeto material ou imaterial, fruto de um fazer. O serviço passível de tributação pelo o ISS deve ser o esforço humano prestado a terceiro, objetivando a configuração de uma prestação-fim.

São lições de Pontes de Miranda quanto à obrigação de fazer:

> Todo ato positivo, todo *facere*, pode ser prestação, salvo a impossibilidade ou ilicitude. A prestaçãoo pode ser (A) *positiva* ou (B) *negativa*. As prestações positivas, que são as de fazer, incluídas as de dar, podem ser (Aa) de atos pessoais ou (Ab) de objetos. Aquelas consistem (Aa*a*) em atos de ordem física, estrito sendo, ou (Aa*b*) em atos de ordem psíquica. Tais como a prestação de serviço, de trabalho, de conservação ou guarda de coisa, *e.g.*, a do depositário, a de prestar informações, a de comunicar, a de concluir o contrato, ou outro negócio jurídico ou ato jurídico *stricto sensu*, a de prestar contas. As outras, as prestações objetos, supõem que se haja de entregar a coisa, ou transferir a propriedade, ou pagar em dinheiro, ou ceder crédito ou renunciar a direitos, pretensões, ações, ou exceções. Os que dizem prestações materiais as prestações positivas que não são prestações de atos pessoais dilatam o conceito de matéria. A obra literária de que o autor promete a edição é prestação de bem incorpório, é prestação de objeto; ao passo que a prestação do autor que se obrigou a escrever a obra literária é prestação de ato de ordem psíquica.[139]

É preciso que o resultado da avença seja algo inexistente e, ainda que para a produção do resultado seja preciso a utilização de materiais ou matérias-primas, as quais serão absorvidas pelo resultado da prestação-fim,

---

139 MIRANDA, Pontes de. *Tratado de direito privado*. Parte especial. 3. ed., t. XXII. Rio de Janeiro: Borsoi, 1971, p. 73.

diga-se, as prestações-meio não podem ser tributadas pelo imposto, já que serão pelo resultado final da atividade absorvidas.

Aires F. Barreto, em parecer formulado sobre a não incidência de ISS no contrato de franquia, faz referência às atividades-meio e atividades-fim e, de forma muita clara e elucidativa, demonstra qual atividade passível de tributação por meio do ISS:

> Como se extrai do conceito constitucional de serviços, o alvo da tributação pelo ISS é o esforço humano prestado a terceiros como fim ou objeto; não as suas etapas, passos ou tarefas intermediárias, necessárias à obtenção do fim; não a ação desenvolvida como requisito ou condição do *facere* (fato jurídico posto no núcleo da hipótese de incidência do tributo). [...]
> Não se confunde a execução de meras atividades-meio com a prestação de serviço ou com atividades que serviço não são. **É preciso distinguir (1) a consistência do esforço humano prestado a outrem, sob o regime de direito privado, com conteúdo econômico (2) das ações intermediárias, que tornam possível seja um "fazer", seja um "dar" para terceiros.**
> **Em toda e qualquer atividade, há "ações-meio" (pseudo-serviços), cujo custo é direta ou indiretamente agregado ao preço (seja do serviço, seja da operação mercantil, seja de operações financeiras, seja de quaisquer outras).** Mas isto não pode conduzir ao absurdo de se pretender toma-los isoladamente, como se cada deles fosse uma atividade autônoma, independente, dissociada daquela que constitui a atividade-fim.[140]

O Superior Tribunal de Justiça, em posição pacificada, acolhe o entendimento de que não são passíveis de tributação por meio do Imposto Sobre Serviços de Qualquer Natureza as atividades-meio para atingir a atividade-fim.

> TRIBUTÁRIO. ISS. SERVIÇO DE TELECOMUNICAÇÃO. ATIVIDADE-MEIO. NÃO INCIDÊNCIA. PRECEDENTES. SÚMULA 83/STJ.
> 1. O Superior Tribunal de Justiça firmou entendimento no sentido de que, independente da cobrança pela prestação de serviço, "não incide ISS sobre serviços prestados que caracterizam atividade-meio para atingir atividades-fim, no caso a exploração de telecomunicações" (REsp 883254/MG, Rel. Min. José Delgado, Primeira Turma, julgado

---

140 *Franquia*: não incidência de ISS: parecer [documento entregue em mãos]. São Paulo, p. 1-62, jan. 2004, p. 18, grifos nossos.

em 18.12.2007, DJ 28.02.2008 p. 74). Precedentes. Incidência da Súmula 83/STJ.

2. É pacífica a jurisprudência desta Corte no sentido de que o teor da Súmula 83/STJ aplica-se, também, aos recursos especiais interpostos com fundamento na alínea a do permissivo constitucional. Agravo regimental improvido. (STJ, Segunda Turma, AgRg no AREsp 445726/RS 2013/0403070-6, Relator: Min. Humberto Martins, DJe 24/02/2014).

A questão aqui analisada é de suma importância, já que será o cerne a análise da constitucionalidade da incidência do ISS sobre o contrato de franquia.

Em conclusão, somente podem ser tomadas, para a incidência do ISS, as atividades desempenhadas tendo como fim uma prestação de fazer, ou seja, deve ter por prestação-fim um objeto material ou imaterial fruto dum esforço humano, não sendo passível de tributação as prestações-meio.

5) ser realizado com habitualidade e efetivamente:

Haverá a obrigação do pagamento do ISS se a obrigação de fazer for efetivamente realizada. É preciso que o fato objeto do contrato seja prestado, realizado, ou seja, que aconteça no mundo concreto. O "serviço" há de ser realmente desenvolvido, executado e entregue.

Também não pode se tratar de serviço esporádico. É necessário habitualidade na realização do serviço.

Desta feita, foi delimitada parte da norma que estabelece o critério material da regra-matriz de incidência do Imposto Sobre Serviços de Qualquer Natureza; passa-se, então, à segunda parte da norma.

b) Competência para criar imposto "sobre serviços de qualquer natureza, definidos em lei complementar"

Delimitada a definição constitucional de "serviço" importante analisar a função da lei complementar prevista no artigo 156, inciso III, da Constituição Federal, que servirá ao conceito dos "serviços de qualquer natureza".

A lei complementar em análise é lei nacional, já que serve como veículo de introdução de normas gerais de direito tributário voltadas a todos os Municípios, tendo por objetivo evitar conflito de competência entre eles.

Sacha Calmon Navarro Coelho e Ives Gandra Martins ensinam:

> Os serviços onerados pelo imposto são definidos em lei complementar, ressalvados os serviços compreendidos no art. 155, II, da CF ("transporte interestadual e intermunicipal" e "comunicação"). A partir da lei complementar é que a legislação ordinária dos Municípios poderá instituir o ISS, conforme comandos do art. 156, III, reforçado pelo

art. 146, I e III da Constituição Federal, que determina a edição de lei complementar para, entre outros, dispor sobre conflitos de competência entre União, os Estados, o Distrito Federal e os Municípios, bem como estabelecer normas gerais em matéria de legislação tributária, inclusive com a definição dos tributos discriminados na Constituição, fatos geradores, base de cálculo e contribuintes.

Assim, o Texto Constitucional outorga competência à lei complementar para dispor sobre fato gerador, base de cálculo e os contribuintes dos impostos discriminados na Constituição (art. 146, III, a) e, mais, o art. 156, III da CF/88, determina que os serviços sujeitos ao ISS são aqueles definidos em lei complementar.[141]

Da conexão do artigo 156, inciso III, com o artigo 146, inciso III, ambos da Constituição Federal, decorre a particular manifestação da competência genericamente atribuída à União para, mediante lei complementar, estabelecer normas gerais de direito tributário com o fim de evitar conflitos no campo do exercício do poder de tributar atribuído aos entes federados.

Ratifica a função da lei complementar exposta, a jurisprudência do Supremo Tribunal Federal[142]:

> CONSTITUCIONAL. TRIBUTÁRIO. IMPOSTO SOBRE SERVIÇOS. ISS. ENTIDADES AUTORIZADAS A FUNCIONAR PELO BANCO CENTRAL DO BRASIL. **LEI COMPLEMENTAR DE NORMAS GERAIS QUE AFASTA A TRIBUTAÇÃO.** DESCARACTERIZAÇÃO DE ISENÇÃO HETERÔNOMA.

---

141 COELHO, Sacha Calmon Navarro; MARTINS, Ives Gandra da Silva. Distinção entre não incidência e isenção em tema de ISS – Atividades Bancárias. *Revista Dialética de Direito Tributário*, São Paulo: Dialética, n. 126, mar. 2006, p. 62.

142 "TRIBUTÁRIO. PROCESSO CIVIL. EXECUÇÃO FISCAL. MUNICÍPIO. VALOR DIMINUTO. INTERESSE DE AGIR. SENTENÇA DE EXTINÇÃO ANULADA. APLICAÇÃO DA ORIENTAÇÃO AOS DEMAIS RECURSOS FUNDADOS EM IDÊNTICA CONTROVÉRSIA. 1. **O Município é ente federado detentor de autonomia tributária, com competência legislativa plena tanto para a instituição do tributo, observado o art. 150, I, da Constituição, como para eventuais desonerações, nos termos do art. 150, § 6º, da Constituição. 2. As normas comuns a todas as esferas restringem-se aos princípios constitucionais tributários, às limitações ao poder de tributar e às normas gerais de direito tributário estabelecidas por lei complementar.** 3. A Lei nº 4.468/84 do Estado de São Paulo - que autoriza a não inscrição em dívida ativa e o não ajuizamento de débitos de pequeno valor - não pode ser aplicada a Municípios, não servindo de fundamento para a extinção das execuções fiscais que promova, sob pena de violação à sua competência tributária. 4. Não é dado aos entes políticos valerem-se de sanções políticas contra os contribuintes inadimplentes, cabendo-lhes, isto sim, proceder ao lançamento, inscrição e cobrança judicial de seus créditos, de modo que o interesse processual para o ajuizamento de execução está presente. 5. Negar ao Município a possibilidade de executar seus créditos de pequeno valor sob o fundamento da falta de interesse econômico viola o direito de acesso à justiça. 6. Sentença de extinção anulada. 7. Orientação a ser aplicada aos recursos idênticos, conforme o disposto no art. 543-B, § 3º, do CPC" (STF, Tribunal Pleno, RE 591033/SP, Relatora Min. Ellen Gracie, Data do Julgamento: 17/11/2010, grifo nosso).

CORRETO PAPEL DAS NORMAS GERAIS EM MATÉRIA TRIBUTÁRIA. 1. A Segunda Turma desta Corte firmou precedentes no sentido da não incidência do ISS sobre as atividades desempenhadas por instituições autorizadas a funcionar pelo Banco Central do Brasil - BACEN. 2. **A observância de normas gerais em matéria tributária é imperativo de segurança jurídica, na medida em que é necessário assegurar tratamento centralizado a alguns temas para que seja possível estabilizar legitimamente expectativas. Neste contexto, "gerais" não significa "genéricas", mas sim "aptas a vincular todos os entes federados e os administrados".** 3. Diferença entre isenção heterônoma, vedada pela Constituição, e normas gerais em matéria tributária. Estabelecer a diferenciação entre serviços financeiros e demais tipos de serviço faz parte do papel da União como representante da Nação. Ademais, os entes federados e a população municipal participam da vida política da Federação, representados pelo Senado e pela Câmara dos Deputados, de modo a descaracterizar quebra de autonomia ou falta de mandato de representação. Agravo regimental ao qual se nega provimento (STF, Segunda Turma, RE 433352 AgR/MG, Relator Min. Joaquim Barbosa, Data do Julgamento: 20/04/2010) (grifos nossos).

O julgado demonstra não haver inconstitucionalidade na delimitação da hipótese de incidência do ISS, através de normas gerais expedidas pelo legislador nacional por meio de lei complementar, e deixa claro que a não inclusão de um determinado serviço no âmbito da incidência do imposto pela mencionada espécie legislativa não constitui caso de isenção, no caso heterônoma (artigo 151, III, da CF), mas sim hipótese de não incidência, por se tratar de um fato tributariamente irrelevante.

Isso implica em dizer que é a lei complementar que irá definir, elencar, especificar, quais serviços poderão ser tributados via ISS, de forma que, os que não estiverem nela previstos não serão passíveis de tributação.

Portanto, doutrina e jurisprudência coadunam no sentido de que a lei complementar, ventilada no artigo 156, inciso III, da Constituição Federal traz norma geral de direito tributário com fulcro a impedir choque de competência, delimitando o raio de incidência da exação, já que compete a ela definir os serviços que poderão ser tributados pelo imposto.

Todavia, quando se menciona que os serviços deverão ser definidos em lei complementar não se está mencionando que a lei poderá conceituar como serviço tributável o que não é serviço, ainda que eles tenham sido nela listados.

No escólio de Aires F. Barreto:

> À lei complementar cabe estabelecer normas gerais, nas hipóteses de conflitos de competência ou regular limitações que estão postas na própria Constituição. A lei complementar, a pretexto de estabelecer normas gerais, não pode inovar, ampliar ou restringir o que está posto na Constituição, porque os limites, os lindes das respectivas competências, estão nitidamente traçados na própria Constituição. [...]
> A expressão *definidos em lei complementar* não autoriza conceituar como serviço o que não é. Admitir que o possa equivale a supor que, a qualquer momento, a lei complementar possa dizer que é serviço a operação mercantil, a industrialização, a operação financeira, a venda civil, a cessão direitos. Em outras palavras, que a lei complementar possa, a seu talante, modificar a CF; que a limitação posta pela CF à competência municipal para só tributar atividades configuradoras de serviço, não tem a menor relevância; que pode ser desobedecida pela lei complementar. [...]
> Não pode a lei complementar definir como serviço o que serviço não é, nem a pretexto de atender à cláusula final do art. 156, III. É que, se a CF é rígida, não pode ser modificada pela lei complementar. A lei complementar completa a Constituição, não a modifica.[143]

Há um conceito de "serviço" pressuposto na Constituição Federal e não pode a lei complementar, a pretexto de estabelecer normas gerais para evitar conflito de competência, elencar atividades não consistentes em serviços.

Portanto, a lei complementar a que faz menção o artigo 156, inciso III, da Constituição Federal, é lei nacional[144], que tem por fim imediato

---

143 *ISS na constituição e na lei.* 3. ed. São Paulo: Dialética, 2009, p. 108-111.
144 Lei nacional que se distingue da lei federal. Esta tem aplicação apenas à União, enquanto àquela tem aplicação a todos os entes da federação.
Explica Antônio Mauricio da Cruz a diferença de lei nacional e federal: "Distingue-se, pois, a ordem jurídica global, da ordem jurídica parcial central. Distingue-se o Estado Brasileiro e a União, ainda que ambos atuem através de órgãos comuns. Importa distinguir, então, a lei emanada da ordem global, denominada lei nacional, da lei emanada da União. A lei nacional é a lei do Estado brasileiro, enquanto a lei da União provém de uma ordem jurídica parcial, que possui competência demarcada pela Constituição. De comum, só tem a origem, o legislador, ou seja, o Congresso Nacional. Este edita tanto as leis da União, que são recebidas pelas pessoas jurisdicionadas pela União, como leis nacionais, recebidas pelos súditos do Estado brasileiro. Os destinatários são fisicamente os mesmos, os quais, porém, as recebem sob jurisdições diferentes. A lei nacional não se aplica apenas às pessoas subordinadas à União: as pessoas recebem a lei nacional, no dizer de Geraldo Ataliba, na qualidade de súditos do Estado Federal. Já a lei da União, entretanto, vincula apenas o aparelho administrativo desta e as pessoas que a ela estejam relacionadas em grau de sujeição, na qualidade de seus administrados pela União. Por sua vez, a lei nacional é muito mais ampla, transcendendo as distinções estabelecidas em razão das circunscrições políticas e administrativas, É o produto legislativo do Estado Nacional brasileiro, total, global. Esta lei nacional vincula todos os sujeitos à soberania do Estado Brasileiro, pessoas de direito privado ou de direito público, abstração feita

veicular norma geral e por propósito mediato prevenir conflito de competência tributária.

2.3.2 A função da lei complementar

A Carta Política vigente dispôs no artigo 146[145] competir à lei complementar[146] em matéria tributária: dispor sobre conflito de competência entre os entes da federação; regular as limitações constitucionais ao poder de tributar e estabelecer normas gerais em matéria de legislação tributária.

Quanto à possibilidade de estabelecer normas gerais em matéria de legislação tributária, o legislador constituinte fez a previsão de quatro alíneas para mencionar que a espécie legislativa está habilitada a reger: a) definição de tributos e de suas espécies, bem como, em relação aos impostos discriminados nesta Constituição, a dos respectivos fatos geradores, bases de cálculo e contribuintes; b) obrigação, lançamento, crédito, prescrição e decadência tributários; c) adequado tratamento tributário ao ato cooperativo praticado

---

à circunstância de ser o Brasil um Estado unitário ou federal" (Conflitos de competência – ISS – IPI – ICM. *Revista de direito tributário*, n. 19-20, p. 63-90, jan./jun. 1982, p. 64-65).

145 "Art. 146 - Cabe à lei complementar:
I - dispor sobre conflitos de competência, em matéria tributária, entre a União, os Estados, o Distrito Federal e os Municípios;
II - regular as limitações constitucionais ao poder de tributar;
III - estabelecer normas gerais em matéria de legislação tributária, especialmente sobre:
a) definição de tributos e de suas espécies, bem como, em relação aos impostos discriminados nesta Constituição, a dos respectivos fatos geradores, bases de cálculo e contribuintes;
b) obrigação, lançamento, crédito, prescrição e decadência tributários;
c) adequado tratamento tributário ao ato cooperativo praticado pelas sociedades cooperativas.
d) definição de tratamento diferenciado e favorecido para as microempresas e para as empresas de pequeno porte, inclusive regimes especiais ou simplificados no caso do imposto previsto no art. 155, II, das contribuições previstas no art. 195, I e §§ 12 e 13, e da contribuição a que se refere o art. 239.
Parágrafo único. A lei complementar de que trata o inciso III, d, também poderá instituir um regime único de arrecadação dos impostos e contribuições da União, dos Estados, do Distrito Federal e dos Municípios, observado que:
I - será opcional para o contribuinte;
II - poderão ser estabelecidas condições de enquadramento diferenciadas por Estado;
III - o recolhimento será unificado e centralizado e a distribuição da parcela de recursos pertencentes aos respectivos entes federados será imediata, vedada qualquer retenção ou condicionamento;
IV - a arrecadação, a fiscalização e a cobrança poderão ser compartilhadas pelos entes federados, adotado cadastro nacional único de contribuintes.
Art. 146-A. Lei complementar poderá estabelecer critérios especiais de tributação, com o objetivo de prevenir desequilíbrios da concorrência, sem prejuízo da competência de a União, por lei, estabelecer normas de igual objetivo. (Acrescentado pela EC n. 42/2003)".

146 Como espécie legislativa a lei complementar está prevista na Constituição de 1988 no artigo 59, inciso II e no artigo 69 que dispõem, respectivamente: "Art. 59. O processo legislativo compreende a elaboração de: I - emendas à Constituição; II - leis complementares; [...]. Art. 69. As leis complementares serão aprovadas por maioria absoluta."

pelas sociedades cooperativas; e d) definição de tratamento diferenciado e favorecido para as microempresas e para as empresas de pequeno porte, inclusive regimes especiais ou simplificados no caso do imposto previsto no art. 155, inciso II, das contribuições previstas no art. 195, I, e §§ 12 e 13, e da contribuição a que se refere o art. 239.[147]

Com base no mencionado artigo 146, entende-se caber à lei complementar estabelecer normas gerais em matéria de legislação tributária, as quais somente poderão dispor sobre conflitos de competência em matéria tributária ou regularão as limitações constitucionais ao poder de tributar.

Assim, lei complementar que verse normas gerais em matéria tributária somente pode ser expedida com uma destas duas funções: versar sobre conflitos de competência entre os entes tributantes e regular as limitações constitucionais ao poder de tributar.

Quando expedidas com uma das duas finalidades mencionadas, poderão as leis complementares versar sobre definição de tributos e suas espécies, sobre os respectivos fatos geradores, bases de cálculo e contribuintes, bem como sobre obrigação, lançamento, crédito, prescrição e decadência tributários.

Adota-se, portanto, no presente trabalho, a corrente dicotômica[148] em relação à função da lei complementar em matéria tributária.

---

147 Heleno Taveira Tôrres elenca as funções da lei complementar em matéria tributária: "Desse modo, apreciando as hipóteses de cabimento da lei complementar em matéria tributária, temos que, no ordenamento constitucional vigente, são matérias de *reserva de lei complementar*, em duas das funções legislativas do Congresso Nacional: 1) o *exercício de competência da União* (lei complementar federal), a qual se subdivide em: (i) exercício de competências privativas específicas (arts. 148 e 153, VII, da CF); (ii) exercício de competência residual (arts. 154, I, e 195, § 6, da CF); 2) a criação das *normas gerais em matéria de legislação tributária* (lei complementar nacional – arts. 24, I, e 146 da CF), as quais se encontram expressas nas seguintes possibilidades: (i) *regular as limitações constitucionais ao poder de tributar*, restritivamente àquelas que exigem lei específica para surtir efeitos (arts. 146, II, 150, VI, 'c', 195, § 7°, e 156, § 3°, da CF); (ii) evitar eventuais *conflitos de competência* entre as pessoas tributantes, quando deverá dispor sobre *fatos geradores, bases de cálculo* e *contribuintes* dos impostos já identificados na Constituição (arts. 146, I e II, 'a', 156, III, e 155, § 2°, XII, da CF); (iii) *definir os tributos e suas espécies* (art. 146, III, 'a', da CF); (iv) harmonizar os procedimentos de cobrança e fiscalização dos tributos, tratando de *obrigação, lançamento e crédito* (redução de divergências) (arts. 146, III, 'b' e 155, § 2°, XII, da CF); (v) uniformizar os prazos de *decadência e prescrição* (art. 146, III, 'b', da CF) podendo estipular suas exceções; (vi) fomentar, de modo harmonizado, adequado tratamento tributário ao ato cooperativo praticado pelas sociedades cooperativas" (Funções das leis complementares no sistema tributário nacional: hierarquia de normas e papel do código tributário nacional no ordenamento. *Revista de Direito Tributário*, São Paulo, n. 84, 2001, p. 54-55).
148 Duas correntes principais versam sobre a função da lei complementar em matéria tributária. Ao lado da corrente dicotômica está a tricotômica, que propõe uma hermenêutica literal do artigo 146 da Carta Magna. Para esta posição, três são as funções da lei complementar: 1. Emitir normas gerais de direito tributário; 2. Dispor sobre conflitos de competência entre os entes da federação; e 3. Regular as limitações constitucionais ao poder de tributar. No presente trabalho, opõe-se a essa posição, posto que, ao admitir as três funções, tudo estaria permitido ao legislador complementar, o que não se coaduna com o sistema tributário implantado pela própria Constituição.

Quanto à lei complementar em matéria tributária, esclarece Roque Antonio Carrazza:

> [...] não será a lei complementar que definirá "os tributos e suas espécies", nem "os fatos geradores, bases de cálculo e contribuintes" dos impostos discriminados na Constituição. A razão desta impossibilidade jurídica é muito simples: tais matérias foram disciplinadas, com extremo cuidado, em sede constitucional. **Ao legislador complementar será dado, na melhor das hipóteses, detalhar o assunto, olhos fitos, porém, nos rígidos postulados constitucionais, que nunca poderá acutilar. A função da lei complementar, a respeito, é meramente declaratória, devendo materializar, apenas, o "propósito de explicitação" dos ditames constitucionais tributários.** Se for além disso, será inconstitucional, e os legisladores ordinário das pessoas políticas, bem como os "operadores do Direito", deverão simplesmente desconsiderar seus "comandos" (já que desbordantes dos lindes constitucionais).[149]

Explica Luciano Amaro:

> É, ainda, função típica da lei complementar estabelecer *normas gerais de direito tributário* (art. 146, III). Em rigor, a disciplina "geral" do sistema tributário já está na Constituição; **o que faz a lei complementar é, obedecido o quadro constitucional, aumentar o detalhamento dos modelos de tributação criados pela Constituição Federal. Dir-se-ia que a Constituição desenha o perfil dos tributos (no que respeita à identificação de cada tipo tributário, aos limites do poder de tributar etc.) e a lei complementar adensa os traços gerais dos tributos, preparando o esboço que, finalmente será utilizado pela lei ordinária, à qual compete instituir o tributo**, na definição exaustiva de todos os traços que permitam identificá-lo na sua exata dimensão, ainda abstrata, obviamente [...].[150]

Assim, ao estabelecer normas gerais de direito tributário, a lei complementar tem por condão aclarar ou detalhar o desenho constitucional do tributo, de modo que o legislador ordinário, ao instituí-lo, deverá respeitar não só as normas constitucionais que fixam o arquétipo da espécie tributária, como também eventuais normas gerais abarcadas por lei complementar expedida, observando-se os lindes constitucionais.

---

149 *Curso de direito constitucional tributário*. 26. ed. rev., amp. e atual. até EC n. 64/2010. São Paulo: Malheiros, 2010, p. 969, grifos nossos.
150 *Direito tributário brasileiro*. 20. ed. rev. e atual. São Paulo: Saraiva, 2014, p. 168-169, grifo nosso.

É o que acontece no imposto em análise da competência dos Municípios e do Distrito Federal, já que a lei complementar terá por função ajudar a delimitar o campo de incidência do imposto, estabelecendo o raio de incidência do ISS ao definir os serviços passíveis de tributação.

Contudo, importante esclarecer que a lei complementar regulamentadora não cria o tributo. Como demonstrado, ela traça normas gerais. O imposto deverá ser criado por meio de lei ordinária municipal ou distrital, as quais não poderão diminuir ou modificar o conteúdo da lei complementar.

2.3.2.1 A Lei Complementar n. 116/03

É função da lei complementar em matéria tributária estabelecer normas gerais com o propósito de impedir e dirimir conflito de competência entre os entes da federação. É dentro desse contexto que o artigo 156, inciso III, da Constituição Federal, dispõe caber aos Municípios tributar serviços de qualquer natureza, não compreendidos na competência tributária dos Estados e Distrito Federal, definidos em lei complementar.

Cabe à lei complementar definir os serviços que poderão ser tributados por intermédio do Imposto Sobre Serviços de Qualquer Natureza, trazendo uniformidade ao imposto, de forma a evitar embate entre os entes municipais, impedindo a chamada "guerra fiscal".

Regina Helena Costa demonstra o caráter uniformizador da lei complementar no âmbito do ISS:

> Outro aspecto relevante é o traduzido na preocupação constitucional com a uniformidade da disciplina do Imposto sobre Serviços de Qualquer Natureza – ISSQN. Com efeito, considerando-se a existência de mais de 5.500 Municípios no País, a Lei Maior, a par de dedicar diversas normas a respeito, cuidou de atribuir à lei complementar o regramento de alguns aspectos dessa imposição fiscal, restringindo, assim, a liberdade do legislador municipal.[151]

Assim, à lei complementar compete o regramento de aspectos inerentes ao imposto em análise, de forma que a competência atribuída aos Municípios e ao Distrito Federal tem o seu desenho a depender dessa espécie legislativa.

Atualmente, a lei complementar que regulamenta o Imposto Sobre Serviços de Qualquer Natureza é a de nº 116, de 31 de julho de 2003.

---

151 *Curso de direito tributário*: constituição e código tributário nacional. São Paulo: Saraiva, 2009, p. 383.

A lei complementar vigente, além de elencar regras gerais a serem observadas pelas Municipalidades para a instituição do imposto, adotou a mesma técnica que os atos legais anteriores que regulamentavam a exação, ao trazer uma lista anexa de serviços passíveis de tributação, a qual ampliou a incidência da espécie tributária ao relacionar atividades (serviços) que não constavam dos regramentos anteriores.

Marcelo Caron Baptista faz uma retrospectiva da lei complementar em matéria tributária no que tange ao ISS:

> À análise retrospectiva da lei complementar em matéria tributária no Brasil, pertinente ao ISS, acrescenta-se, ao lado do Código Tributário Nacional, o Decreto-lei n. 406, de 31 de dezembro de 1968. Sua importância para o presente estudo está em que esse instrumento legal dispondo sobre o Imposto sobre Operações relativas à Circulação de Mercadorias – ICM – e sobre o Imposto sobre Serviços – ISS, revogou, expressamente, diversos artigos do Código Tributário Nacional, dentre os quais os artigos 71 a 73, que originariamente tratavam deste último tributo. […]
> O contexto já caótico em que se inseria o ISS foi agravado com a edição de duas leis federais que não respeitaram regras constitucionais de estrutura.
> Referimo-nos, aqui, à Lei n. 7.192, de 05/06/1984, que acrescentou o item 67 à lista de serviços anexa ao Decreto-lei n. 406/68 – *"Profissionais de Relações Públicas"* – e à Lei Complementar n. 56, de 15/12/1987, que, de igual modo, veiculou alterações na lista de serviços, tratou da tributação das sociedades profissionais, além de estabelecer deveres instrumentais para as instituições financeiras sujeitas ao ISS.
> […] o Código Tributário Nacional e o Decreto-lei n. 406/68 foram recepcionados com força de lei complementar material, segundo antes definido, na parte em que tratam de "normas gerais em matéria tributária", as quais, inexoravelmente, ou dispõem sobre aparentes "conflitos de competência" ou sobre as chamadas "limitações ao poder de tributar". Essa a sua recepção possível, apesar da redação infeliz do artigo 146, do Texto de 1988. […]
> No ano de 2003, como parte de uma ampla "reforma tributária" anunciada pelo Poder Executivo Federal, foi editada a Lei Complementar n. 116, de 31 de julho.[152]

---

152 *ISS*: do texto à norma. São Paulo: Quartier Latin, 2005, p. 214-227.

Nas palavras de Sérgio Pinto Martins:

> A primeira norma do ISS foi a Lei n. 5.172, de 25-10-66. O STF entende que ela tem força de lei complementar, pois na época não existia ainda lei complementar. Os arts. 71 a 73 tratavam do ISS.
> A segunda norma foi o Decreto-lei n. 406, de 31-12-68, e foi recepcionada pelo sistema como lei complementar. Os arts. 8º a 12 tratavam do tema. Foram revogados os arts. 71 a 73 da Lei n. 5.172/66 pelo Decreto-lei n. 406.
> A terceira norma foi o Decreto-lei n. 834, de 8-9-69, que alterou alguns parágrafos do art. 8º e da lista de serviços.
> A quarta norma foi a Lei Complementar n. 56, de 15-12-87, que trouxe nova lista de serviços para o ISS e alterou alguns parágrafos dos arts. 8º e 9º do Decreto-lei n. 406.
> A quinta norma foi a lei complementar n. 100, de 22-12-99, que alterou parágrafos dos arts. 8º e 9º do Decreto-lei n. 406, acrescentou o item 101 à lista de serviços e estabeleceu alíquota máxima para o referido item para 5%.
> A sexta norma foi a Lei Complementar n. 116, de 31-12-03, que tratou do fato gerador, base de cálculo, contribuinte e estabeleceu nova lista de serviços, além de revogar os arts. 8º, 10, 11 e 12 do Decreto-lei n. 406/68, os incisos III, IV, V e VII do art. 3º do Decreto-lei n. 834/69, a Lei Complementar n. 22/74, a Lei n. 7.192/84, a Lei Complementar n. 56/87 e a Lei Complementar n. 100/99.[153]

Desta feita, quanto ao regramento do ISS, antecederam a Lei Complementar n. 116/03: a Lei n. 5.172, de 25 de outubro de 1966, cujos artigos 71 a 73 tratavam da matéria; os artigos 8º a 12 do Decreto-lei n. 406, de 31 de dezembro de 1968; o Decreto-lei n. 834, de 8 de setembro de 1969; a Lei Complementar n. 56, de 15 de dezembro de 1987 e a lei complementar n. 100, de 22 de dezembro de 1999.

A Lei Complementar n. 116/03 é composta por apenas 10 artigos, os quais regulamentam o fato gerador, incidência, local da prestação do serviço, sujeito passivo, base de cálculo e alíquota. Sua lista de serviço anexa contempla quarenta itens, os quais descrevem as atividades passíveis de tributação. Os itens são subdivididos em cento e noventa e três subitens.

Grande parte das celeumas que envolvem o Imposto Sobre Serviços de Qualquer Natureza passa pela análise da natureza jurídica da listagem dos serviços tributáveis, bem como se referida sistemática viola a autonomia dos Municípios e do Distrito Federal. É o que será analisado no item subsequente.

---

153 *Manual do imposto sobre serviços.* 9. ed. atual. rev. amp. São Paulo: Atlas, 2013, p. 51-52.

2.3.3 Rol dos serviços – lista anexa da Lei Complementar n. 116/03

Na delimitação da competência impositiva Municipal e Distrital quanto ao ISS, a Constituição Federal trouxe a disposição "definidos em lei complementar".

Assim, de acordo com o texto constitucional, a competência para definir o conteúdo, alcance e o sentido da palavra *serviço* é da lei complementar.

A Lei Complementar n. 116/03, assim como as legislações que a antecederam, não optaram por uma definição ou conceituação de serviço, mas sim por arrolar ou elencar um rol de serviços ao trazer uma lista anexa com as atividades passíveis de tributação.

Questão tormentosa na doutrina consiste no fato de ser a lista anexa de serviços veiculada pela lei complementar taxativa, exemplificativa ou meramente sugestiva, ou seja, se o ente federado, ao instituir o imposto, por lei ordinária, deve observar o rol previsto na Lei Complementar n. 116/03, constituindo *numerus clausus* ou *apertus*.[154]

---

[154] Marcelo Caron Baptista, em sua obra *ISS: do texto à norma* (São Paulo: Quartier Latin, 2005, p. 230-234), traz farta pesquisa sobre as posições adotadas pelos doutrinadores: "Pela taxatividade da lista posicionaram-se, entre outros, RUY BARBOSA NOGUEIRA, PAULO ROBERTO CABRAL NOGUEIRA, JOSÉ AFONSO DA SILVA, IVES GANDRA MARTINS, OZÍRIS DE AZEVEDO LOPES, JOÃO LUIZ COELHO DA ROCHA, JOSÉ NABANTINO RAMOS e VERA DAMIANI VERGUEIRO. ALIOMAR BALEEIRO, inicialmente, falou em taxatividade da lista apenas em relação aos serviços prestados com fornecimento de mercadorias. Posteriormente, afirmou sua taxatividade, ressaltando a impossibilidade de aplicação de analogia, mas sendo viável uma interpretação ampliativa dos seus itens. Para WATER GASPAR, a lista é taxativa '...para alguns itens...', mas admite interpretação analógica '... para itens que comportem essa exegese...'. Seguindo a mesma linha, o pensamento de BERNARDO RIBEIRO DE MORAES [...]. Essa corrente ainda contou com o apoio de RUBENS GOMES DE SOUSA e de CELSO RIBEIRO BASTOS. SÉRGIO PINTO MARTINS também defende a taxatividade, mas passível de '*interpretação ampla e analógica...*'. Para ALEXANDRE DA CUNHA RIBEIRO FILHO a lista é exemplificativa. HUGO DE BRITO MACHADO SEGUNDO e RAQUEL CAVALCANTI RAMOS MACHADO afirmam que a lista é taxativa e '*...comporta interpretação extensiva, mas não comporta integração por analogia*'. JOSÉ SOUTO MAIOR BORGES sustentou a taxatividade apenas no que a lista trata de conflito de competência, sendo que, no mais, não vê cabimento para ela [...]. No mesmo sentido se manifestaram ARTHUR CARLOS A. PEREIRA GOMES, ELIZABETH NAZAR CARRAZZA, JOAQUIM CASTRO AGUIAR, JOSÉ LUIZ MARQUES DELGADO e ANTÔNIO JOSÉ DA COSTA, admitindo que, naquilo em que não versar conflitos, pode-se falar em caráter exemplificativo da lista. Semelhante o posicionamento de JOSÉ EDUARDO SOARES DE MELO, SACHA CALMON NAVARRO COÊLHO e KYOSHI HARADA. [...] GERALDO ATALIBA, em um primeiro momento, defendeu a taxatividade da lista. Posteriormente, revendo seu entendimento foi incisivo ao afirmar que ela não seria nem taxativa nem exemplificativa, apenas pertinente para tratar de conflitos de competência e, em tese, também para regular limitações constitucionais ao poder de tributar. Referiu-se, então, à sua natureza 'sugestiva', naquilo que desdobrasse desse norte. Idêntica conclusão a que chegou ROQUE ANTONIO CARRAZZA: '*... a lista é apenas sugestiva e, por isso mesmo, perfeitamente dispensável, tanto pelo legislador municipal, quanto pelo juiz e pelo administrador público ...*'. Estes dois últimos autores contaram com o apoio de JOSÉ ROBERTO VIEIRA. HERON ARZUA também afirmou ser '*...meramente sugestiva ...*' a lista; tal como EDUARDO DOMINGOS BOTTALLO. [...] AIRES FERNANDINO BARRETO contrapõe-se à ideia de taxatividade. Citando argumentos que afirmam ser imperativa a legislação complementar apenas em relação a conflitos de competência, bem como aos que se referem ao caráter exemplificativo da lista".

Defensor da taxatividade da lista, Sérgio Pinto Martins entende que a regra prevista no artigo 156, inciso III, da Constituição Federal, é norma de eficácia limitada, que deixa ao legislador complementar a função de completá-la. Sustenta que, enquanto não existente a lei complementar a que faz referência o dispositivo constitucional, a competência tributária conferida aos Municípios não está completa e, consequentemente, o imposto não poderá ser criado por meio de lei ordinária e que, uma vez editada a lei complementar definidora dos serviços, deverá a mesma ser respeitada.[155]

Misabel Abreu Machado Derzi, em atualização à obra de Aliomar Baleeiro, sustenta que a lei complementar deve trazer um conceito de serviço com a enumeração de aspectos, características e critérios que permitam sua identificação, admitindo, inclusive, a possibilidade da inclusão de uma lista exemplificativa e de esclarecimento que poderá acompanhar o conceito:

> A função da lei complementar de normas gerais é destinada a dirimir conflitos de competência entre os entes políticos da Federação, não podendo ferir a autonomia municipal; **restringe-se, ou deveria restringir-se, a definir os serviços tributáveis, por meio da formulação de conceitos abstratos e determinados, que especifiquem os critérios e notas úteis à sua identificação**. A lista, pela qual se enumeram taxativamente os serviços um a um, pecará por excesso ou por falta, atropelando a Constituição. Assim se manifestaram GERALDO ATALIBA, SOUTO MAIOR BORGES, ROQUE CARRAZZA SACHA CALMON, MISABEL DERZI e outros.
> [...]
> Ninguém duvida que cabe à lei complementar federal "definir" aqueles serviços, ou seja, formular conceito especificante e determinado, por meio da enumeração dos aspectos, características, notas essenciais do conceito de prestação de serviços, critérios que permitam a sua identificação em cada caso concreto. Até mesmo lista exemplificativa e de esclarecimento poderia acompanhar a formulação do conceito.[156]

Para Roque Antonio Carrazza, a lista de serviços não é nem taxativa nem exemplificativa, mas meramente sugestiva. Segundo o doutrinador, ela traz sugestões que, desde que constitucionais, poderão ser levadas em conta pelo legislador municipal ao instituir o ISS. Para o autor, prestações de

---
155 *Manual do imposto sobre serviços.* 9. ed. atual. rev. amp. São Paulo: Atlas, 2013, p. 49.
156 Notas atualizadoras. In: BALEEIRO, Aliomar. *Direito tributário Brasileiro.* 11. ed. atual. Rio de Janeiro: Forense, 2006 p. 493, 502.

serviços não mencionadas na lista, desde que tipifiquem verdadeiras prestações de serviços, poderão ser objeto de tributação municipal havendo legislação nesse sentido.[157]

Por sua vez, para Geraldo Ataliba, o rol é apenas pertinente para tratar de conflitos de competência e, em tese, também para regular limitações constitucionais ao poder de tributar.

> [...] nem mesmo exemplificativo é o rol de serviços tributáveis pelos Municípios.
> Como demonstrado, se à lei complementar nacional o que cabe é traçar regras sobre conflitos e regular limitações constitucionais ao poder de tributar (§1º do art. 18 da CF) qualquer fórmula que adote, somente podem prevalecer nos casos para os quais foram elas previstas (as normas gerais).[158]

De forma geral, os opositores da tese da taxatividade entendem que a lei complementar não pode indicar exaustivamente todos os serviços a serem tributados pelos Municípios e Distrito Federal, porque retiraria do legislador municipal a competência tributária que lhe foi outorgada constitucionalmente, de forma que o comando constitucional do artigo 156, inciso III, deve ser entendido no sentido de que a lei complementar definirá os serviços para dispor sobre conflitos de competência em matéria tributária.

A taxatividade da lista anexa, de acordo com os não adeptos da teoria, fere a autonomia municipal, a isonomia e, de forma reflexa, o pacto federativo.

Nas palavras de José Eduardo Soares de Melo:

> Na medida em que os Municípios estejam subordinados ao Congresso Nacional – no tocante à edição da lei complementar definindo (estipulando) os serviços que poderão prever em suas legislações, e promover à respectiva exigibilidade – é evidente que a referida autonomia fica totalmente prejudicada.
> Os interesses do Congresso Nacional não podem jamais sobrepor-se à autonomia municipal, que restará impossibilitada para auferir os valores necessários (ISS) ao atendimento de suas necessidades.[159]

---

157 Inconstitucionalidades dos itens 2.1 e 21.1, da lista de serviços anexa à LC n. 116/2003. In: TÔRRES, Heleno Taveira (Coord.). *Imposto sobre serviços* – ISS: na Lei Complementar n. 116/03 e na Constituição. São Paulo: Manole, 2004, p. 360, nota de rodapé 18.
158 ATALIBA, Geraldo. Imposto sobre Serviços: parecer. *Revista de Direito Tributário*, São Paulo: Malheiros, v. 10, n. 35, jan./mar. 1986, p. 88.
159 *ISS – aspectos teóricos e práticos*. 5. ed. São Paulo: Dialética, 2008, p. 55.

Não obstante a celeuma quanto à abrangência, extensão, exaustão da lista de serviços prevista na lei complementar relativa ao ISS, bem como quanto à violação da autonomia dos Municípios e do Distrito Federal, elas perderam sentido, uma vez que tem prevalecido nos tribunais diretriz que qualifica a lista de serviço como taxativa, embora admita interpretação ampla e analógica.

Nesse sentido, a jurisprudência do Supremo Tribunal Federal:

> IMPOSTO SOBRE SERVIÇOS (ISS) - SERVIÇOS EXECUTADOS POR INSTITUIÇÕES AUTORIZADAS A FUNCIONAR PELO BANCO CENTRAL - INADMISSIBILIDADE, EM TAL HIPÓTESE, DA INCIDÊNCIA DESSE TRIBUTO MUNICIPAL - CARÁTER TAXATIVO DA ANTIGA LISTA DE SERVIÇOS ANEXA À LEI COMPLEMENTAR Nº 56/87 - IMPOSSIBILIDADE DE O MUNICÍPIO TRIBUTAR, MEDIANTE ISS, CATEGORIA DE SERVIÇOS NÃO PREVISTA NA LISTA EDITADA PELA UNIÃO FEDERAL - EXCLUSÃO, DE REFERIDA LISTA, PELA UNIÃO FEDERAL, DE DETERMINADOS SERVIÇOS EXECUTADOS POR INSTITUIÇÕES AUTORIZADAS A FUNCIONAR PELO BANCO CENTRAL - HIPÓTESE DE NÃO INCIDÊNCIA TRIBUTÁRIA - LEGITIMIDADE CONSTITUCIONAL DESSA EXCLUSÃO NORMATIVA - NÃO CONFIGURAÇÃO DE ISENÇÃO HETERÔNOMA - INOCORRÊNCIA DE OFENSA AO ART. 151, III, DA VIGENTE CONSTITUIÇÃO - PRECEDENTES DO SUPREMO TRIBUNAL FEDERAL - RECURSO IMPROVIDO.
> - Não se revelam tributáveis, mediante ISS, serviços executados por instituições autorizadas a funcionar pelo Banco Central, **eis que esse tributo municipal não pode incidir sobre categoria de serviços não prevista na lista elaborada pela União Federal, anexa à Lei Complementar nº 56/87, pois mencionada lista - que se reveste de taxatividade quanto ao que nela se contém - relaciona, em "numerus clausus", os serviços e atividades passíveis da incidência dessa espécie tributária local. Precedentes.** - As ressalvas normativas contidas nos itens ns. 44, 46 e 48 da lista de serviços anexa à Lei Complementar nº 56/87 - que excluem, do âmbito de incidência do ISS, determinadas atividades executadas por instituições autorizadas a funcionar pelo Banco Central - não configuram concessão, pela União Federal, de isenção heterônoma de tributo municipal, expressamente vedada pela vigente Constituição da República (art. 151, III). - Essa exclusão de tributabilidade, mediante ISS, das atividades executadas por referidas instituições qualifica-se como situação reveladora de típica hipótese de não incidência do imposto municipal em causa, pois decorre do exercício, pela União Federal, da competência que lhe foi

outorgada, diretamente, pela própria Carta Federal de 1969 (art. 24, II), sob cuja égide foi editada a Lei Complementar nº 56/87, a que se acha anexa à lista de serviços a que alude o texto constitucional. Precedentes. (STF, Segunda Turma, AgRg RE 450.342/RJ, Relator Min. Celso de Mello, Data do Julgamento: 06/09/2006).[160]

O Superior Tribunal de Justiça também se posicionou no sentido da taxatividade, entendendo que é possível interpretação extensiva para serviços congêneres, no caso em que os serviços forem apresentados com outra nomenclatura, "devendo ser perquiridos quanto à substância de cada um deles".

> TRIBUTÁRIO E PROCESSUAL CIVIL. AGRAVO REGIMENTAL NO AGRAVO EM RECURSO ESPECIAL. **ISS**. PRESTAÇÃO DE SERVIÇO. FUMIGAÇÃO. **CONGÊNERES. INTERPRETAÇÃO EXTENSIVA DA LISTA ANEXA À LC 116/2003 E À LEI MUNICIPAL 1.054/2003**. PREVISÃO EM LEI LOCAL. INCIDÊNCIA DAS SÚMULAS 7/STJ E 280/STF.
> I. Inexistente violação ao art. 535 do CPC, uma vez que o Tribunal a quo decidiu, de forma fundamentada, a questão jurídica trazida ao seu conhecimento, o que afasta a alegação de omissão, contradição e obscuridade.
> II. Os arts. 130 e 131 do CPC consagram o princípio do livre convencimento motivado, segundo o qual o Juiz é livre para apreciar as provas produzidas, bem como para decidir quanto à necessidade ou não da produção das que forem requeridas pelas partes, podendo, motivadamente, indeferir as diligências que reputar inúteis ou protelatórias.
> III. Não há falar em cerceamento de defesa, quando o julgador considera desnecessária a produção de prova, mediante a existência, nos autos, de elementos suficientes para a formação de seu convencimento.
> **IV. A Primeira Seção do Superior Tribunal de Justiça, no julgamento do REsp 1.111.234/PR, sob o regime do art. 543-C do CPC (DJe de 08/10/2009), proclamou o entendimento de que é taxativa a Lista de Serviços anexa ao Decreto-lei 406/68, posteriormente substituído pela LC 116/2003, para efeito de incidência de Imposto sobre Serviços. Contudo, admite interpretação extensiva para serviços congêneres, no caso em que os serviços forem apresentados com outra nomenclatura, "devendo ser perquiridos quanto à substância de cada um deles".
> V. A Corte de origem, após o exame do conjunto fático-probatório dos autos, reconheceu, em interpretação extensiva para serviços congêneres, a incidência do ISS sobre a prestação de serviço de**

---

160 Cf. RE 91.737- MG, RE 77.183- SP e RE 75.952-SP, grifo nosso.

fumigação, ao examinar o item 7.13 da Lista de Serviços anexa à LC 116/03 e à Lei Municipal 1.054/2003.
VI. Não cabe ao STJ, em sede de Recurso Especial, alterar ou modificar o entendimento da Corte de origem, que, considerando a natureza do serviço, enquadrou o procedimento denominado fumigação no item 7.13 da Lista Anexa à Lei Complementar 116/2003 e à Lei Municipal 1.054/2003, uma vez que tal demandaria, necessariamente, exame do conjunto fático-probatório dos autos e análise da Lei Municipal, o que atrai a incidência das Súmulas 7 do STJ e 280 do STF.
VII. Agravo Regimental improvido. (STJ, 2 Turma, AgRg no AREsp, Ministra Assusete Magalhães, data do julg. 16/09/2014).[161]

A maioria dos juristas e também a jurisprudência defendem que os serviços elencados à lista anexa à lei complementar é *numerus clausus*, exaustiva, de forma que prestações que sejam serviços mas que não estejam nela prevista não autorizam o exercício da competência tributária através do ISS. O Município não está autorizado, nem mesmo por lei, a aumentar o rol de serviços constantes da lista. Essa é a posição adotada no presente trabalho.

A circunstância de a lei complementar trazer uma lista de serviços passíveis de incidência pelo imposto municipal não viola a autonomia municipal, a isonomia, nem mesmo o pacto federativo.

O escopo de um rol de serviços taxativo é permitir uma tributação uniforme entre os entes federados municipais e distrital, com o intuito principal de evitar a "guerra fiscal".

Compete à lei complementar definir quais serviços poderão sofrer a incidência do Imposto Sobre Serviços de Qualquer Natureza com a finalidade de uniformizar a instituição do imposto.

Em sendo assim, a função da lei complementar é evitar que o imposto seja criado de maneira diferente pelos Municípios e Distrito Federal, motivo pelo qual houve a previsão da norma unificadora, de forma a impedir conflito fiscal.

Todavia, importante esclarecer que evitada de inconstitucionalidade estará a lei complementar quando da inclusão em seu rol de atividade que de fato não configure serviço, já que há um conceito constitucionalmente pressuposto para ele.

Preleciona Manoel Gonçalves Filho: "a lei complementar não pode contradizer a Constituição. Não é outra forma de emenda constitucional.

---

161 Cf. REsp 401.698 – ES, REsp 24.243 – RS, REsp 567.592-PR, REsp 68.876 – MG, REsp 41.848 – MG, REsp 49.045 – MG, REsp 65.925 – MG, REsp 36.038 – MG, REsp 102.291 – SP, REsp 192.635 – RJ e REsp 347.046 – RJ, grifo nosso.

[...] Daí decorre que pode incidir em inconstitucionalidade e ser, por isso, inválida".[162]

Coaduna-se do pensamento de Natália de Nardi Dácomo: "para ser critério material do Imposto sobre Serviços o fato deve atender a três conceitos: ser relação jurídica, ser serviço e estar descrito na Lei Complementar n. 116/03".[163]

Em suma, desde que respeitado o arquétipo constitucional do imposto, somente poderão ser tributados pelo ISS os serviços consistentes em obrigação de fazer elencados no rol da lista anexa da Lei Complementar n. 116/03, a qual é taxativa, mas admite interpretação. É o que será demonstrado a seguir.

2.3.3.1 O subitem 17.08 e o descompasso com a regra-matriz

A Lei Complementar n. 116/03, que atribuiu nova redação ao Decreto-lei n. 406/68, ao Decreto-lei n. 834/69, à Lei Complementar n. 56/87 e à Lei Complementar n. 100/99, contém em sua lista anexa de serviços um rol com quarenta itens, os quais são divididos em cento e noventa e três subitens.

Aires F. Barreto apresenta análise cronológica dos itens contidos nas listas:

> Ao dispor sobre a criação, pelos Municípios, do ISS, o Código Tributário Nacional, no art. 71, descreveu uma lista de três itens, numerados em algarismos romanos (I a III). O Ato Complementar 27 acresceu o item IV a essa lista, ampliada posteriormente, para seis itens, pelo Ato Complementar 34, sempre utilizando algarismos romanos. O Decreto-lei 406/68 manteve esse critério de numeração dos itens (algarismos romanos), já então com uma lista composta por XXIX.
> Com o advento do Decreto-lei 834/69, altera-se o critério de especificação dos itens da lista substituindo-se os de algarismos romanos por algarismos arábicos. A nova lista tinha então 66 itens. A Lei n. 7.192/84 incluiu o item 67, relativo aos profissionais de relações públicas. A Lei Complementar 56/87 seguiu a mesma linha, vindo a ampliar a lista para 99 itens (embora numerada de 1 a 100, o item 7 foi vetado). Por fim, a Lei Complementar 100/99 incluiu o item 101.
> Em todo esse período, embora os itens tenham passado de romanos a arábicos, num aspecto as listas se mantiveram iguais: a enumeração de itens, sem subitens.[164]

---

162 FERREIRA FILHO, Manoel Gonçalves. *Do processo legislativo*. São Paulo: Saraiva, 1977, p. 210.
163 *Hipótese de incidência do ISS*. São Paulo: Noeses, 2007, p. 48.
164 *ISS na constituição e na lei*. 3. ed. São Paulo: Dialética, 2009, p. 120.

Nos diplomas legais anteriores à Lei Complementar n. 116/03, a regra era a previsão de serviços apenas em itens; com a atual normatização, as atividades passaram a ser previstas em itens e subitens. Os itens são gêneros referentes ao grupo que está aglutinado nos subitens. Tributáveis são os serviços previstos nos subitens e não nos itens, os quais funcionam como índice da lista.

Além de índice da lista, os itens funcionam como gênero, e os subitens, como espécies. Os subitens devem respeitar obrigatoriamente a classe à qual pertencem e foram aglutinados. Havendo descompasso, ou seja, se o subitem não pertencer ao gênero previsto no item, não constituir espécie da classe, haverá inconstitucionalidade no rol.

Por outro lado, explica Aires F. Barreto que o motivo da utilização do critério da descrição dos serviços em itens e subitens, detalhando ao máximo os possíveis serviços tributáveis, com a previsão inclusive de não serviços, foi evitar que atividades ficassem fora do campo de incidência do imposto diante da pacífica jurisprudência no sentido da taxatividade da lista.[165]

Explica o autor:

> Uma evidência de que tributáveis são os subitens, e não os itens, está em que vários daqueles são meras repetições destes. Veja-se a redação do item 2 e do subitem 2.01; os termos do item 16 e do seu subitem 16.01 [...]
> De tudo se vê que, se as leis municipais pudessem criar ISS com base nos próprios itens da Lei Complementar 116/03, absolutamente desnecessários seriam os subitens. Não teriam eles nenhuma função, nenhuma utilidade. [...] Os itens, em verdade, atuam como meras referências de aglutinação daqueles que serão os possíveis serviços tributáveis enunciados nos vários itens.[166]

Desta feita, a lei municipal, ao elencar por meio da lei ordinária instituidora do imposto os serviços tributáveis pelo ISS, deverá observar os subitens contidos na lista anexa da Lei Complementar n. 116/03, e não os seus itens.

Ademais, importante salientar que alguns itens e subitens da lista anexa à Lei Complementar n. 116/03 contemplam, ao final, a palavra *congênere*.

A título de exemplo, transcrevem-se o item 15 e o subitem 15.01 da lista anexa à Lei Complementar n. 116/03:

> 15 – Serviços relacionados ao setor bancário ou financeiro, inclusive aqueles prestados por instituições financeiras autorizadas a funcionar pela União ou por quem de direito.

---
165 *ISS na constituição e na lei*. 3. ed. São Paulo: Dialética, 2009, p. 122.
166 Ibid., loc. cit.

15.01 – Administração de fundos quaisquer, de consórcio, de cartão de crédito ou débito e **congêneres**, de carteira de clientes, de cheques pré-datados e **congêneres** (grifos nossos).

Da referida previsão decorre a possibilidade da interpretação extensiva do rol, de forma que a lei municipal criadora do tributo possa vir abarcar serviços não expressamente previstos, todavia congêneres aos elencados.

A circunstância de o legislador ordinário poder incluir serviço não expressamente previsto na lista, quando assim autorizado pela Lei Complementar, não significa, em hipótese alguma, a faculdade de inserção de qualquer serviço dentre os passíveis de tributação.

Roque Antonio Carrazza observa a circunstância:

> De feito, a interpretação extensiva extrai do item *listado* um conteúdo que vai além da formulação literal, mas permanece dentro do preceito que está sendo considerado. Noutras palavras, permite que o item incida sobre casos que, embora não expressamente referidos, encontram-se implícitos no âmbito de validade da norma.[167]

Assim, a interpretação extensiva há de ser feita com base no item e subitem elencados, ou seja, é possível a inclusão de um serviço não listado, desde que seja similar, congênere ou correlato ao previsto.

A par dessas considerações, mister tratar do subitem 17.08 do rol taxativo da Lei Complementar n. 116/03, o qual se transcreve:

> 17 – Serviços de apoio técnico, administrativo, jurídico, contábil, comercial e congêneres.
> [...]
> 17.08 – Franquia (franchising).

Os Municípios poderão exercer a competência tributária no que tange ao ISS, expedindo lei ordinária, se o serviço que objetivam tributar estiver contemplado em um dos subitens da lista anexa à Lei Complementar n. 116/03.

Conforme se vislumbra do dispositivo transcrito, a Lei Complementar reguladora do Imposto Sobre Serviços de Qualquer Natureza elencou, dentre os serviços suscetíveis de tributação pelos Municípios, a atividade de apoio técnico, administrativo, jurídico, contábil, comercial e congêneres, dentre eles a franquia (*franchising*).

---

167 *Reflexões sobre a obrigação tributária*. São Paulo: Noeses, 2010, p. 120.

Ocorre que o fato de a Lei Complementar abarcar uma atividade em seu rol, não autoriza, por si só, a tributação via ISS. É imprescindível que o serviço elencado se amolde ao conceito de serviço constitucionalmente pressuposto.

É preciso que seja observado o arquétipo constitucional do tributo, de forma que somente deverão sofrer a incidência do ISS os serviços consistentes numa prestação de fazer, conforme restou demonstrado no item 2.3.1.

O contrato de franquia tem por objeto principal a cessão de direito de uso duma marca. É bem verdade que ele inclui outras atividades, todavia são atividades-meio e não atividades-fim.

O serviço prestado pelo franqueador no contrato de franquia não pode ser tributado por meio de ISS por não constituir seu escopo principal uma prestação de fazer, atividade cuja presença é necessária para a tributação, já que as atividades-meio não podem ser tributadas.

Desta feita, há um descompasso entre o subitem 17.08 da lista anexa da norma geral regulatória do imposto municipal e a regra-matriz de incidência do Imposto Sobre Serviços de Qualquer Natureza.

Há um conceito de serviço constitucionalmente pressuposto ao qual não se amolda a atividade prestada pelo franqueador ao franqueado.

Assim, muito embora tenha a franquia sido prevista dentre os serviços que poderão estar contidos na lei ordinária criadora da exação e, portanto, tratar-se de serviço supostamente tributável, restará demonstrado nos capítulos subsequentes que, por não se coadunar com o conceito constitucional de serviço, a incidência tributária sobre a espécie de atividade deve ser rechaçada do sistema tributário, já que há um descompasso com o núcleo da regra-matriz de incidência do Imposto Sobre Serviços de Qualquer Natureza.

2.4 Critério temporal e espacial

O critério temporal da regra-matriz de incidência determina o momento em que se considerará ocorrido o fato gerador, fato imponível ou fato jurídico tributário com a consequente instauração da relação jurídico-tributária.

O fato jurídico tributário acontece num determinando momento previsto pelo legislador. No instante da sua ocorrência irá se instalar, de forma infalível e automática, a relação em que, de um lado, nascerá um direito subjetivo por parte da pessoa de direito público interno e, de outro, a obrigação ou dever para o sujeito passivo, direito e dever relacionados com um objeto, qual seja, pagamento do tributo.

Em sendo assim, o aspecto temporal da regra-matriz deve estar diretamente relacionado com o critério material, uma vez que ocorrido o fato descrito na hipótese irá se instaurar a obrigação tributária, a relação tributária.

Paulo de Barros Carvalho explica

> [...] o critério temporal da hipótese tributária como o grupo de indicações contidas no suposto da regra, e que nos oferecem elementos para saber, com exatidão, em que preciso instante acontece o fato descrito, passando a existir o liame jurídico que amarra o devedor e credor; em função de um objeto – o pagamento de certa prestação pecuniária.[168]

A especificação do momento da ocorrência do fato gerador da exação é de suma importância já que será a lei que estiver vigorando neste instante que irá regular a constituição do crédito tributário através da atividade administrativa de lançamento.

É o que dispõe o artigo 144 do Código Tributário Nacional: "O lançamento reporta-se à data da ocorrência do fato gerador da obrigação e rege-se pela lei então vigente, ainda que posteriormente modificada ou revogada".

No caso específico do Imposto Sobre Serviços de Qualquer Natureza, o critério temporal é o momento em que há a efetiva prestação do serviço. Considera-se ocorrido o fato imponível (prestação do serviço) quando o serviço avençado for concretizado, materializado, findado.

No escólio de Marcelo Caron Baptista, o momento da ocorrência do fato jurídico tributário previsto na hipótese de incidência da norma do ISS "é o exato instante em que se extingue o dever contratual assumido pelo prestador. [...] diz-se que o fato jurídico tributário ocorre no instante em que o tomador recebe o resultado do esforço do prestador".[169]

A configuração do tempo do fato gerador se dará no instante em que o tomador receber o fruto da atividade do prestador, independentemente do momento em que forem celebrados o contrato ou o pagamento que remunera a prestação.

José Eduardo Soares de Melo esclarece: "Para que ocorra a incidência do tributo, não se considera a celebração do contrato, o pagamento ou o negócio jurídico, mas a efetiva prestação de serviço, pouco importando que a legislação se refira simplesmente à "prestação de serviços", e não à "efetiva prestação de serviços".[170]

---

168 *Curso de direito tributário*. 25. ed. rev. São Paulo: Saraiva, 2013, p. 148.
169 *ISS*: do texto à norma. São Paulo: Quartier Latin, 2005, p. 495.
170 Ibid., p. 180.

No caso de serviço prestado de forma continuada, o momento da ocorrência do fato imponível deve ser o de cada uma das atividades isoladamente consideradas, as quais podem ser convencionadas entre tomador e prestador.

O fato é que, nos serviços de execução continuada, o ISS terá como instante da ocorrência do fato gerador o exato instante em que uma determinada atividade, separadamente considerada, tiver sido efetivamente prestada.

Traçadas as considerações gerais para a determinação do momento da ocorrência do fato gerador do ISS, resta a análise do critério espacial da regra-matriz de incidência do imposto municipal.

Os critérios temporal e espacial compõem a hipótese da norma padrão de incidência duma espécie tributária e servem para estabelecer quando e onde deverá acontecer o fato descrito no antecedente da norma de incidência tributária para que surjam os efeitos descritos no consequente.

Desta feita, um fato tributário, para que possa ser apto a gerar os efeitos da relação jurídica previstos no consequente da norma, deverá ocorrer na circunstância de espaço ou local nela previsto.

O critério espacial da regra-matriz refere-se ao local em que se considera a materialidade desta, diga-se, ao local em que a materialidade é relevante e deve ocorrer.

Paulo de Barros Carvalho explica que a hipótese da norma-padrão de incidência conterá um dos três tipos de critérios espaciais:

> a) hipótese cujo critério espacial não faz menção a determinado local para a ocorrência do fato típico;
> b) hipótese em que o critério espacial alude a áreas específicas, de tal sorte que o acontecimento apenas ocorrerá se dentro delas estiver geograficamente ocorrido;
> c) hipótese de critério espacial bem genérico, onde todo e qualquer fato jurídico, que suceda sob o manto da vigência territorial da lei instituidora, estará apto a desencadear seus efeitos particulares.[171]

Outrossim, importante esclarecer que o âmbito de vigência territorial da lei não se confunde com o aspecto espacial da regra-matriz.

Vigência territorial diz respeito ao local em que a lei poderá produzir os seus efeitos e, em regra, equivale ao âmbito territorial do ente tributante.

É bem verdade que o aspecto espacial da norma de incidência pode se confundir com o seu âmbito de vigência territorial, mas nem sempre esta regra prevalecerá, já que poderá, por exemplo, a norma de incidência eleger um local específico dentro do território da entidade para a ocorrência do fato imponível.

---

171 *Curso de direito tributário*. 25. ed. rev. São Paulo: Saraiva, 2013, p. 291.

Geraldo Ataliba ensina que "designa-se por aspecto espacial a indicação de circunstâncias de lugar, contidas explicitas ou implicitamente na h.i., relevantes para a configuração do fato imponível".[172]

A determinação do local em que deva acontecer o fato imponível pode estar implícita ou expressa na norma de incidência do tributos. No caso específico do Imposto Sobre Serviços de Qualquer Natureza, o critério espacial não está expressamente previsto.

Da análise do delineamento constitucional do Imposto Sobre Serviços de Qualquer Natureza é possível dessumir o aspecto espacial implicitamente contido no arquétipo da exação, qual seja, o local onde ocorreu a efetiva prestação do serviço.

A delimitação do local em que ocorre o fato gerador do imposto é importante porque a partir dele decorrerá a determinação da aptidão para a exigência da exação.

Assim, será competente para a cobrança do imposto municipal o ente onde se deu a realização da atividade tributável, a efetiva prestação do serviço.

Demonstra a questão Aires F. Barreto:

> Decisivo, porém, é perquirir onde se completou, isto é, **onde foram os serviços prestados, concluídos, exauridos, ultimados.** Para fazê-lo, no entanto, não se pode prescindir de determinar, com precisão, quando o fato imponível ocorreu. Sabendo quando se consumou, será possível reconhecer o sujeito ativo da obrigação tributária (determinar onde se perfaz).
> Precedentemente, vimos de ver que **o fato tributável só ocorre no momento da consumação do serviço, no átimo da produção dos efeitos que lhe são próprios. Logo, o Município competente será o lugar onde forem produzidos, executados, consumados.**[173]

Desta feita, para a delimitação do aspecto espacial do ISS e, consequente, determinação do Município competente para sua exigência, é preciso especificar o instante da ocorrência do fato imponível do imposto. Só assim é possível dizer com segurança onde a espécie tributária é devida.

O local da incidência do imposto é definido pela consumação da prestação e não pelo lugar em que são celebrados os contratos de prestação de serviços passíveis de tributação, já que o imposto não incide sobre o contrato, mas sobre a atividade consistente no seu objeto.

---

172 *Hipótese de incidência tributária*. 6. ed., 7. tiragem. São Paulo: Malheiros, 2005, p. 104.
173 *Curso de direito tributário municipal*. São Paulo: Saraiva, 2009, p. 346.

A Lei Complementar n. 116/03[174], como norma geral apta a dirimir conflito de competência entre os entes da federação, trata da matéria e estabelece quatro elementos para a determinação do critério espacial do Imposto Sobre Serviços de Qualquer Natureza.

O primeiro decorre do artigo 3º da lei cujo *caput* determina que considera-se o serviço prestado e o imposto devido no "local do estabelecimento prestador ou, na falta do estabelecimento, no local do domicílio do prestador, exceto nas hipóteses previstas nos incisos I a XXII".

Estabelece a lei, como regra geral, que o imposto é devido para o local do "estabelecimento prestador". O que se deve entender por "estabelecimento prestador", o seu conceito, deriva do artigo 4º da Lei Complementar n. 116/03.

> Art. 4º Considera-se estabelecimento prestador o local onde o contribuinte desenvolva a atividade de prestar serviços, de modo permanente ou temporário, e que configure unidade econômica ou profissional, sendo irrelevantes para caracterizá-lo as denominações de sede, filial, agência, posto de atendimento, sucursal, escritório de representação ou contato ou quaisquer outras que venham a ser utilizadas.

O segundo elemento, nos termos do artigo 1º, parágrafo primeiro, da Lei Complementar n. 116/03, é o local de domicílio do prestador de serviços, caso este não tenha um estabelecimento prestador.

O terceiro, que ocorre na hipótese de importação de serviços, que se refere à Lei Complementar, que elege o local do estabelecimento do tomador ou do intermediário dos serviços ou, se não houver estabelecimento, o domicílio do tomador, consoante dispõe o artigo 3º, I, da Lei Complementar n. 116/03.

Por fim, nas hipóteses trazidas nos incisos II a XXII do artigo 3º, à exceção do inciso XVI, o critério espacial será o local da realização do serviço.

---

174 Neste momento, importante fazer uma análise da legislação pretérita sobre o assunto. O Decreto-lei n. 406/68, em seu artigo 12, alíneas a, b, e c, estabelecia a regra para a cobrança do ISS. Nos termos da alínea a, o sujeito ativo do imposto era o município do "local do estabelecimento prestador". Todavia, exceções foram trazidas nas alíneas b e c, segundo as quais o imposto municipal era devido, no caso da construção civil e exploração de rodovia com a cobrança de preço, no local da prestação do serviço. À época, a jurisprudência do Superior Tribunal de Justiça, pautada pelo princípio da territorialidade, firmou-se no sentido de que o art. 12 do Decreto-lei n. 406, quando considerou como competente para a cobrança do imposto o local da prestação do serviço como aquele do estabelecimento prestador, pretendeu que o ISS pertencesse ao município em cujo território se realizou o fato gerador, ou seja, local onde o serviço foi prestado ou consumado (vide REsp. 54.002 – PE e EREsp. 130.792 – CE). A Lei Complementar n. 116/03, que revogou em parte o Decreto-lei e que poderia ter resolvido a celeuma, deixou de prestigiar o princípio da territorialidade ao adotar um sistema misto para a identificação do "local da prestação do serviço" muito parecido àquele adotado pelo Decreto-lei n. 406/68.

A exceção, prevista no inciso XVI, cuida do local da incidência do imposto no caso dos serviços do subitem 11.02, quais sejam, vigilância, segurança ou monitoramento de bens e pessoas, o qual foi eleito o local dos bens ou do domicílio das pessoas, vigiados, segurados ou monitorados para o local da incidência do ISS.

Ocorre que o legislador complementar não pode ultrapassar o arquétipo constitucional do tributo, não pode estabelecer expressamente um critério espacial que contrarie o que está implícito na Constituição.

Além disso, não pode o legislador infraconstitucional, a pretexto de solucionar conflito de competência entre os entes, considerar como ocorrido o fato gerador do tributo em local diverso daquele em que o serviço for prestado, já que este é o critério espacial do Imposto Sobre Serviços de Qualquer Natureza constitucionalmente pressuposto.

A Lei Complementar, na condição de norma geral, que contrarie ou não observe o que comina, ainda que implicitamente, a Constituição Federal, será viciada. É o que se dá com a Lei Complementar n. 116/03, quando estabelece como aspecto espacial do ISS outro local que não aquele em que o serviço se consumou ou foi efetivamente prestado.

Marcelo Caron Baptista demonstra que, no caso do ISS, quanto ao aspecto espacial da norma, o legislador complementar não exerceu o seu papel de evitar conflito de competência:

> Quando o legislador "complementar" considera, para efeitos de incidência da norma do ISS, como local da prestação o local do estabelecimento ou do domicílio do prestador ou do tomador, ele não está exercendo seu papel de evitar virtuais "conflitos de competência". Ao contrário, ele mesmo institui conflitos inexistentes. Mais do que isso, por não dispor sobre as limitadas matérias que lhe são reservadas pela Constituição, ele invade a competência legislativa dos Municípios e viola o princípio da autonomia municipal. Ainda pior é o fato de que se constrange, fortemente, o exercício da competência tributária local, pois os Municípios se sentem obrigados, ainda que não o sejam, a apenas repetir, quando da instituição do imposto, os termos exaustivos e incisivos em que enunciada a lei federal.[175]

Em remate, há um aspecto espacial pressuposto pelo arquétipo constitucional do Imposto Sobre Serviços de Qualquer Natureza. O fato imponível acontece no local em que há efetiva prestação do serviço, em que se consuma a obrigação de fazer.

---
175 *ISS*: do texto à norma. São Paulo: Quartier Latin, 2005, p. 526.

O imposto é devido e, portanto, é competente para sua cobrança o ente federado municipal do local da consumação da atividade, independentemente do local da celebração do contrato.

É inconstitucional qualquer disposição legal que não observe o critério espacial implicitamente traçado na matriz constitucional, como ocorre com parte do artigo 3° da Lei Complementar n. 116/03.

2.5 Critério pessoal: sujeito passivo

A partir deste tópico será analisado o consequente da regra-matriz de incidência do Imposto Sobre Serviços de Qualquer Natureza.

Assim como o antecedente (descritor) da norma padrão de incidência tributária, o consequente (prescritor) é composto por critérios ou aspectos, quais sejam, os critérios pessoal e quantitativo.

Uma vez realizado o fato descrito na norma de incidência tributária, praticado o fato imponível, irá se instalar a consequência prescrita na norma, ou seja, surgirá a relação jurídico-tributária, de forma que nascerá uma obrigação em que alguém terá um direito e outro um dever em relação a um objeto, o pagamento do tributo.

O critério pessoal determina o sujeito ativo e passivo da obrigação. O primeiro é o credor, quem tem o direito subjetivo de exigir o tributo, ao passo que o segundo é o devedor, que tem o dever de oferecer aos cofres público o valor da prestação.

O critério quantitativo, por sua vez, traz os critérios para a determinação do valor da dívida e é composto pela base de cálculo e a alíquota.

Demonstrada a composição do consequente da norma padrão de incidência, examinar-se-á, por primeiro, o seu critério pessoal, os sujeitos da exação.

Encontrar o aspecto pessoal da regra-matriz consiste na identificação dos sujeitos que compõem a relação jurídica que irá se instar tão logo ocorra o fato descrito no critério material da hipótese de incidência.

A identificação dessas pessoas situa-se no âmbito constitucional. A Carta Magna demonstra quem são os sujeitos da relação jurídica tributária: no caso do sujeito ativo, na medida em que confere expressa e discriminadamente a competência tributária, e, na hipótese do sujeito passivo, quando, implicitamente, estabelece o critério material da hipótese da norma-padrão de incidência.

Sujeito ativo é o credor, aquele que pode exigir o cumprimento de uma obrigação, que tem o direito subjetivo de cobrar o objeto da prestação, qual seja, o pagamento do tributo.

Consoante o disposto no artigo 156, inciso III, da Constituição Federal, o poder constituinte originário outorgou competência legislativa tributária para os Municípios relativamente ao ISS; portanto, estes entes federados serão, em regra, o sujeitos ativos da relação jurídico-tributária.[176]

Como demonstrado no item anterior, será sujeito ativo do ISS o Município em que houver a efetiva prestação do serviço, onde for consumada a obrigação de fazer.

Por sua vez, sujeito passivo é o devedor do tributo, é aquele que tem o dever de efetuar o pagamento da espécie tributária. Ocupa o polo passivo do liame jurídico.

O sujeito passivo, nos termos do artigo 121, parágrafo único, incisos I e II, do Código Tributário Nacional, pode ser o contribuinte ou responsável.

> Art. 121. Sujeito passivo da obrigação principal é a pessoa obrigada ao pagamento de tributo ou penalidade pecuniária.
> Parágrafo único. O sujeito passivo da obrigação principal diz-se:
> I – contribuinte, quando tenha relação pessoal e direta com a situação que constitua o respectivo fato gerador;
> II – responsável, quando, sem revestir a condição de contribuinte, sua obrigação decorra de disposição expressa de lei.

Contribuinte, sujeito passivo direto, é a pessoa que realiza o fato gerador, é aquela que possui relação pessoal e direta com o fato imponível. Já o responsável, sujeito passivo indireto, não realiza o fato gerador do tributo; sua relação com o fato gerador é indireta, todavia tem obrigação do pagamento do tributo em virtude de determinação legal.

O contribuinte é a pessoa que realiza o fato contido no critério material da regra-matriz de incidência, é quem pratica o fato que irá subsumir-se à norma tributária. Assim, é na materialidade da hipótese que se identificará quem é a pessoa obrigada ao pagamento do tributo, aquele que é o destinatário direto e constitucional do tributo.

A Carta Constitucional, ao fornecer o critério material da hipótese do Imposto Sobre Serviços de Qualquer Natureza, indica, ainda que implicitamente, o sujeito passivo da norma de tributação, ou seja, o contribuinte.

A regra-matriz de incidência sempre traz em sua hipótese uma ação ou situação que tenha conteúdo econômico, cujo titular é o eleito para ser o sujeito passivo do imposto.[177]

---

176   O Distrito Federal também tem competência tributária quanto ao ISS, nos termos do artigo 147 da Constituição Federal.
177   Leciona Geraldo Ataliba: "Em suma, o critério para a determinação do sujeito passivo constará na hipótese

Ensina o doutrinador argentino Héctor B. Villegas:

> La circunstancia hipotética y condicionante no puede ser (porque la Constitución lo prohíbe) *arbitrariamente elegida*, sino que debe exteriorizar, razonablemente, capacidad contributiva [...] de un concreto individuo. Ese individuo, considerado poseedor de aptitud de pago público, es quien debe recibir por *vía legal* [...], el detrimento pecuniario que representa el tributo. Lo llamaremos "*destinatario legal tributario*" por la razón de que a él está dirigida la carga patrimonial de aquel tributo cuyo hecho imponible tuvo en cuenta su capacidad contributiva (salvo decisión expresa en contra del legislador). El "destinatario legal tributario" es, en consecuencia, aquel personaje con respecto al cual el hecho imponible ocurre o se configura (o si se prefiere, quien queda *encuadrado* en el hecho imponible). En otras palabras: el personaje que ejecuta el acto o se halla en la situación fáctica que la ley seleccionó como presupuesto hipotético y condicionante del mandato de pago de un tributo.[178]

Se o núcleo da hipótese de incidência do ISS é prestar serviços, não compreendidos na competência estadual, definidos em Lei Complementar, será o sujeito passivo do imposto, na condição de contribuinte, o prestador do serviço.

O prestador do serviço, seja ele pessoa física ou jurídica, por realizar o fato imponível, é a pessoa eleita pelo sistema jurídico para sofrer os efeitos econômicos da incidência da norma, é o destinatário constitucional do imposto e será ele quem terá o seu patrimônio gravado pelo imposto.

Ainda que, utilizando-se da autorização decorrente do artigo 146, III, "a", da Constituição Federal, o legislador complementar preveja em norma geral o contribuinte do imposto municipal, não poderá esta estar em descompasso com o arquétipo constitucional.

Não está o legislador complementar livre para a eleição do contribuinte, ele deve observar aquele constitucionalmente pressuposto.[179]

O critério material da hipótese de incidência do ISS, conforme restou demonstrado, consiste numa obrigação de fazer, a qual é realizada pelo prestador que a entrega ao tomador.

---

de incidência. A ocorrência do fato imponível irá fixar (revelar, declarar) concretamente a Tício ou Caio, em cada caso concreto. O critério legal obedece a princípios que conduzem o legislador a formular a h.i. - a sujeitar quem, de algum modo, esteja em conexão com o fato imponível. De forma a ter sua riqueza, por ele, revelada. Será o destinatário constitucional do tributo" (*Hipótese de incidência tributária*. 6. ed., 7. tiragem. São Paulo: Malheiros, 2005, p. 88).

178 *Curso de finanzas, derecho financiero y tributario*. 7. ed. Buenos Aires: Depalma, 2001, p. 248-249.
179 Nesse passo andou bem a Lei Complementar n. 116/03, ao estabelecer no Art. 5º: "Contribuinte é o prestador do serviço".

Desta feita, a prestação do serviço sempre envolverá um prestador de serviço e um tomador, pessoas estas que inevitavelmente estarão presentes na espécie de relação tratada no trabalho.

O que se permite é que a legislação reguladora do ISS venha a estabelecer como sujeito passivo da exação, na condição de responsável tributário, o tomador do serviço, o qual nunca poderá revestir a condição de contribuinte por não realizar o fato imponível.[180]

Coaduna-se com Silvia Helena Gomes Piva quando defende:

> [...] embora o tomador desses serviços não interfira diretamente na relação obrigacional tributária, é um sujeito que manifesta vínculo com o ato de prestar serviços e, portanto, poderá ser eleito a compor o aspecto pessoal, por meio da atribuição de responsabilidade pelo pagamento do tributo ou em situações excepcionais trazidas pela lei complementar.[181]

Em sendo assim, é sujeito passivo do Imposto Sobre Serviços de Qualquer Natureza, na condição de contribuinte, o prestador do serviço, já que realiza o fato imponível, bem como poderá ser devedor do tributo o tomador da atividade, na figura do responsável tributário.

2.6 Critério quantitativo

O critério quantitativo, conforme apontado, é composto pela base de cálculo e a alíquota.

Luís Eduardo Schoueri ensina:

> O objeto da obrigação principal é o tributo. Seu cálculo faz-se de dois elementos numéricos: *a base de cálculo* e a *alíquota*. A primeira, via de regra, pode ser encontrada como um desdobramento da hipótese de incidência; é a própria quantificação, em cada caso, do fato jurídico tributário ou, ainda, é o fato jurídico tributário, visto do ponto de vista numérico. Daí por que se chega a afirmar que a *base de cálculo* surge como aspecto quantitativo da hipótese de incidência. Uma vez identificada a base de cálculo, aplica-se a *alíquota*, que

---

[180] Prevê o artigo art. 6º da Lei Complementar n. 116/03: "Os Municípios e o Distrito Federal, mediante lei, poderão atribuir de modo expresso a responsabilidade pelo crédito tributário a terceira pessoa, vinculada ao fato gerador da respectiva obrigação, excluindo a responsabilidade do contribuinte ou atribuindo-a a este em caráter supletivo do cumprimento total ou parcial da referida obrigação, inclusive no que se refere à multa e aos acréscimos legais".

[181] *O ISSQN e a determinação do local da incidência tributária*. São Paulo: Saraiva, 2012, p. 110.

geralmente é expressa na forma de um percentual, chegando-se ao montante do tributo devido.[182]

O elemento quantitativo da regra-matriz serve para especificar o *quantum* da dívida, o seu montante. Uma vez delimitada a base de cálculo do tributo, sobre ela deve ser aplicada a alíquota, prevista geralmente em percentual, incidência que permitirá a identificação do valor do tributo.

Assim, para completar os elementos da regra-matriz de incidência do Imposto Sobre Serviços de Qualquer Natureza, resta analisar e identificar os critérios do aspecto quantitativo, os quais serão dissecados.

2.6.1 Base de cálculo

A base de cálculo relaciona-se com a alíquota para especificar a importância do tributo a ser recolhida aos cofres públicos.

Sua relevância foi defendida por Becker, para quem não seriam necessários outros elementos para a cauterização do gênero de tributo, uma vez que, para ele, a hipótese de incidência da regra jurídica de tributação teria como núcleo a base de cálculo e como elementos adjetivos todos os demais integrantes da sua composição.[183]

A base de cálculo destina-se a dimensionar a intensidade do comportamento inserido no núcleo do fato jurídico, de forma que, combinada com a alíquota, determine o valor do tributo. Daí concluir-se que a base de cálculo está diretamente relacionada com a materialidade da hipótese.

Paulo de Barros Carvalho defende que, além da função mencionada, a base de cálculo tem a aptidão de confirmar, infirmar ou afirmar o critério material expresso na composição do consequente normativo.[184]

Explica, ainda, que a base de cálculo apresenta três funções distintas: "a) medir as proporções reais do fato; b) compor a específica determinação da dívida; e c) confirmar, infirmar ou afirmar o verdadeiro critério material da descrição contida no antecedente da norma".[185]

Em relação ao Imposto Sobre Serviços de Qualquer Natureza, cabe salientar que a atividade "prestar serviço" foi prevista na Constituição Federal como objeto da competência tributária porque permite a presença duma riqueza, demonstra patrimonialidade.

---

182 *Direito tributário*. São Paulo: Saraiva, 2011, p. 455.
183 *Teoria geral do direito tributário*. 5. ed. São Paulo: Noeses, 2010, p. 329.
184 *Curso de direito tributário*. 25. ed. rev. São Paulo: Saraiva, 2013, p. 400.
185 Ibid., loc. cit..

Em sendo assim, somente o serviço remunerado se adéqua ao critério material da regra-matriz de incidência, de forma que o preço do serviço é o critério constitucionalmente previsto para a incidência do imposto, capaz de determinar sua base de cálculo.

O preço a que refere-se o contrato de prestação do serviço é o preço da prestação, correspondente à importância do esforço humano para a realização da atividade.

Neste sentido, Marçal Justen Filho explica que "o único meio de quantificar a prestação de serviço é adotar sua remuneração como base imponível".[186]

Desta feita, a base de cálculo constitucionalmente permitida para o ISS é o preço do serviço. Qualquer outra conclusão gera um descompasso entre o critério material da hipótese e o seu conteúdo econômico.

Importante pontuar que a mera indicação do preço do serviço no contrato não é suficiente para incidência do imposto, é imprescindível que o serviço tenha sido efetuado, realizado.

É o resultado do esforço do desempenho da atividade pelo prestador ao tomador que quantifica a base de cálculo; em sendo assim, é o preço da prestação a base de cálculo do imposto municipal.

No valor da base de cálculo deve ser incluído tudo o que for pago pelo tomador ao prestador, desde que decorrente da prestação do serviço avençada.

Aires F. Barreto resume o assunto da seguinte forma:

> A base de cálculo do ISS, salvo exceções [...] é o preço do serviço, vale dizer, a receita auferida pelo prestador como contrapartida pela prestação do serviço tributável pelo Município ou Distrito Federal ao qual cabem os impostos municipais. Receita auferida pelo prestador que não corresponda à remuneração pela prestação de serviços de competência dos Municípios não poderá ser tomada como base de cálculo do ISS, pena de desfigurá-lo, no mais das vezes com invasão de competência tributária alheia.[187, 188]

Assim, a base de cálculo do ISS é o valor da prestação, qualquer importância de natureza diversa não pode ser levada em conta para a fixação do critério quantitativo do imposto.

---

186 *O Imposto sobre serviços na Constituição*. São Paulo: Revista dos Tribunais, 1985, p. 164.
187 *ISS na constituição e na lei*. 3. ed. São Paulo: Dialética, 2009, p. 361.
188 Completa o autor: "tem-se que, como regra geral, a base de cálculo de cálculo do ISS é o preço do serviço, considerando-se como tal a receita bruta proveniente de sua prestação" (ISS na Constituição – sociedades de trabalho. Tributação mitigada, como exigência dos princípios da igualdade e da capacidade contributiva. *Revista dialética de direito tributário*, n. 222, mar. 2014, p. 7).

A base de cálculo possível do ISS, segundo Roque Antonio Carrazza, é o preço do serviço, o qual

> [...] só pode ser a remuneração diretamente devida pelo desempenho da *atividade-fim* do prestador, ou seja, da pessoa contratada para executar, em prol do tomador, a obrigação de fazer. [...]
> Enfim, a base de cálculo do ISS sobre os serviços de qualquer natureza prestados, não pode albergar todas as *entradas* de dinheiro nos cofres do prestador, mas, apenas, as parcelas correspondentes ao <u>efetivo preço</u> dos serviços por ele prestados.[189]

Silvia Helena Gomes Piva menciona que não devem ser incluídos ao preço do serviço os valores correspondentes à realização da prestação, como juros, acréscimos, despesas acessórias, bonificações ou outras vantagens financeiras, remuneradas em dinheiro, bens, serviços ou direitos, inclusive a título de reembolso.[190]

Assim, a base de cálculo do Imposto Sobre Serviços de Qualquer Natureza há de ser o preço do serviço consistente na importância recebido pelo prestador face às prestações de fazer realizadas em prol do tomador.

2.6.2 Alíquota

A alíquota constitui um dos elementos que compõem o critério quantitativo da norma de incidência tributária. Consubstancia-se num critério indicativo de uma parte, fração, percentual que incidirá sobre a base de cálculo.

Geraldo Ataliba explica que: "a própria designação (alíquota) já sugere a ideia que esteve sempre na raiz do conceito assim expresso: é a quota (fração), ou parte da grandeza contida no fato imponível que o estado se atribui (editando a lei tributária)".[191]

Paulo de Barros Carvalho demonstra que, "congregada à base de cálculo, dá a compostura numérica da dívida, produzindo o valor que pode ser exigido pelo sujeito ativo, em cumprimento da obrigação que nascera pelo acontecimento do fato típico".[192]

Ao comparar a base de cálculo e a alíquota, ambos integrantes do critério quantitativo da regra-matriz de incidência, referido autor demonstra a função do elemento em análise:

---

189 *Reflexões sobre a obrigação tributária*. São Paulo: Noeses, 2010, p. 125.
190 *O ISSQN e a determinação do local da incidência tributária*. São Paulo: Saraiva, 2012, p. 111.
191 *Hipótese de incidência tributária*. 6. ed., 7. tir. São Paulo: Malheiros, 2005, p. 114.
192 *Curso de direito tributário*. 25. ed. rev. São Paulo: Saraiva, 2013, p. 410.

> [...] se da análise da base de cálculo podemos recolher imenso material explicativo da fenomenologia impositiva, do exame da alíquota pouco mais se apanha que um componente aritmético para a determinação da quantia que será objeto da prestação tributária. Compagina-se à base de cálculo, na sua função eminentemente objetiva, [...] e diríamos esgotar-se aí o interesse que pode suscitar, não exercesse a alíquota outro papel importantíssimo no que atina à própria legitimidade da imposição tributária.[193]

Além do componente aritmético para a determinação da quantia que será objeto da prestação tributária, a alíquota tem a função de realizar o princípio da isonomia tributária e evitar o confisco.

É que a alíquota pode existir de duas formas: a) proporcional invariável (1/30 da base de cálculo); b) proporcional progressiva (aumenta a proporção quando há aumento da base de cálculo) ou proporcional regressiva (diminui a proporção quando há o aumento da base de cálculo).[194]

Quando a incidência da alíquota ocorre de forma invariável, progressiva ou regressiva está o legislador buscando realizar o princípio da igualdade, bem como evitando que a incidência se dê de forma confiscatória, já que objetiva cumprir a capacidade contributiva.

No caso do Imposto Sobre Serviços de Qualquer Natureza, o legislador ordinário municipal, ao fixar a alíquota, deverá observar os ditames constitucionais.

Estabelece o artigo 156, parágrafo terceiro, da Constituição Federal que,

> [...]
> § 3º Em relação ao imposto previsto no inciso III do *caput* deste artigo, cabe à lei complementar:
> I – fixar as suas alíquotas máximas e mínimas; [...]

Compete, nos termos do dispositivo exposto, à Lei Complementar fixar as alíquotas máximas e mínimas do ISS, as quais deverão ser observadas pelos legisladores infraconstitucionais.

A fixação de alíquotas máximas para o ISS tem origem no Ato Complementar n. 37/67, cujo artigo 9º previa: "as seguintes alíquotas máximas para a cobrança do obreo municipal obre serviços: I – execução de obras hidráulicas ou de construção civil, até 2%; II – jogos e diversões públicas, até 10%; III – demais serviços, até 5%".

---

193 *Curso de direito tributário.* 25. ed. rev. São Paulo: Saraiva, 2013, p. 411.
194 *Cf.* ibid., p. 412.

A Constituição Federal de 1967 não tratou da matéria, de modo que a regra deixou de existir. Todavia, a Emenda Constitucional n. 01/69 trouxe de volta a restrição, ao cominar, em seu artigo 24, parágrafo 4º, que "a lei complementar poderá fixar as alíquotas máximas [...]". Somente em 1999, com o advento da Lei Complementar n. 100, especificamente no artigo 4º, é que foi estabelecida alíquota de cinco por cento como limite máximo para a alíquota do imposto municipal.[195]

A Lei Complementar n. 116/03 manteve o teto previsto no artigo 4º da Lei Complementar n. 100/99 em seu artigo 8º:

> Art. 8º. As alíquotas máximas do Imposto Sobre Serviços de Qualquer Natureza são as seguintes:
> I – (VETADO)
> II – demais serviços, 5% (cinco por cento).

Portanto, a alíquota máxima a ser observada pelos legisladores municipais para a instituição do Imposto Sobre Serviços de Qualquer Natureza é de cinco por cento, a qual não poderá ser ultrapassada sob pena de inconstitucionalidade.

Controvertida na doutrina é a constitucionalidade da fixação de teto para a alíquota do imposto.

Defensor da inconstitucionalidade, argumenta José Eduardo Soares de Melo:

> A questão afeta a fixação de tetos de alíquotas do ISS envolve uma antinomia constitucional, porque, se de *um lado* é atribuída competência ao legislador complementar (artigo 156, parágrafo 3º, inciso I); *de outro*, interfere na autonomia municipal para instituir os tributos de sua competência (artigo 30, inciso III), no que estaria compreendida a fixação de alíquotas de seu interesse.
> Neste sentido, a referida autonomia estará sendo ferida na medida em que o legislador nacional venha estipular alíquotas sem nenhuma expressão, impedindo que os Municípios obtenham uma adequada arrecadação e desenvolver suas peculiares atividades como assegurado pela própria Constituição Federal.[196]

Além da questão relativa à violação da autonomia municipal em virtude da fixação da alíquota máxima de cinco por cento, interessante posicionamento é sustentado por Kiyoshi Harada, para quem a inconstitucionalidade

---

195 Quanto aos dados históricos expostos, cf. Marcelo Caron Baptista (*ISS*: do texto à norma. São Paulo: Quartier Latin, 2005, p. 624).
196 *ISS* – aspectos teóricos e práticos. 5. ed. São Paulo: Dialética, 2008, p. 176.

decorre do fato de o artigo 8º da Lei Complementar haver previsto um único teto de alíquota incidente para todos os serviços, quando, na verdade, em virtude de a norma constitucional estabelecer competir à lei complementar fixar "alíquotas máximas", deveria a mesma haver estabelecido tetos variáveis de acordo com o serviço.[197]

Em que pesem as posições em sentido contrário, a fixação de alíquota máxima, por lei complementar, para o ISS não padece de inconstitucionalidade, todavia, antes de expor os motivos para o posicionamento, mister examinar a questão relativa às alíquotas mínimas.

Somente com a Emenda Constitucional n. 37, de junho de 2002, a qual deu nova redação ao artigo 156, parágrafo 3º, em seu inciso I, é que foi introduzida a necessidade da fixação de alíquota mínima para o ISS através de lei complementar.

O mesmo ato legislativo acrescentou ao Ato das Disposições Constitucionais e Transitórias (ADCT) o artigo 88, que dispõe:

> Art. 88. Enquanto lei complementar não disciplinar o disposto nos incisos I e III do § 3º do art. 156 da Constituição Federal, o imposto a que se refere o inciso III do caput do mesmo artigo:
> **I – terá alíquota mínima de dois por cento, exceto para os serviços a que se referem os itens 32, 33 e 34 da Lista de Serviços anexa ao Decreto-Lei nº 406, de 31 de dezembro de 1968;**
> II – não será objeto de concessão de isenções, incentivos e benefícios fiscais, que resulte, direta ou indiretamente, na redução da alíquota mínima estabelecida no inciso I (grifo nosso).

A Lei Complementar vigente que regula o Imposto Sobre Serviços de Qualquer Natureza, qual seja, a Lei Complementar n. 116/03, muito embora tenha mantido a alíquota máxima anteriormente fixada, silenciou a respeito da alíquota mínima.

Dessa forma, a alíquota mínima que deve ser observada pelo Municípios na instituição da exação em comento, enquanto não publicada a lei complementar regulamentadora da matéria, é de dois por cento.

Mas, uma vez que celeuma relativa à constitucionalidade é levantada, Marcelo Caron Baptista demonstra os motivos da inconstitucionalidade:

> A violação ao sistema jurídico começa pela supressão, quase que integral, da autonomia do Municípios e do Distrito Federal para decidirem sobre a regra-matriz do ISS. Além de todas as outras intromissões no

---
197 Cf. *Direito financeiro e tributário*. 23. ed. rev. ampl. São Paulo: Atlas, 2014, p. 495.

campo da sua competência tributária, pretendeu-se atribuir a esse imposto um caráter nacional que ele não ostenta no plano constitucional. Admitida a validade da fixação de uma alíquota máxima, a imposição de uma alíquota mínima, provisoriamente determinada em dois por cento, implica que a lei municipal e a do Distrito Federal ficariam restritas às alíquotas compreendidas entre dois por cento.
Se os entes já estavam sufocados pelo teto, também a base comprimiria o exercício da sua competência tributária, retirando-lhes a autonomia para decidir o grau da carga impositiva a ser suportada pelos seus contribuintes, que é matéria de interesse estritamente local.[198]

A fixação de alíquotas mínimas e máximas pelo legislador complementar não é inconstitucional. O fundamento para a constitucionalidade advém da própria função da espécie legislativa que, nos termos do artigo 146, I, do Diploma Maior, deve dispor sobre conflito de competência entre os entes da federação.

O objetivo da determinação dos limites, tanto máximo como mínimo, para as alíquotas do ISS é evitar guerra fiscal entre os Municípios e o Distrito Federal, que poderiam, especialmente com a redução das alíquotas, atrair prestadores de serviços para seus territórios.

Dessa forma, não há lesão à autonomia municipal, nem violação ao pacto federativo, uma vez que, com a necessidade da observância dos limites mínimos e máximos impostos, não estarão os entes federados impedidos de exercitar a competência tributária; apenas há uma restrição para que as alíquotas do tributo não sejam utilizadas como forma de angariar prestadores de serviços para se instalar em seus territórios.

---

198 *ISS: do texto à norma*. São Paulo: Quartier Latin, 2005, p. 629.

3 O CONTRATO DE FRANQUIA

3.1 Esboço histórico

O contrato de franquia tem origem no séc. XIX, mais precisamente em 1860, nos Estados Unidos da América, com a necessidade de difundir a comercialização de determinados produtos e a prestação de serviços por meio da padronização, o que faz com que o custo de produção requeira baixo investimento, permitindo a transferência de *know-how* para os franqueados.

Para Fran Martins:

> O Contrato de *franquia (franchising)* surgiu, como tantos outros novos contratos empresariais, como uma técnica de comercialização de certos produtos para incentivar e facilitar as vendas dos mesmos. Tal aconteceu nos Estados Unidos, principalmente depois da Segunda Guerra Mundial, quando inúmeras pessoas, desmobilizadas de suas atividades ou nos campos de batalha ou nas indústrias, procuravam novas oportunidades para firmar-se economicamente. Para aproveitar esse material humano na expansão dos seus negócios, várias empresas descobriram um modo de ligar esses elementos aos seus empreendimentos, passando a oferecer *franquia (franchising)* aos que desejavam dedicar-se a esse ramo de atividade. [...]
> Esse novo método de distribuição e comercialização de produtos teve grande sucesso, com a formação de um número elevado de pequenas e medias empresas que passaram a ofertar, em larga escala, produtos que tinham boa aceitação por parte do público consumidor. Uma característica desse método de comercialização é o fato de não estarem franqueados ligados ao franqueador por um vínculo empregatício. Daí falar-se como elemento característico da franquia a independência do franqueado, isto é, sua autonomia econômica e jurídica, integrando ele a rede de distribuição dos produtos, mas não participando da empresa distribuidora.[199]

Como caso percussor que posteriormente ensejaria a normatização jurídica dessa relação contratual, pode-se citar a fabricante de máquinas de costuras *Singer Sewing Machine*, que distribuía seus produtos dentro do território dos Estados Unidos, licenciando sua marca, mas sem relação jurídica societária, tributária, tampouco dependência trabalhista com os licenciados,

---
199 MARTINS, Fran. *Contratos e obrigações comerciais*. 16. ed. rev. e aum. Rio de Janeiro: Forense, 2010, p. 439.

ou seja, com grau de autonomia, dando início à formalização das primeiras relações contratuais que desencadeariam, décadas mais tarde, o nascimento do contrato de franquia.

Sobre a origem da *franchising,* Marcelo Bertoldi e Márcia Carla Pereira Ribeiro lecionam que

> O surgimento do *franchising* ocorreu nos Estados Unidos, em 1860, quando a sociedade empresária Singer Sewing Machine resolveu expandir suas operações mediante o credenciamento de agentes em diversos pontos do território norte-americano, cedendo-lhes a utilização da marca, publicidade, técnica de vendas, *know-how* e fornecendo-lhes produtos. Foi, no entanto, com a rede de lanchonetes McDonald's, criada em 1955, que o *franchising* ganhou notoriedade em todo o mundo.
>
> Trata-se o *franchising* de um mecanismo que alguns empresários adotam para difundir seus negócios, levando seus produtos ou sérvios para diversas regiões, sem a necessidade de fazer investimento na constituição de filias. Com o *franchising,* então, o franqueador expande suas atividades cedendo o direito de uso de sua marca ou patente, credenciando o franqueado a distribuir de forma exclusiva ou semiexclusiva seus produtos ou serviços, recebendo toda a orientação necessária para a consecução do negócio.[200]

Anos mais tarde, em meio à Segunda Guerra Mundial (1939/1945), com o escopo de permitir que terceiras pessoas interessadas pudessem distribuir produtos do fabricante sem vínculo empregatício ou empresarial com ele, dá-se início, de forma mais efusiva, a formalização dos chamados Contratos de Distribuição.

Dos Contratos de Distribuição culminaria a criação, dentro dos Estados Unidos, de uma estrutura jurídica negocial que permitiria ao proprietário de uma marca que estava atrelada a um produto ou serviço difundi-la em todo território nacional sem a necessidade de grandes investimentos. A normatização do referido contrato atuou como precursora, até que se formassem as legislações específicas sobre a franquia.

Gladston Mamede preconiza que

> Há muitas iniciativas doutrinárias de situar o instituto em momentos antigos da história da humanidade, como no mercantilismo ou na era dos descobrimentos. São negócios assemelhados, quando muito.

---

[200] BERTOLDI, Marcelo; RIBEIRO, Marcia Carla Pereira. *Curso Avançado de Direito Comercial*. 5. ed. São Paulo: Revista dos Tribunais, 2009, p. 823.

Melhor está Simão quando, escorando-se em Cardelús, encontra antecedentes da franquia empresarial, ainda que sob forma rudimentar, nos Estados Unidos, após a Guerra da Secessão, quando os industriais do Norte, visando ao comércio com Sul e Oeste do país, celebravam acordos com comerciantes para que distribuíssem, por meio de venda, produtos de sua marca; reconhece, todavia, que tal contratação se aproximava mais do contrato de distribuição. Franquia mesmo haverá, diz o mesmo autor, agora apoiado em Cherto, nas práticas mercantis da Singer CO, em 1850, e da General Motors, no ano de 1889, utilizando de um processo de autorização do uso da marca e de distribuição dos produtos como forma de expansão dos negócios. Mas era um negócio que, interpreta Gabrich, aproximava-se muito da concessão comercial de venda com exclusividade, originária do Direito Europeu, e que teria, por seu turno, raízes históricas nas cidades italianas do Medievo; para ele, foi a partir do término da Segunda Guerra que o contrato de franquia surgiu, no bojo das transformações econômicas, sociais e políticas então verificadas, tendo por cenários os Estados Unidos da América, conhecendo, nos anos 70 e 80 do século XX, uma vertiginosa expansão – ou um *boom*, como prefere o autor -, mesmo época em que se transformou, deixando de ser um mero instrumento de concessão de uso de marca e/ou distribuição de produtos para tornar-se não apenas um verdadeiro sistema profissional de vendas de produtos e prestação de serviços, mas um sistema que conjuga isso à operacionalização, planejamento e desenvolvimento.

Fernandes não discorda. Informa que o sistema de franquia (*franchising*), tal como agora é utilizado, expandiu-se nos Estados Unidos da América após a Segunda Grande Guerra, quando um grande contingente de ex-combatentes passava por problemas socioeconômicos, buscando nas atividades comerciais uma solução, embora enfrentassem problemas financeiros, além de nenhuma experiência. Àquela época, o sistema de concessões comerciais, muito próximo à franquia (ou, preferindo-se sua versão rudimentar, seu antecedente), já era um sucesso: a Singer, inicialmente, a General Motors, depois (1898), e, na sequência, Coca Cola (1889), os supermercados Piggly Wiggly (1917), a Hertz Renta-a-Car (1921), a cadeia de lanches e refeições A & W Root Beer (1925), os postos de gasolina pelas companhias de petróleo (1930), a Roto-Rooter (1935), os restaurantes e sorveterias de Howard Johnson (1935).[201]

Tratava-se a franquia de uma relação contratual nova, que permitiria driblar as crises que a economia norte-americana havia vivenciado com o

---
201 MAMEDE, Gladston. *Direito empresarial brasileiro* – Empresa e atuação empresarial. 7. ed. São Paulo: Atlas, 2013, p. 340-341.

crash da bolsa de 1929 e, também, em virtude da Segunda Guerra Mundial (1939-1945) e todos os reflexos que ela trouxe na econômica, em virtude dos gastos com armamento e, também, pelos reflexos que ela causou nas relações comerciais, pois, com baixo investimento e transferência de conhecimento, o franqueador conseguia aumentar e escoar sua produção, ao passo que o franqueado iniciava um negócio relativamente seguro, por estar amparado por uma marca conhecida e, também, por possuir todo suporte necessário para lograr êxito em sua atividade.

Por certo que a difusão dessa relação contratual se dá nos anos 1950, possuindo como símbolo a marca de restaurantes *fast-food Mc Donald's*, que, no ano de 1955, deu início à licença de sua marca, dentro dos Estados Unidos da América, tornando-se hoje símbolo e referência nos contratos de *franquia*, possuindo lanchonetes espalhadas em todo o mundo, com a padronização na comercialização de seus produtos, na apresentação de sua marca e na montagem de seus estabelecimentos franqueados.

> Embora a pré-história das franquias remonte à Inglaterra medieval, foi nos anos 50 do século XX que o sistema ganhou projeção, nos Estados Unidos, com o advento das redes MacDonald's e Dunkin'Donuts, entre outras.[202]

Esse cenário pós-guerra e as oportunidades econômicas abertas pelo sistema de franquias, tanto para franqueador quanto para franqueado, fizeram com que essa relação contratual se solidificasse cada vez mais ao longo do final do século XX, tornando-se uma estrutura presente e de importante fonte econômica nos dias atuais.

3.2 Direito Norte-Americano

Os Estados Unidos da América atualmente possuem um sistema de normas que regula o contrato de franquia e, também, suas oportunidades de negócio, não deixando o tema disciplinado por apenas uma legislação específica, como ocorre no Brasil (Lei n. 8.955/94). Naquele país, existem legislações federais e também estaduais que cuidam do assunto, em virtude do pacto Federativo. No entanto, pela diversificação de leis sobre determinada matéria, há casos em que elas divergem, possuindo dispositivos contraditórios umas em relação às outras e aos dispositivos federais.

---

[202] FAZZIO JUNIOR, Waldo. *Manual de direito comercial*. 14. ed. São Paulo: Revista dos Tribunais, 2013, p. 513.

Nos Estados Unidos, existem leis federais que regem franchising, e também estaduais. Essas leis não são uniformes, e variam de estado para estado. Para complicar ainda mais, existem leis estaduais e federais que regem a "oportunidades de negócios" e "planos de marketing assistida ", que também podem ser aplicadas a franchising.[203]

O órgão federal que regulamenta o bom desenvolvimento e a formação da *franchising* é o U.S. Federal Trade Commission – FTC (Comissão Federal de Comércio), criada no ano de 1914. A FTC não é a única agência governamental criada para esse fim, de forma que os entes federados também possuem, cada qual, sua agência em âmbito estadual que fiscaliza a formação e o bom desenvolvimento do negócio jurídico.

Por sua vez, a legislação federal que cuida da *franchising* é a *FTC franchising rules*, que sofreu sua última alteração no ano de 2007. Nos Estados Unidos, assim como ocorre no Brasil, como fase pretérita à formação da relação contratual, terão as partes de passar, necessariamente, por uma formalidade pré-contratual, na qual o franqueador enviará ao potencial franqueado um documento, intitulado de *Franchising Disclousure Document*, que conterá as informações sobre seu histórico, seu ramo de atividade, perfis de negócio e também quais são as características e exigências econômicas e de perfil do potencial franqueado.

De acordo com a legislação brasileira, o documento similar com aquelas obrigatoriedades é intitulado de Circular de Oferta de Franquia (artigo 3°, da lei n. 8.955/94) e será abordado em momento oportuno.

3.3 Direito Brasileiro

3.3.1 Legislação Aplicável

Atualmente, no Brasil, a franquia está disciplinada pela Lei n. 8.955/94 (Lei de *Franchising)*. Antes de seu advento, não existia um sistema codificado de regras para disciplinar essa relação contratual, que se formava sob o manto dos contratos de representação comercial e, também, de distribuição, hoje regulamentos pelo Código Civil, nos artigos 710 a 721.

---

203 Tradução livre do original: "There are federal laws governing franchising, and there are state laws governing franchising. These laws are not uniform, and they vary from state to state. To further complicate matters, there are state and federal laws that govern 'business opportunities' and 'seller-assisted marketing plans' that can also apply to franchising" (VINSON FRANCHISE LAW FIRM. *U.S. Franchise Law Basics*. Disponível em: <http://franchiselaw.net/startups/usfranchiselawbasics.html>. Acesso em: 23 maio 2014).

Tratando-se de contrato relativamente novo, até recentemente não havia ainda em nenhum país, exceto os Estados Unidos, normas legais para regular os direitos e deveres do franqueado e do franqueador; esses, regra geral, são impostos por cláusulas contratuais que se subordinam ao direito comum.[204]

A necessidade de se criar uma legislação específica sobre o tema advém da pujança econômica que o Brasil vivenciou com a implantação do Plano Real e com a diminuição da inflação descontrolada, cenário que permitiu que uma sociedade que se urbanizava a cada dia pudesse empreender e buscar novas formas de abrir seus próprios negócios.

Todavia, em virtude do desconhecimento da maioria sobre como se trabalhar com determinado ramo de atividade, por falta de experiência, deu-se preferência para as parcerias, que se formavam com o franqueador, o qual possuía todo o suporte necessário de *know-how* e experiência suficiente na comercialização de determinado produto ou na prestação do serviço objeto do contrato.

A franquia, então, despontava-se como um contrato que calculava o risco, somado à experiência e viabilidade de negócio, com histórico de sucesso em outros países[205].

Hoje, inegável que a *franchising* é um modelo muito utilizado por quem quer iniciar um negócio com certa segurança e *know-how*, bem como por quem pretende difundir sua marca e a comercialização de seus produtos e serviços de uma maneira rápida e desburocratizada, apresentando-se como benéfica para ambos os contratantes.

O franqueador, contratante que cede o direito de uso da marca ou patente para o franqueado, conseguirá expandir a sua marca em quase todo território nacional e mundial a um custo baixo. Com mais lojas, conseguirá negociar melhor com fornecedores, obtendo melhores preços, sem contar a valorização de sua marca que estará exposta em diversas localidades. Já o franqueado, contratante que obtém o direito de utilizar a marca ou patente do franqueador, conseguirá montar o seu negócio

---

204 BERTOLDI, Marcelo; RIBEIRO, Marcia Carla Pereira. *Curso Avançado de Direito Comercial*. 5. ed. São Paulo: Revista dos Tribunais, 2009, p. 439.

205 No início da década de 1990, o Sistema de Franchising no Brasil crescia anualmente com índices superiores ao da economia nacional, sendo necessária, então, a elaboração de uma legislação específica para esta área, o que competiu à Lei n. 8955/94. Anteriormente, não existia no Brasil nenhuma legislação reguladora acerca do Sistema de Franchising, sendo comum a existência de problemas como a falta de informação por parte da franqueadora e, assim sendo, havia franqueado desistindo da operação e várias demandas jurídicas sobre os contratos. Neste diapasão, a Lei de Franquias foi elaborada com base nos moldes estadunidenses, sendo que seu alicerce consiste na apresentação de informações relevantes para o novo franqueado avaliar o negócio ofertado, através da Circular de Oferta de Franquias – COF. (SEBRAE. *Aspectos legais dos sistemas de franquias*. Disponível em: <http://www.sebrae.com.br/sites/PortalSebrae/artigos/Aspectos-legais-dos-sistemas-de-franquias>. Acesso em: 25 jul. 2014).

explorando uma marca e o método de venda ou de prestação de serviço que já deu certo no mercado, com aceitação da clientela, pegando todo o *know-how* já criado pelo franqueador.

3.3.2 Definição do conceito

O conceito de *franchising* está estampado no artigo 2º, da Lei n. 8.955/94, que aduz:

> Art. 2º Franquia empresarial é o sistema pelo qual um franqueador cede ao franqueado o direito de uso de marca ou patente, associado ao direito de distribuição exclusiva ou semiexclusiva de produtos ou serviços e, eventualmente, também ao direito de uso de tecnologia de implantação e administração de negócio ou sistema operacional desenvolvidos ou detidos pelo franqueador, mediante remuneração direta ou indireta, sem que, no entanto, fique caracterizado vínculo empregatício.

De acordo com conceito transcrito na citação anterior, percebe-se que a franquia poderá englobar a cessão de um ou mais direitos.

Poderá ser pactuado somente com a licença de exploração da marca do franqueador para a comercialização de produtos deste, como ocorre, por exemplo, com as concessionárias autorizadas de veículos, com postos de gasolina etc., mas, por outro lado, poderá ser celebrado numa forma mais ampla, na medida em que o franqueado terá o direito de explorar a marca e vender os produtos, obtendo, também, acesso ao *know-how* de fabricação dos produtos, como ocorre, por exemplo, com as franquias das redes de lanchonetes McDonald's, Burger King e Subway.

3.3.3 Objetos

Por certo que as pessoas dentro de uma sociedade não são independentes, sendo desprovidas da capacidade de extrair, por meios próprios, tudo que necessitam para seu sustento e seu conforto. Por isso, elas se unem umas às outras em virtude de um vínculo que as faz se obrigarem, entre si, a dar, fazer ou não fazer determinada prestação. Esse vínculo jurídico que as liga, com a finalidade de satisfazerem objetos determinados, é chamado de obrigação e estudado pelo Direito Civil num campo próprio, disciplinado pelos artigos 233 e seguintes, do Código Civil Brasileiro.

Pablo Stolze Gagliano e Rodolfo Pamplona Filho definem o Direito das Obrigações como:

> [...] o mais lógico de todos os ramos do Direito Civil, é também o mais refratário a mudanças. Vale dizer, embora não seja imutável, sofre bem menos a interferência da alteração de valores e hábitos sociais, se comparado, por exemplo, com o Direito de Família, *mais sensível às mutações sociais, pela sua evidente ligação comuns do cotidiano.*
> Em objetiva definição, trata-se do conjunto de normas (regras e princípios jurídicos) reguladores das relações patrimoniais entre um credor (sujeito ativo) e um devedor (sujeito passivo) a quem incumbe o dever de cumprir, espontânea ou coativamente, uma prestação de dar, fazer ou não fazer.
> O desenvolvimento desse instituto jurídico liga-se mais proximamente às relações econômicas, não sofrendo, normalmente, influências locais, valendo destacar que é por meio das 'relações obrigacionais' que se estrutura o regime econômico, sob forma definidas de atividades produtiva e permuta de bens, como já salientou Orlando Gomes.[206]

O que exterioriza a obrigatoriedade do cumprimento desse vínculo jurídico, quando não oriunda de imposição legal ou em decorrência de indenização pela prática de ato ilícito, são os contratos, negócios jurídicos elaborados por partes capazes, com objeto lícito e forma prescrita ou não defesa em lei (artigo 104, do Código Civil).

No que tange aos contratos, documentos que exteriorizam as obrigações, o mais comum que se percebe é o fato de cada um deles, no geral, vincular o devedor a uma obrigação de dar, fazer ou não fazer. Por exemplo: no contrato de compra e venda, o vendedor tem que dar a coisa e o comprador de dar (pagar) o preço; no contrato de locação, o locador tem o dever de fazer (permitir que o locatário utilize o bem locado de forma mansa e pacífica) e o locatário de dar o aluguel (prestação pecuniária em virtude da utilização da posse).

No que diz respeito ao contrato de Franquia, não é diferente, tratando-se de um negócio jurídico que exterioriza vínculo obrigacional que liga franqueador e franqueado. No entanto, em específico, nítido se mostra que essa relação contratual não possui apenas um objeto específico, mas, sim, em virtude de ser de execução continuada, múltiplas facetas, podendo englobar, numa só relação contratual as três modalidades de obrigações (dar, fazer e não fazer).

---

206 STOLZE, Pablo; PAMPLONA FILHO, Rodolfo. *Novo Curso de direito civil* – obrigações. 14. ed. Saraiva: São Paulo, 2013, p. 41-42, grifos do autor.

Silvio de Salvo Venosa ensina:

> Atente-se para o fato de que o contrato de franquia se apresenta como um complexo negocial muito amplo, possuindo em seu bojo clara aproximação e conteúdo de vários outros contratos típicos e atípicos, como compra e venda, locação, comissão, prestação de serviços etc. Trata-se, portanto, de contrato bilateral, oneroso, comutativo e geralmente de adesão e *intuitu personae*. O franqueador ultima o negócio com a pessoa selecionada, que preenche determinados requisitos legais e pessoais. Por outro lado, a adesão é quase sempre uma de suas características: o franqueador somente admite no negócio quem aceitar seus termos, com exigência e obediência contínua a determinado padrão de conduta. Desse modo, a interpretação de um negócio de franquia deve levar em conta os princípios de hermenêutica que regem os contratos de adesão. Ademais, embora não seja um contrato típico de consumo, se clara e presente a vulnerabilidade do franqueado, devem ser aplicados os princípios do Código de Defesa do Consumidor.[207]

Não diferente é o entendimento do Superior Tribunal de Justiça, que, reiteradas vezes, já teve a oportunidade de se pronunciar no sentido de ser o contrato de franquia um contrato complexo, por possuir objetos múltiplos, envolvendo uma relação maior do que a mera cessão do uso de marca.

Nesse diapasão, transcrevem-se abaixo partes dos votos dos ministros Franciulli Netto e Eliana Calmon no julgado do Resp. n. 189225-RJ, respectivamente.

> Dessa forma, no que diz respeito à sua natureza jurídica, pode ser classificado como um contrato híbrido e autônomo. Não se confunde com nenhum outro contrato, porquanto possui delineamentos próprios que lhe concederam autonomia. Ainda que híbrido, não pode ser configurado, sobretudo, como a fusão de vários contratos específicos. Eis, então, o motivo pelo qual esta colenda Corte Superior não pode estender o tratamento concedido ao leasing ao contrato de franchising ou franquia **[Ministro Franciulli Netto]**.

> Na análise que faço da questão, recorro ao artigo 2º da Lei n. 8.955/94, o qual conceitua o contrato de franquia da seguinte forma: Franquia empresarial é o sistema pelo qual o franqueador cede ao franqueado o direito de uso de marca ou patente, associado ao direito de distribuição exclusiva ou semiexclusiva de produtos ou serviços, e eventualmente, também ao direito de uso de tecnologia de implantação e

---

207 VENOSA, Silvio de Salvo. *Direito civil – contratos em espécie*. 13. ed., v. 3. Atlas: São Paulo, 2013, p. 579.

administração de negócio ou sistema operacional desenvolvidos ou detidos pelo franqueador, mediante remuneração direta ou indireta, sem que, no entanto, fique caracterizado vínculo empregatício. Trata-se, portanto, de um contrato atípico, misto, bilateral, destinado a comercializar, produzir, distribuir produtos, mercadorias ou prestação de serviços dentro de um padrão contratualmente estabelecido. A característica do "franchising" é a padronização do material ou serviço posto para comércio, bem assim um feixe de obrigações que não podem ser examinadas separadamente, mas sim dentro de um contexto do contrato complexo, de obrigações híbridas, mas único e, como tal, identificado **[Ministra Eliana Calmon]**.

A franquia, portanto, pode ser entendia como um contrato com múltiplos objetos, ou seja, que comporta a licença do uso da marca, a comercialização de produtos entre franqueador e franqueado e, também, em alguns casos, a prestação de serviços, uma vez que há a transferência de *know-how* com o oferecimento de cursos de treinamento.

Por certo que o objeto principal da *franchising* é a licença do uso da marca, a fim de que o franqueado possa comercializar os produtos ou oferecer os serviços ao consumidor final com o selo identificar que atesta a procedência e qualidade do produto, ainda mais dentro de uma sociedade que pauta suas decisões de compra de seus produtos em virtude da marca que nelas vem empregada, tornando-se, então, esse o objeto que salta aos olhos do franqueado para pagar as taxas de franquia e *royalties* ao franqueador.

No entanto, a capacitação, prestação de serviços e a compra e venda também são objetos que são identificados nessa relação, mas de forma secundária, inerente ao contrato de franquia, pois, sem esses objetos secundários, o próprio propósito da franquia se inviabilizaria.

3.3.4 Classificação

O contrato de franquia é classificado como consensual, solene, bilateral e comutativo. Consensual porque está perfeitamente formado a partir do acordo de vontades, não havendo nenhuma necessidade de formalização da tradição ou de registro do título para sua concretização. Solene em virtude do artigo 6º, da Lei n. 8.955/94, que traz a obrigatoriedade de ser redigido por escrito e assinado na presença de duas testemunhas: "Art. 6º. O contrato de franquia deve ser sempre escrito e assinado na presença de 2 (duas) testemunhas e terá validade independentemente de ser levado a registro perante cartório ou órgão público".

Por fim, a classificação como bilateral por gerar sacrifício patrimonial para ambos os lados, e comutativo, por ambos os contratantes, já possuem conhecimento de qual o valor de suas obrigações antes mesmo da concretização do negócio jurídico, haja vista que a Circular de Oferta de Franquia (artigo 3º) determina a apresentação do franqueador ao franqueado dos cálculos e planilhas sobre custas de montagem, instalação e contraprestações em virtude do uso da marca.

3.3.5 Circular de oferta de Franquia

Além da formalidade de ser celebrada por escrito e assinada na presença de duas testemunhas, a franquia é um contrato para cuja formalização a lei exige, necessariamente, a existência de uma fase pré-contratual, na qual o franqueador se apresentará e poderá saber se o interessado se encaixa em seu perfil como potencial franqueado. Trata-se de um documento de apresentação necessária ao franqueado, elaborado pelo franqueador.

Sobre a COF (Circular de Oferta de Franquia), leciona Gladston Mamede:

> Para garantir o respeito aos interesses e direitos daqueles que eventualmente desejem atender à oferta de franquia, viu por bem o legislador instituir – no artigo 3º da Lei nº. 8955/94 – um procedimento civil, extrajudicial, obrigatório, qual seja, a emissão pelo franqueador de uma Circular de Oferta de Franquia, que, de acordo com o artigo 4º, 'deverá ser entregue ao candidato a franqueado no mínimo dez dias antes da assinatura do contrato ou pré-contrato de franquia ou ainda do pagamento de qualquer tipo de taxa pelo franqueado ao franqueador ou a empresa ou pessoa ligada a este'. Para garantir o cumprimento de tal disposição, o parágrafo único, do artigo 4º, permite ao franqueado não apenas arguir a anulabilidade do contrato, mas ainda 'exigir a devolução de todas as quantias que houver pago ao franqueado ou a terceiros por ele indicados', se não for respeitada aquela exigência. Esse reembolso se fará, ainda segundo o artigo, corrigido 'pela variação da remuneração básica dos depósitos de poupança', sendo permitido, ademais, o pedido de indenização pelas perdas e danos sofridos pelo franqueado.
> A circular de oferta de franquia deverá ser escrita em linguagem clara e acessível, de acordo com a estipulação do artigo 3º, da Lei nº. 8955/94, sendo que qualquer dúvida no seu texto deverá ser interpretada em desfavor do franqueador, pois caracteriza desrespeito a tal determinação legal.[208]

---

208 *Direito empresarial brasileiro* – Empresa e atuação empresarial. 7. ed. São Paulo: Atlas, 2013, p. 353.

A Circular de Oferta de Franquia trata-se de um procedimento civil, extrajudicial, obrigatório a ser entregue ao candidato a franqueado antes da assinatura do contrato ou pré-contrato, bem como ao pagamento de qualquer tipo de taxa, devendo ser escrita em linguagem clara e acessível.

De acordo com o artigo 3º da Lei n. 8.955/94, a Circular de Oferta de Franquia deverá conter, necessariamente:

> Art. 3º Sempre que o franqueador tiver interesse na implantação de sistema de franquia empresarial, deverá fornecer ao interessado em tornar-se franqueado uma circular de oferta de franquia, por escrito e em linguagem clara e acessível, contendo obrigatoriamente as seguintes informações:
> I - histórico resumido, forma societária e nome completo ou razão social do franqueador e de todas as empresas a que esteja diretamente ligado, bem como os respectivos nomes de fantasia e endereços;
> II - balanços e demonstrações financeiras da empresa franqueadora relativos aos dois últimos exercícios;
> III - indicação precisa de todas as pendências judiciais em que estejam envolvidos o franqueador, as empresas controladoras e titulares de marcas, patentes e direitos autorais relativos à operação, e seus subfranqueadores, questionando especificamente o sistema da franquia ou que possam diretamente vir a impossibilitar o funcionamento da franquia;
> IV - descrição detalhada da franquia, descrição geral do negócio e das atividades que serão desempenhadas pelo franqueado;
> V - perfil do franqueado ideal no que se refere a experiência anterior, nível de escolaridade e outras características que deve ter, obrigatória ou preferencialmente;
> VI - requisitos quanto ao envolvimento direto do franqueado na operação e na administração do negócio;
> VII - especificações quanto ao:
> a) total estimado do investimento inicial necessário à aquisição, implantação e entrada em operação da franquia;
> b) valor da taxa inicial de filiação ou taxa de franquia e de caução; e
> c) valor estimado das instalações, equipamentos e do estoque inicial e suas condições de pagamento;
> VIII - informações claras quanto a taxas periódicas e outros valores a serem pagos pelo franqueado ao franqueador ou a terceiros por este indicados, detalhando as respectivas bases de cálculo e o que as mesmas remuneram ou o fim a que se destinam, indicando, especificamente, o seguinte:
> a) remuneração periódica pelo uso do sistema, da marca ou em troca dos serviços efetivamente prestados pelo franqueador ao franqueado (royalties);

b) aluguel de equipamentos ou ponto comercial;
c) taxa de publicidade ou semelhante;
d) seguro mínimo; e
e) outros valores devidos ao franqueador ou a terceiros que a ele sejam ligados;
IX - relação completa de todos os franqueados, subfranqueados e subfranqueadores da rede, bem como dos que se desligaram nos últimos doze meses, com nome, endereço e telefone;
X - em relação ao território, deve ser especificado o seguinte:
a) se é garantida ao franqueado exclusividade ou preferência sobre determinado território de atuação e, caso positivo, em que condições o faz; e
b) possibilidade de o franqueado realizar vendas ou prestar serviços fora de seu território ou realizar exportações;
XI - informações claras e detalhadas quanto à obrigação do franqueado de adquirir quaisquer bens, serviços ou insumos necessários à implantação, operação ou administração de sua franquia, apenas de fornecedores indicados e aprovados pelo franqueador, oferecendo ao franqueado relação completa desses fornecedores;
XII - indicação do que é efetivamente oferecido ao franqueado pelo franqueador, no que se refere a:
a) supervisão de rede;
b) serviços de orientação e outros prestados ao franqueado;
c) treinamento do franqueado, especificando duração, conteúdo e custos;
d) treinamento dos funcionários do franqueado;
e) manuais de franquia;
f) auxílio na análise e escolha do ponto onde será instalada a franquia; e
g) layout e padrões arquitetônicos nas instalações do franqueado;
XIII - situação perante o Instituto Nacional de Propriedade Industrial - (INPI) das marcas ou patentes cujo uso estará sendo autorizado pelo franqueador;
XIV - situação do franqueado, após a expiração do contrato de franquia, em relação a:
a) know how ou segredo de indústria a que venha a ter acesso em função da franquia; e
b) implantação de atividade concorrente da atividade do franqueador;
XV - modelo do contrato-padrão e, se for o caso, também do pré-contrato-padrão de franquia adotado pelo franqueador, com texto completo, inclusive dos respectivos anexos e prazo de validade.

Pelo exposto, conclui-se ser a Circular de Oferta de Franquia um documento imprescindível, de apresentação necessária ao franqueado, que contém a exposição pormenorizada dos detalhes e cláusulas, direitos e obrigações de ambas as partes na vigência da relação contratual, sem o qual padece de anulabilidade qualquer relação contratual formada sem o atendimento dessa exigência, além do fato de o franqueado poder exigir a devolução de taxas e outras despesas cobradas pelo franqueador.

3.3.6 Franquia como espécie de contrato de adesão

A Franquia é um contrato que nitidamente se classifica como sendo de adesão, uma vez que é constituído sobre cláusulas pré-elaboradas por um dos contratantes (franqueador), que as envia ao outro (franqueado), que, por sua vez, não possui, na maior parte das vezes, o poder de negociação, de revisão de cláusulas, taxas e preços.

O contrato se trata de uma oferta enviada ao possível franqueado, que, caso atenda aos requisitos, deve se submeter integralmente ao que fora estipulado na Circular de Oferta de Franquia, caso contrário não haverá a formação do negócio jurídico.

Sobre o tema, é assente o entendimento em nossos Tribunais no sentido de ser a franquia um contrato de adesão:

> AGRAVO DE INSTRUMENTO. LOCAÇÃO DE BENS MOVEIS CONEXA A CONTRATO DE FRANQUIA. Desconsideração da cláusula de eleição de foro Admissibilidade Caracterização da franquia como contrato de adesão Hipótese em que a distância entre o domicílio da franqueada e o foro eleito dificultaria o exercício da ampla defesa e do contraditório Recurso não provido.
> (TJ-SP, 27ª Câmara de Direito Privado, AI: 1142774920118260000 SP 0114277-49.2011.8.26.0000, Relator: Gilberto Leme, Data do Julgamento: 20/09/2011, Data da Publicação: 26/09/2011).

> Conflito negativo de competência. Eleição de foro. Contrato de franquia. Adesão. Abusividade. 1. Em contrato de adesão, unilateralmente elaborado pela franqueadora, que impõe todas as cláusulas que regem a relação com o franqueado, sopesadas as circunstâncias peculiares do presente caso, deve ser reconhecida a abusividade da cláusula de eleição de foro, pois afirmada nos autos a impossibilidade do franqueado efetuar regular defesa no Juízo contratualmente eleito, face a sua difícil situação econômica, decorrente do próprio contrato de franquia. Ressaltado, ainda, o alto poder econômico da franqueadora em contraste com a situação do franqueado. 2. Conflito conhecido para declarar competente o Juízo de Direito da 1ª Vara Cível de

Lajeado/RS. (STJ Segunda Seção, CC: 32877 SP 2001/0087035-0, Relator: Ministro CARLOS ALBERTO MENEZES DIREITO, Data do Julgamento: 26/02/2003, Data da Publicação: DJ 07/04/2003 p. 217REVJUR vol. 308 p. 106RNDJ vol. 42 p. 118RSTJ vol. 178 p. 223RT vol. 818 p. 155).

No entanto, em que pese o entendimento dos Tribunais no sentido de ser a franquia um contrato de adesão, dando, dessa maneira, algumas garantias ao franqueado no sentido de se considerar abusivas determinadas cláusulas, não é passível a aplicação do Código de Defesa do Consumidor (CDC) na relação franqueador/franqueado, por não se enquadrar este no conceito de consumidor final, tal como previsto no *códex* consumerista.

Por vezes, os franqueados já pleitearam o direito da inversão do ônus da prova, alegando, para tanto, estarem dentro de uma relação consumerista, de modo que os tribunais, de forma pacífica, rechaçam tal tese e, consequentemente, a aplicação do CDC.

CONTRATO. FRANQUIA. RESCISÃO CONTRATUAL. ALEGAÇÃO DA AUTORA DE SER VÍTIMA DE PROPAGANDA ENGANOSA. Pessoa jurídica não enquadrada no conceito de consumidor como aquele que adquire ou utiliza produtos como destinatária final, sendo portanto inaplicável o código consumerista. DESCUMPRIMENTO DE CONTRATO DE FRANCHISING. Não demonstrada a falta de apoio da franqueadora que ensejasse a rescisão pretendida pela autora. Apelação improvida.
(TJ-SP, 12ª Câmara de Direito Privado, APL: 9082838472000826 SP 9082838-47.2000.8.26.0000, Relator: Sandra Galhardo Esteves, Data do Julgamento: 30/03/2011, Data da Publicação: 30/03/2011).

No caso em apreço, julgado pelo Tribunal de Justiça do Estado de São Paulo, a franqueada pleiteava a inversão do ônus da prova, alegando ser consumidora em face à franqueadora e vítima de propaganda enganosa.

De igual maneira, importante ressaltar que a franqueadora não se torna responsável pelos débitos trabalhistas dos funcionários da franqueada, inexistindo qualquer tipo de responsabilidade solidária ou subsidiária entre elas.

Assim que entrou em vigor a legislação, em meados da década de 90, iniciando-se a formalização dos contratos de *franchising*, alguns trabalhadores das unidades franqueadas, quando da rescisão dos seus contratos laborais, ingressavam com reclamações trabalhistas junto à Justiça do Trabalho, colocando no polo passivo das demandas tanto franqueada como franqueadora.

No entanto, o TST já pacificou entendimento de que essa responsabilidade da franqueadora inexiste, devendo responder com exclusividade a franqueada pelos débitos trabalhistas com seus trabalhadores.

AGRAVO DE INSTRUMENTO EM RECURSO DE REVISTA - NULIDADE POR NEGATIVA DE PRESTAÇÃO JURISDICIONAL - CONTRATO DE FRANQUIA - SOLIDARIEDADE ENTRE FRANQUEADOR E FRANQUEADO - RESPONSABILIDADE PELA SATISFAÇÃO DE DÉBITOS TRABALHISTAS RECONHECIDOS EM FAVOR DA RECLAMANTE - IMPOSSIBILIDADE - INGERÊNCIA DA FRANQUEADORA NA GESTÃO DOS NEGÓCIOS DA FRANQUEADA NÃO COMPROVADA. Atende plenamente às exigências dos arts. 93, IX, da Constituição Federal e 832 da CLT o acórdão regional que justifica a impossibilidade de reconhecimento da solidariedade entre o franqueador e o franqueado no pagamento dos créditos trabalhistas reconhecidos em favor da reclamante e por esta postulados, mediante a assertiva de que não se comprovou nos autos nenhuma ingerência do franqueador na gestão do negócio. O julgado também não comporta reexame, mediante recurso de revista, por força da Súmula nº 126, que impede o reexame de fatos e provas em sede extraordinária. Agravo de instrumento desprovido.
(TST, Primeira Turma, AIRR: 98403320005150053 9840-33.2000.5.15.0053, Relator: Luiz Philippe Vieira de Mello Filho, Data do Julgamento: 29/10/2008, Data da Publicação: DJ 07/11/2008).

AGRAVO DE INSTRUMENTO. RESPONSABILDIADE SUBSIDIÁRIA. CONTRATO DE FRANQUIA. A teor da exegese do artigo 2º da Lei nº 8.955/94, o contrato de franquia celebrado entre franqueado e franqueador se distancia da hipótese de terceirização. Naquela situação o franqueado é livre para administrar seu negócio e contratar seus próprios empregados assumindo os riscos da operação e, embora exista, por parte do franqueador, orientação e repasse de tecnologia, não há ingerência direta nos negócios do franqueado. A fiscalização existente é mínima, apenas para se resguardar a própria marca repassada. Logo, não há que se falar em prestação de serviços entre elas, tampouco em responsabilidade subsidiária pelos créditos trabalhistas. Precedentes. Incidência da Súmula nº 333 e do artigo 896, § 4º, da CLT. Agravo de instrumento a que se nega provimento.
(TST, Segunda Turma, AIRR: 1930006720085020433 193000-67.2008.5.02.0433, Relator: Guilherme Augusto Caputo Bastos, Data do Julgamento: 08/08/2012).

Nos julgamentos citados acima, ponderou o TST sobre o fato de que, muito embora a franqueadora repasse *know-how* e técnica ao franqueado, não há ingerência com relação à contratação de trabalhadores das unidades franqueadas, a qual fica exclusivamente por critério destas, não devendo, portanto, existir qualquer tipo de responsabilidade solidária ou subsidiária pelos débitos trabalhistas.

4 JUSTIÇA SOCIAL, PRINCÍPIO DA FUNÇÃO SOCIAL E O CONTRATO DE FRANQUIA

4.1 Função Social como princípio Constitucional

Os princípios, seja na formação quanto na aplicação do Direito, devem ser vistos como norteadores dessa ciência. As legislações de uma sociedade devem ser criadas de acordo com os ditames principiológicos de seu povo naquele determinado momento, sob pena de se tornar vazia e com conteúdo que não atenda às suas reais finalidades. Os princípios servem de base para os operadores do Direito, que passarão a aplicar a norma tomando como alicerce nos moldes principiológicos, quando houver lacuna ou dúvidas.

O Direito nada mais é do que a exteriorização da vontade de uma determinada sociedade num determinado espaço de tempo, de forma que os princípios são inerentes às condutas sociais que, com base neles, criarão suas normas de pacificação e conduta social, nas suas relações com o Estado e com outros particulares. O princípio é a base da normatização social.

> Os princípios são, dentre as formulações deônticas de todo sistema ético-jurídico, os mais importantes a ser considerados, não só pelo aplicador do Direito mas também por todos aqueles que, de alguma forma, ao sistema jurídico se dirijam. Assim, estudantes, professores, cientistas, operadores do Direito – advogados, juízes, promotores públicos etc. –, todos têm de, em primeiro lugar, levar em consideração aos princípios norteadores de todas as demais normas jurídicas existentes.
> Nenhuma interpretação será bem feita se for desprezado um princípio. É que ele, como estrela máxima do universo ético-jurídico, vai sempre influir no conteúdo e alcance de todas as normas.
> E essa influência tem eficácia efetiva, real, concreta. Não faz parte apenas do plano abstrato do sistema. É de ser levada em conta na determinação do sentido de qualquer norma, como exigência de influência plena e direta. Vale dizer: o princípio, em qualquer caso concreto de aplicação das normas jurídicas, das mais simples às mais complexas, desce das altas esferas do sistema ética-jurídico em que foi posto para imediata e concretamente ser implementado no caso real que se está a analisar.
> [...]

Os princípios situam-se no ponto mais alto de qualquer sistema jurídico, de forma genérica e abstrata, mas essa abstração não significa incidência no plano da realidade. É que, como as normas jurídicas incidem no real e como elas devem respeitar os princípios, acabam por levá-los à concretude.[209]

O Direito possui princípios gerais, que se voltam para todas as matérias e também específicos, que incidem em ramos determinados, tais como os princípios processuais da ampla defesa, do contraditório; os princípios da Legalidade, Impessoalidade Moralidade e Eficiência do Direito Administrativo; o princípio da Preservação da Empresa do Direito Empresarial; os princípios da vedação ao confisco e da legalidade aplicáveis ao Direito Tributário, entre outros.

Sobre o assunto, Paulo Nader explica que,

> No vasto campo do Direito há uma graduação de amplitude entre os princípios, que varia desde os mais específicos aos absolutamente gerais, inspiradores de toda a árvore jurídica. Entendemos que, não obstante a fórmula indique princípios gerais, a expressão abrange tantos os efetivamente gerais quanto os específicos, destinados apenas a um ramo do Direito. De acordo com a classificação que a doutrina apresenta quanto às categorias de princípios, os de Direito são monovalentes, porque se aplicam apenas à Ciência do Direito; os princípios plurivalentes aplicam-se a vários campos de conhecimento e os onivalentes são válidos em todas as áreas cientificas, como princípio de causa eficiente. No exame das naturezas dos princípios gerais do Direito, a polêmica dominante é travada entre as duas grandes forças da Filosofia do Direito: a positivista e a jusnaturalista. O positivismo, que tem Escola Histórica do Direito, nesse particular, como aliada, sustenta a tese de que os princípios gerais de Direito são os consagrados pelo próprio ordenamento jurídico e, para aplicá-los, o juiz deverá ater-se objetivamente ao Direito vigente se se resvalar no subjetivismo. As afirmações desta corrente, em síntese, são as seguintes:
> *a)* os princípios gerais de Direito expressam elementos contidos no ordenamento jurídico;
> *b)* se os princípios se identificassem com os de direito natural, abrir-se-ia um campo ilimitado ao arbítrio judicial;
> *c)* a vinculação de tais princípios ao Direito Positivo favorece a coerência lógica do sistema;
> *d)* os ordenamentos jurídicos possuem um grande poder de expansão, que lhes permite resolver todas as questões sociais.

---
209 NUNES, Rizatto. *Manual de Introdução ao Estudo do Direito*. 10. ed. São Paulo: Saraiva, 2011, p. 217-218.

Para a corrente jusnaturalista ou filosófica, da qual Giorgio del Vecchio é o expoente máximo, os princípios gerais de Direito são de natureza suprapositiva, constantes de princípios eternos, imutáveis e universais, ou seja, os do Direito Natural.[210]

Tomando o conceito de princípio como norteador da criação e da aplicação das leis, inegável que a Função Social consolidou-se como um, previsto em nossa Constituição Federal e em leis infraconstitucionais, apresentando-se como princípio geral, uma vez que não se restringe a apenas um ramo da ciência jurídica, principalmente na elaboração de novas legislações, que valem-se dos princípios constitucionais para sua criação.

O Direito utiliza a ideia de Função Social a fim de evitar que os atos e negócios jurídicos entre Estado e particular e também entre particulares possuam caráter estritamente individualista, como ocorria com o Código Napoleônico, de 1806. A ideia é de que o interesse coletivo, direito ou indireto, deve ser tomado como base na formação das mais diversas relações jurídicas, incentivando e beneficiando aquelas que cumprem sua função social e desestimulando ou sancionando as que vão em sentido contrário.

> A ideia de função social vincula-se a todo um movimento de funcionalização dos direitos subjetivos, reconstruindo institutos centrais do Direito moderno, tais como a propriedade, o contrato e a empresa. Parte-se do pressuposto de que toda prerrogativa outorgada a alguém deve cumprir um papel perante a sociedade. O titular de um direito que dele se vale animado por egoísmo pode incidir em abuso, situação que afronta os ditames de nossa Constituição, notória por seu caráter cidadão.
> Trata-se de decorrência do princípio da dignidade da pessoa humana, o qual foi erigido como fundamento da República Federativa do Brasil, consoante se observa no inciso III do artigo 1º de nossa Lex maior, todo instituto jurídico está impregnado por aquela a fim de que se alcance a edificação de uma sociedade livre, justa e solidária, um dos objetivos fundamentais de nosso Estado. Nesse sentido, deve-se entender por função social a obtenção de um resultado das atividades humanas em prol de toda a coletividade.
> Não basta respeitar as prescrições impostas pela lei, há, ainda, que se empregar àquela situação um papel econômico-social (PERLINGIERI, 1991), perseguindo-se, por conseguinte, os valores e princípios preconizados pela Lei superior, em consentâneo com suas finalidades econômicas e sociais, respeitando o equilíbrio ecológico e o patrimônio histórico e artístico, ou seja, seu aspecto funcional.

---

210 NADER, Paulo. *Introdução ao Estudo do Direito*. 32. ed. Rio de Janeiro: Forense, 2010, p. 201-202.

A ideia de função social ganha proporções por intermédio da construção jurisprudencial francesa, colocando-se como afronta ao sobejo liberalismo presente no Código Napoleônico (Code Napoléon) que, em que pese ter sido lastreado nos aparentes ideais de igualdade, liberdade e fraternidade, omitia em seu âmago um caráter eminentemente patrimonialista, resguardado pelos interesses burgueses que então regiam a economia e a sociedade. A idealização deste princípio, entretanto, é mais antiga, sendo abordada por São Tomás de Aquino (CHAGAS, 2000), que a concebia em três planos axiológicos, reconhecendo, primeiramente, a prerrogativa concedida ao indivíduo de se apossar de bens materiais, partindo para a contemplação da problemática resultante de tal ato e, posteriormente, condicionando o patrimônio de acordo com o momento histórico vivido.

Há, demais disso, a vinculação da função social com um sentimento até mais remoto, inerente a todos os indivíduos, de cunho eudaimonista teleológico, que buscaria a felicidade através da harmonização do meio social, conferindo ao Estado o papel de mediador e imbuindo-lhe do dever de "equacionar conflitos e interesses, latentes ou efetivos, de modo a propiciar o convívio harmônico entre os homens, que, reunidos em sociedade, buscam a própria realização de valores, ou seja, a felicidade" (MARQUESI, 2006, p. 30).

Impende, por derradeiro, frisar o determinante papel dos movimentos humanistas também neste aspecto, considerando-se que arrimaram na Declaração Universal dos Direitos Humanos, juntamente com outras imperiosas prerrogativas, a propriedade, em seu artigo 17 (CHAGAS, 2000), conferindo-lhe a projeção e eficácia horizontal dos direitos internacionais.[211]

A primeira passagem do texto constitucional em que o princípio da Função Social aparece é o artigo 5º, inciso XXIII, que prevê que a propriedade deve atender à sua função social. O Direito Pátrio deixa claro que preceituará pela primazia da função social, inserindo-a no rol dos Direitos e Garantias Fundamentais, consideradas cláusulas pétreas (artigo 6º, § 4º, da Constituição Federal).

Nessa esteira, a intenção foi de que a propriedade, assegurada pelo Direito Civil e por legislações infraconstitucionais, deverá atender não só aos interesses do proprietário, mas também da coletividade como, por exemplo, o proprietário de um imóvel predial urbano em habitá-lo ou locá-lo, a fim de que ela sirva de moradia; na Propriedade Industrial (Lei nº 9279/96),

---

211 HAMDAN, Janaina et al. A instrumentalização do princípio constitucional da função social. In: *Âmbito Jurídico.com.br* Disponível em: <http://www.ambito-juridico.com.br/site/index.php?n_link=revista_ artigos_ leitura&artigo_id=5135>. Acesso em: 04 nov. 2014.

quando o proprietário de uma patente (nova tecnologia) não explorá-la para o atendimento da população, poderá perdê-la por meio de licença compulsória; no Direito Administrativo, a desapropriação, dentre outros motivos, é legitimada pela Função Social da propriedade etc.

Para Kildare Gonçalves Carvalho:

> Ao dispor que a propriedade atenderá a sua função social, o artigo 5°, XXIII, da Constituição a desvincula da concepção individualista do século XVIII. A propriedade, sem deixar de ser privada, se socializou, com isso significando que deve oferecer à coletividade uma maior utilidade, dentro da concepção de que o social orienta o individual.
> O princípio incide sobre a estrutura e o conteúdo da propriedade, sobre a própria configuração do direito, e constitui elemento que qualifica a situação jurídica considerada, condicionando os modos de aquisição, uso, gozo e disposição dos bens. Não envolve, portanto, apenas limitação do exercício das faculdades do proprietário inerente ao domínio. A função social da propriedade introduz, na esfera endógena do direito, um interesse que pode até mesmo não coincidir com o do proprietário, com o predomínio do social sobre o individual, fenômeno denominado de socialidade.[212]

Para o autor, a função social se apresenta como um princípio, de forma que ela impõe um limite ao direito de propriedade, que há muito tempo não é considerado como absoluto. Todavia, não descaracteriza o seu caráter privado, mas apenas lhe dá conotação de socialidade, a fim de atender a interesses sociais e não só individuais.

Outra passagem em que o Princípio da Função Social aparece no texto constitucional está no artigo 170, da Constituição Federal, ao preceituar que "a ordem econômica, fundada na valorização do trabalho humano e na livre iniciativa, tem por fim assegurar a todos existência digna, conforme os ditames da Justiça Social, observados os seguintes princípios: III - função social da propriedade".

A Função Social, embora encontre amparo legal no texto Constitucional no que diz respeito ao Direito de Propriedade, não se limitou apenas a fixar diretrizes a esse direito real, estendendo-se às demais áreas da ciência do Direito. Hoje, em virtude da constitucionalização dos Direitos e seu atendimento aos princípios constitucionais, a função social é tomada como base em outras relações jurídicas entre particular e particulares com o Estado.

---

212 CARVALHO, Kildare Gonçalves. *Direito Constitucional*: teoria do Estado e da constituição: direito constitucional positivo. 14. ed. rev. atual. e ampl. Belo Horizonte: Del Rey, 2008, p. 736-737.

No Direito Tributário, a Função Social dos tributos fica evidente uma vez que a principal forma de arrecadação Estatal se dá por meio deles, de forma que tais recursos devem ser revertidos em prol da população, para o bem-estar, a fim de implementar medidas que assegurem os Direitos Sociais, previstos no artigo 6º, do texto Constitucional, tais como educação, saúde, lazer e segurança.

Ademais, o próprio artigo 3º, da Constituição Federal, é claro ao preceituar que são fundamentos da República:

> Art. 3º Constituem objetivos fundamentais da República Federativa do Brasil:
> I - construir uma sociedade livre, justa e solidária;
> II - garantir o desenvolvimento nacional;
> **III - erradicar a pobreza e a marginalização e reduzir as desigualdades sociais e regionais;**
> IV - promover o bem de todos, sem preconceitos de origem, raça, sexo, cor, idade e quaisquer outras formas de discriminação (grifo nosso).

O inciso III de sobredito artigo traz a erradicação da pobreza como fundamento da república, a qual só será possível se bem empregados os recursos financeiros arrecadados por meio do poder de tributar, evidenciando-se, dessa maneira, a importância da Função Social no Direito Tributário.

> Encontram-se, assim, as determinações constitucionais que apregoam o fim social que a tributação deve atender (função social), onde diz que uma parcela dos recursos arrecadados deve ser destinada ao fim social, a fim de atingir o estabelecido no artigo 3º, III e IV5.
> Art.3º: Constituem objetivos fundamentais da República Federativa do Brasil:
> [...]
> III- erradicar a pobreza e a marginalização e reduzir as desigualdades sociais e regionais;
> IV- promover o bem de todos, sem preconceito de origem, raça, sexo, cor, idade e quaisquer outras formas de discriminação.
> Reside, assim, a função social do tributo, não só no atendimento às obrigações previstas na Constituição, mas no que todos os contribuintes fazem todas as vezes que arcam com a tributação. Sim, porque, como já foi dito, o homem teve seu primeiro e mais importante tributo quando resolveu se associar. E ele sempre o faz quando delega suas finanças ao Estado para que ele tome as diretrizes financeiras do bem comum. Vê-se, assim, diante de um ciclo de deveres

centrípetos que sempre o corroboram; é um ir e vir contínuo, onde o "ir" consiste nas obrigações estatais, e o "vir", na contraprestação feita pelo cidadão.[213]

Para o Direito Empresarial, a atividade empresária cumpre sua função social na geração de postos de trabalho, desvinculando-se do conceito pós--Revolução Francesa, em que a empresa possuía viés individualista. Em dias atuais, a empresa é protegida e estimulada justamente em virtude do poder que possui em contribuir para o mercado de trabalho.

Muito embora a legislação ainda não seja expressa ao preceituar a Função Social da empresa, fato é que os autores já a reconhecem, tanto que, no dia 14 de junho de 2011, de autoria do deputado Vicente Cândido (PT/SP) foi protocolizado o anteprojeto do Novo Código Comercial, sob o número 1.572/11. Esse projeto propõe a criação do Novo Código Comercial, moderno e adequado às exigências atuais de mercado. Com o viés de desburocratizar a abertura, o exercício e o encerramento das empresas, ele materializará de forma expressa princípios e fundamentos que ora são adotados de forma implícita.

Dentre outras alterações, o Novo Código Comercial trará à baila princípios e enfoques da atividade empresarial para sua função social, o que hoje é previsto em caráter implícito, exteriorizando-se como uma legislação que coaduna a atividade empresarial com seu contexto atual, de geração de postos de trabalho e de importante fonte de manutenção dos Direitos Sociais. Com o trâmite do projeto, fica ainda mais evidente a importância que a preservação da empresa e sua função social vem ganhando no debate contemporâneo, reconhecendo os juristas como princípio norte da atividade empresarial.

De acordo com o Projeto de Lei, logo em seu artigo 5º, há a clara menção de que o Direito Empresarial, dentre outros princípios, obedecerá a função econômica e social da empresa. O que hoje não pode ser visto de forma clara em qualquer texto legal, o que faz com que sua aplicação se dê por analogia a outros institutos a que esses princípios são previstos, fica evidenciado de forma específica para as empresas.

> Art. 5º São princípios do direito comercial comuns a todas as suas divisões:
> I – Liberdade de iniciativa empresarial;
> II – Liberdade de competição;
> **III – Função econômica e social da empresa; e**
> IV – Ética e boa-fé (grifo nosso).

---

213 MURICY, Sara Raquel Alves, CHIESA, Clélio. A função social do tributo: contribuição do super simples para o desenvolvimento socioeconômico. *Revista Jurídica Cesumar* - Mestrado, v. 11, n. 2, p. 471-480, jul./dez. 2011. Disponível em: <http://periodicos.unicesumar.edu.br/index.php/revjuridica/article/download/1815/1416>. Acesso em: 05 nov. 2014).

No inciso III, do supracitado dispositivo legal, percebe-se que o Direito Comercial dará atenção à função econômica e social da empresa. O que se nota já no início do corpo legislativo é o enfoque que a legislação empresarialista passará a dar de maneira expressa para a atividade empresarial com interesse coletivo, fugindo-se da ideia extremamente privatista que se tinha nos primórdios do Direito Comercial, logo após a Revolução Francesa (1789).

Dessa maneira, percebe-se que a Função Social é um princípio que nasce do texto constitucional, mas que se ramifica nas legislações infraconstitucionais e, também, é utilizada como parâmetro nas outras fontes do Direito, tais como jurisprudência e doutrina.

Com o Direito Contratual não foi diferente, de forma que a função social já sedimentou-se na concretização dos negócios jurídicos, como se verá no item a seguir.

4.1.1 Função Social dos Contratos

O ser-humano é desprovido de autossuficiência, o que faz com que precise se relacionar com outros, nas esferas trabalhista, consumerista, civilista, empresarialista e também com o Estado, nas esferas administrativa e previdenciária, a fim de que consiga extrair todos os meios necessários para sua sobrevivência.

O meio pelo qual as pessoas se relacionam juridicamente com as outras e com o Estado é denominado de obrigação (dar, fazer ou não fazer), ou seja, vínculo jurídico que liga credor e devedor. Quando não emanadas por responsabilidade pela prática de ato ilícito (artigo 927 c/c 186, do CC), as obrigações se exteriorizam por meio das relações contratuais (contratos).

Com o advento do Código Civil de 2002, evidenciou-se a preocupação do legislador em tirar o enfoque individualista que as relações contratuais possuíam, espírito este que se encontrava presente no Código Civil de 1916, uma vez que o artigo 421, do CC/2002 positivou o entendimento de que "A liberdade de contratar será exercida em razão e nos limites da função social do contrato".

Ademais, o artigo 2.035, parágrafo único, coloca a função social como princípio de ordem pública, cogente, aplicável independentemente da vontade das partes:

> Art. 2.035. A validade dos negócios e demais atos jurídicos, constituídos antes da entrada em vigor deste Código, obedece ao disposto nas leis anteriores, referidas no art. 2.045, mas os seus efeitos, produzidos

após a vigência deste Código, aos preceitos dele se subordinam, salvo se houver sido prevista pelas partes determinada forma de execução. **Parágrafo único. Nenhuma convenção prevalecerá se contrariar preceitos de ordem pública, tais como os estabelecidos por este Código para assegurar a função social da propriedade e dos contratos** (grifo nosso).

A preocupação do legislador foi no sentido de que o vínculo contratual não fosse mais analisado apenas numa visão intrínseca, como, por exemplo, um contrato de compra e venda afirmar que apenas estão presentes os interesses individuais das partes (comprador e vendedor), pois, em dias atuais, é cristalino que o Direito Contratual reconhece a função social dessas relações, dando enfoque às repercussões e benefícios que sobreditos vínculos possam gerar para toda uma coletividade, onerando e sancionando as relações que desobedecem a esse preceito, bem como trazendo privilégios e benefícios para as que a cumprem.

Sobre o assunto, Carlos Roberto Gonçalves nos ensina que

> O Código Civil de 2002 procurou afastar-se das concepções individualistas que norteiam o diploma anterior para seguir orientação compatível com a socialização do direito contemporâneo. O princípio da socialidade por ele adotado reflete a prevalência dos valores coletivos sobre os individuais, sem perda, porém, do valor fundamental da pessoa humana.[214]

Muito embora as relações entre pessoas, principalmente na esfera privada, possam parecer apenas de seu próprio interesse, fato é que nenhum direito é tido atualmente como absoluto (nem o direito de propriedade) e que se volta a satisfazer o interesse tão somente dos particulares nele envolvidos, como se percebia claramente na elaboração do Código Civil de 1916 e nos Direitos Romano e Francês do século XIX. O Código Civil de 2002, como se percebe, dá ênfase à função social das relações contratuais, por meio de princípios como Relativização das Obrigações Contratuais, Boa-fé Objetiva e também por adotar expressamente no artigo 187 a Teoria do Abuso de Direito, transcrita a seguir:

---

214 GONÇALVES, Carlos Roberto. *Direito civil brasileiro*: contratos e atos unilaterais. 11. ed., v. 3. São Paulo: Saraiva, 2014.

Art. 187. Também comete ato ilícito o titular de um direito que, ao exercê-lo, excede manifestamente os limites impostos pelo seu fim econômico ou social, pela boa-fé ou pelos bons costumes.

Sobre o assunto, Tatiana Bonatti Pires aduz que

> O Código Civil anterior foi elaborado em uma época em que vigorava o absolutismo dos direitos, isto é, a ideia de inexistência de limites para o seu exercício.
> O referido diploma legal adotava de forma preponderante o método casuístico, isto é, pretendia regrar a vida dos membros da sociedade de modo exaustivo, de modo a ser pretensamente completo e sem lacunas.
> Tal sistema foi, ao longo dos anos, revelando-se falho e acolhedor de situações injustas praticadas com fundamento de terem amparo no direito positivo.
> [...]
> A partir da segunda metade do século XIX, a jurisprudência começou a reconhecer que o absolutismo dos direitos, especialmente do direito de propriedade (o mais absoluto de todos) era um mito, ressurgindo, após o eclipse individualista, a noção de abuso de direito, originada, ainda que de forma tímida, no direito romano.
> [...]
> Com a frequente prática de atos dessa natureza, tornou-se necessária a limitação do exercício dos direitos subjetivos no âmbito dos limites estabelecidos por sua própria finalidade social e econômica.
> [...]
> A teoria do abuso de direito foi expressamente consagrada no artigo 187, do CC.
> [...]
> Na esfera contratual, ainda que não houvesse norma específica, aplicar-se-ia a teoria do abuso de direito.
> Os artigos 421 e 422 do CC/2002 são identificados como desdobramentos da norma do art. 187 do CC/2002 no campo contratual, isto é, assim como o exercício dos direitos subjetivos, também a liberdade contratual encontra limites decorrentes da função social e da boa-fé;
> [...]
> Desde a vigência do Código Civil muito tem se falado sobre a função social do contrato, princípio que limita a liberdade contratual.[215]

---

215 PERES, Tatiana Bonatti. Função Social do Contrato. *Revista de Direito Privado*, ano 10, n. 40, out.-dez. 2009, p. 292-297.

Andrea Cristina Zanetti identifica positivado o princípio da função social dos contratos no artigo 170, da CF, ao falar sobre a livre iniciativa com a finalidade do desenvolvimento e Justiça Social.

> A função social está presente na Constituição Federal de 1998. Expressamente voltada à propriedade, no art. 170, inciso III, da CF e implicitamente relacionado à área de contratos, no art. 170, *caput*, e artigo 1º, inciso IV, por meio do conceito de livre iniciativa, em busca do desenvolvimento e justiça social.[216]

Flávio Tartuce, em sua obra *Função Social dos Contratos*, enfoca as passagens em que o princípio da função social das relações contratuais aparece de forma expressa do Diploma Civil e, também, destaca a sua constitucionalização no âmbito do Direito Contratual, dando a ele importância que vai além de norma legal.

Aduz, ainda, que se trata de norma cogente, aplicável a todos os ramos do Direito e de caráter inafastável, mesmo por vontade das partes ou por cláusulas. É aplicável a todos os ramos do Direito, pois se encontra expressamente previsto no Código Civil no artigo 421, de forma que esse diploma, de acordo com o artigo 4º, da Lei de Introdução ao Ordenamento Jurídico Brasileiro, é fonte subsidiária de todos os outros ramos dessa ciência.

> Em matéria de contratos, assunto que nos interessa no presente trabalho, faz-se necessária a transcrição do disposto no art. 421 do novo CC, que traz preceito pelo qual a 'liberdade de contratar será exercida em razão e nos limites da função social do contrato'.
> [...]
> Pois bem, pela vanguarda da nova tese, os contratos devem ser interpretados de acordo com a concepção lógica do meio social em que estão inseridos, não trazendo onerosidades excessivas às partes contratantes, garantindo que a igualdade entre elas seja respeitada, equilibrando a relação em que houver a preponderância da situação de um dos contratantes sobre a do outro. Valoriza-se a equidade, a razoabilidade, o bom senso, afastando-se o enriquecimento sem causa, ato unilateral vedado expressamente pela própria codificação emergente, nos seus arts. 884 a 886.
> [...]
> Antes de qualquer mergulho mais profundo na matéria, é pertinente deixar claro que entendemos ser a função social dos contratos verdadeiro princípio geral do ordenamento jurídico, abstraído das normas,

---

216 ZANETTI, Andrea Cristina. *Princípio do Equilíbrio Contratual*. São Paulo: Saraiva, 2012, p. 105.

do trabalho doutrinário, da jurisprudência, dos aspectos sociais, políticos e econômicos da sociedade. A função social do contrato é um preceito básico, explícito no Código atual, verdadeira fonte secundário do direito átrio, pelo que o art. 4º. Da LICC prevê.
Em reforço, a função social do contrato é princípio que interessa à coletividade, constituindo tanto o art.421 quando o 2035, parágrafo único, ambos do Novo CC, norma de ordem pública, inafastáveis por convenções ou disposição contratual.
Conceituamos o princípio da função social do contrato, nesse sentido, como um regramento contratual, de ordem pública a despeito do que o art. 2035, parágrafo único, do novo CC prevê –, pelo qual o contrato deverá ser, necessariamente, analisado e interpretado de acordo com o contexto da sociedade.
Não se pode afastar o fundamento constitucional desse preceito, pelas razões que passamos a expor. Inicialmente, a função social do contrato está intimamente ligada à proteção dos direitos inerentes à dignidade humana, amparada no art. 1, III, da CF 1988. Ademais, tendo em vista ser um dos objetivos da República a "justiça social" (art. 170, caput, do Texto Maior), bem como a solidariedade entre todos (art. 3º, III), aqui também residiria a função social dos pactos e negócios.[217]

Silvio de Salvo Venosa reconhece a existência do princípio da função social nos contratos e dá enfoque para o fato de que ele é um freio, um limitador a vontade de contratar, mas de caráter abstrato e genérico, devendo ser preenchida pelo julgador nos casos em concreto.

Destacamos que a função social do contrato que norteia a liberdade de contratar, segundo art. 421, está a indicar uma norma aberta ou genérica, a ser preenchida pelo julgador no caso em concreto.
[...]
Na contemporaneidade, a autonomia da vontade clássica é substituída pela autonomia privada, sob a égide de um interesse social. Nesse sentido o Código aponta para a liberdade de contratar sob o freio da função social. Há, portanto, uma nova ordem jurídica contratual, que se afasta da teoria clássica, tendo em vista mudanças históricas tangíveis. O fenômeno do interesse social na vontade privada não decorre unicamente do intervencionismo do Estado nos interesses privados, com o chamado dirigismo contratual, mas da própria modificação de conceitos históricos em torno da propriedade. No mundo contemporâneo

---

217 TARTUCE, Flávio. *Função Social dos Contratos*: do Código de Defesa do Consumidor ao novo Código Civil. São Paulo: Método, 2005, p. 195-200.

há infindáveis interesses interpessoais que devem ser sopesados, algo nunca imaginado em passado recente, muito além dos princípios do simples contrato de adesão.[218]

Fábio Ulhoa Coelho, no mesmo sentido dos autores supracitados, leciona ser a função social dos contratos princípio que limita a vontade de contratar, devendo nortear e estar presente em todas as relações. Alega, ainda, que o contrato que não cumpre esse princípio terá de ser considerado nulo, uma vez que estará infringindo norma cogente, aplicável a todos.

> Por tudo que se examinou acerca da evolução do direito dos contratos, pode-se afirmar, desde logo, que a função social insculpida como cláusula geral no Código Civil (art. 421. 'a liberdade de contratar será exercida em razão e nos limites da função social do contrato') não se refere à consolidação da civilização ou à afirmação da individualidade. A função social referida na lei é uma limitação da liberdade de contratar, no sentido da invalidade dos contratos que não a cumprem. Tanto assim que considera o Código, numa regra de caráter transitório, que o contrato sem função social é nulo por contrariar norma de ordem pública (art. 2035, parágrafo único).[219]

Portanto, percebe-se o princípio da função social presente também nas relações contratualistas, nas mais diferentes esferas em que ela possa surgir.

4.2 Função Social como pilar da Justiça Social

Um dos pontos mais controvertidos do Direito e daqueles que se propõem a estudá-lo é a definição do que vem a ser Justiça. Tomando como base a relatividade e as diversas facetas que essa palavra pode assumir, certo é que o positivismo jurídico a define como dar tratamento igual aos iguais e desigual aos desiguais, tanto que a Carta Constitucional, em seu artigo 5º, *caput,* preceitua que todos são iguais perante a lei. Todavia, trata-se de uma igualdade formal, que só é estabelecida após a obtenção da igualdade material (tratar os iguais de maneira igual e os desiguais de maneira desigual).

> Assim, o que desde logo se pode perceber é que a antiga e conhecida máxima aristotélica, segundo a qual deve haver tratamento igual aos

---

218 VENOSA, Silvio de Salvo. *Direito civil*: teoria geral das obrigações e teoria geral dos contratos. 8. ed., v. 2. São Paulo: Atlas, 2008, p. 387, 388.
219 COELHO, Fábio Ulhoa. *Curso de Direito Civil.* v. 3, 4. ed. São Paulo: Saraiva, 2010, p. 50.

iguais e desigual aos desiguais, na medida dessa desigualdade, apesar de correta, não concretiza explicação adequada quanto ao sentido e ao alcance do princípio da isonomia, porque a grande dificuldade reside exatamente em determinar, em cada caso concreto, quem são os iguais, quem são os desiguais e qual a medida dessa desigualdade.[220]

Nesse ponto, vale ressaltar que as medidas afirmativas, políticas públicas transitórias utilizadas pelos Governos (Federal, Estadual e Municipal), como cotas em universidades para negros, programas de assistência (bolsa-família), não ferem o princípio da igualdade previsto no texto constitucional, uma vez que trabalham em prol da igualdade material, para, então, se chegar na formal.

Sobre o tema Justiça, Paulo Nader a coloca como o mais controvertido do Direito, de forma que, para se chegar a uma definição do justo, vários fatores devem ser sopesados, como a sociedade em que se vive, a época e a forma de organização do Estado, por exemplo.

> A justiça é o magno tema do Direito e, ao mesmo tempo, permanente desafio aos filósofos do Direito, que pretendem conceituá-la, e ao próprio legislador que, movido por interesse de ordem prática, pretende consagrá-la nos textos legislativos. A sua definição clássica foi uma elaboração da cultura greco-romana. Com base nas concepções de Platão e Aristóteles, o jurisconsulto Ulpiano assim a formulou: *Justitia est constans et perpetua voluntas jus suum cuique tribuendi* (Justiça é a constante e firme vontade de dar a cada um o que é seu). Inserida no *Corpus Juris Civilis,* a presente definição, além de retratar a justiça como virtude humana, apresenta a ideia nuclear desse valor: *Dar a cada um o que é seu.* Esta colocação, enganadamente alguns consideram ultrapassada em face da justiça social, é verdadeira e definitiva; válida para todas as épocas e lugares, por ser uma definição de natureza formal, que não define o conteúdo do seu de cada pessoa. O que sofre variação, de acordo com a evolução cultural e sistemas políticos, *é o que deve ser atribuído a cada um.* O capitalismo e o socialismo, por exemplo, não estão de acordo quanto às medidas de repartição dos bens materiais na sociedade.[221]

Fica nítido que, para o autor, o tema Justiça toma como base a definição de "dar a cada um o que é seu", de forma que o que altera é a concepção de se definir o que é de cada um, fato que só pode ser delimitado analisados os contextos sociais e culturais em que vivem as pessoas.

---

220 ARAÚJO, Luiz Alberto David; NUNES JÚNIOR, Vidal Serrano. *Curso de Direito Constitucional*. 18. ed. São Paulo: Verbatim, 2013, p. 179.
221 NADER, Paulo. *Introdução ao Estudo do Direito*. 32. ed. Rio de Janeiro: Forense, 2010, p. 105.

John Rawls traz a justiça como o cerne, o centro e a base de qualquer sociedade e suas instituições sociais. Aduz que a criação de qualquer Estado ou instituições que não a tome como base deverá ser reformulada.

> A justiça é a virtude primeira das instituições sociais, assim como a verdade o é dos sistemas de pensamento. Por mais elegante e econômica que seja, deve-se rejeitar ou retificar a teoria que não seja verdadeira; da mesma maneira que as leis e as instituições, por mais eficientes e bem organizadas que sejam, devem ser reformuladas ou abolidas se forem injustas. Cada pessoa possui uma inviolabilidade fundada na justiça que nem o bem-estar de toda a sociedade pode desconsiderar. Por isso, a justiça nega que a perda da liberdade de alguns se justifique por um bem maior desfrutado por outros. Não permite que os sacrifícios impostos a poucos sejam contrabalançados pelo número maior de vantagens que desfrutam muitos. Por conseguinte, na sociedade justa as liberdades da cidadania igual são consideradas irrevogáveis; os direitos garantidos pela justiça não estão sujeitos a negociações políticas nem ao cálculo de interesses sociais.[222]

Para Amartya Sen, a Justiça não deve ser analisada na ótica transcendentalista, analisando apenas suas instituições e regras, mas, sim, numa ótica de "ponto de partida", analisando como se chegar a uma sociedade justa e não somente estudando se esta possui instituições justas ou não.

> Devemos atribuir importância ao ponto de partida, em especial à seleção de algumas questões a serem respondias (por exemplo, 'como a justiça seria promovida?') em lugar de outras (por exemplo, 'o que seriam instituições perfeitamente justas?'). Esse ponto de partida tem como efeito uma dupla divergência: primeiro, toma-se a via comparativa, em vez da transcendental; segundo, focam-se as realizações que ocorrem nas sociedades envolvidas, em vez de focar apenas as instituições e as regras. Dado o presente balanço de ênfase na filosofia política contemporânea, esse efeito vai exigir uma mudança radical na formulação da teoria da justiça.[223]

Por sua vez, Hans Kelsen explica:

> O que realmente significa dizer que uma ordem social é justa? Significa que essa ordem regula a conduta dos homens de modo satisfatório a todos, ou seja, que todos os homens encontram nela sua felicidade.

222　RAWLS, John. *Uma Teoria da Justiça*. São Paulo: Marins Fontes, 2008, p. 4.
223　SEN, Amartya. *A ideia de justiça*. São Paulo: Companhia das Letras, 2014, p. 39.

> O anseio por justiça é o eterno anseio do homem pela felicidade. É a felicidade que o homem não pode encontrar como indivíduo isolado e que, portanto, procura em sociedade. A justiça é a felicidade social (*Teoria geral do direito e do estado*. Tradução Luís Carlos Borges. 4. ed. São Paulo: Martins Fontes, 2005, p. 9).

Como visto, o conceito de Justiça não é uníssono, tampouco assente entre os filósofos, tomando a maioria como ponto de partida a expressão *dar a cada um o que é seu* para se chegar à conclusão.

No entanto, sob o prisma jurídico, dentre as várias facetas que a Justiça pode ganhar, uma delas é a Justiça Social, segundo a qual as instituições, a sociedade e o Direito devem trabalhar em prol dos menos favorecidos, adotando políticas que atendam a esse fim, pautando-se na proporcionalidade, tratando, dessa maneira, os iguais de maneira igual e os desiguais de maneira desigual.

Para Paulo Nader,

> A finalidade da Justiça Social consiste na proteção aos mais pobres e aos desamparados, mediante a adoção de critérios que favoreçam uma repartição mais equilibrada das riquezas.
> [...]
> A justiça social observa os princípios da igualdade proporcional e considera a necessidade de uns e a capacidade de contribuição de outros. No plano internacional é defendida atualmente com o objetivo de que as nações mais ricas e poderosas favoreçam às que se acham em fase de desenvolvimento.[224]

Analisado os conceitos sobre Justiça e, em especial a Justiça Social, bem como após estudo na parte inicial deste capítulo sobre a Função Social, percebe-se quem ambos os institutos estão intimamente relacionados, sendo a função social importante instrumento de atendimento à Justiça Social, pois atualmente ela é tida como princípio inserto no Texto Constitucional e, também, em diversas outras legislações infraconstitucionais, não permitindo que as relações entre particulares ou/e entre Estado/Particular possam adotar critérios e interesses individuais que atendam ou satisfaçam apenas a vontade das partes.

A função social, sem sombra de dúvidas, é um instrumento jurídico pelo qual a desigualdade social poderá ser diminuída, uma vez que o Direito criará normas que dificultem ou sancionem a formação de relações jurídicas que vão de encontro a ela e, por outro lado, normas que estimulem as relações que dão atendimento a ela.

---

224 NADER, Paulo. *Introdução ao Estudo do Direito*. 32. ed. Rio de Janeiro: Forense, 2010, p. 112.

Hoje, para a criação de leis e jurisprudências, deve-se sopesar as circunstâncias e impactos sociais, e não somente individuais que um precedente jurisprudencial ou um texto legal poderá ensejar, alcançando-se, dessa maneira, uma sociedade menos desigual e mais próxima o possível de sua Justiça Social.

4.3 Direitos Sociais como pilares da concretização da Justiça Social

Após a análise do princípio da função social, o qual norteia as relações contratuais para que atendam a finalidade coletiva, convergindo, dessa maneira, a uma Justiça Social, importante também abordar o papel dos Direitos Sociais no cumprimento da Justiça Social, uma vez que eles visam assegurar, por meio de conteúdos programáticos do Estado, uma sociedade igualitária.

Os Direitos Sociais são tidos como fundamentais de segunda geração e encontram proteção na CF/88, em seu artigo 6º, que preconiza: "Art. 6º São direitos sociais a educação, a saúde, a alimentação, o trabalho, a moradia, o lazer, a segurança, a previdência social, a proteção à maternidade e à infância, a assistência aos desamparados, na forma desta Constituição".

A importância dos Direitos Sociais e de seu estudo com o viés de cumprimento da Justiça Social reside no fato de que sua existência se justifica para a diminuição das desigualdades sociais, de forma que seu principal objetivo é o de implementar políticas públicas que garantam o mínimo existencial para uma vida digna à população, minimizando as desigualdades e trazendo prerrogativas que melhoram a qualidade de vida das pessoas. Não apenas o Estado, mas também os particulares e as relações jurídicas entre eles devem ir buscar o atendimento dos Direitos Sociais, pautando-se por medidas que permitam sua existência no plano prático.

Sobre o assunto, Pedro Lenza leciona que

> [...] os direitos sociais, direitos de segunda dimensão, apresentam-se como prestações positivas a serem implementadas pelo Estado (Social de Direito) e tendem a concretizar a perspectiva de uma isonomia substancial e social na busca de melhores e adequadas condições de vida, estando, ainda, consagrados como fundamentos da República Federativa do Brasil.[225]

---

225 *Direito Constitucional Esquematizado*. São Paulo: Saraiva, 2010, p. 838.

Inegável o fato de que os Direitos Sociais servem para colocar em prática o princípio da igualdade, estampado no "caput", do artigo 5º, da Constituição Federal, uma vez que ele se inspira em sua característica de solidariedade e força o Estado a implementar medidas que reduzam as desigualdades existentes.

No mesmo sentido, leciona Kildare Gonçalves Carvalho:

> Como se disse no subitem 5.1. deste capítulo, os direitos sociais visam a uma melhoria das condições de existência, através de prestações positivas do Estado, que deverá assegurar a criação de serviços de educação, saúde, habitação, dentre outros, para a sua realização. Enquanto que os direitos individuais impõem uma abstenção por parte do Estado, preservando a autonomia dos indivíduos, os direitos sociais, como se mostrou, reclamam atividades positivas do Estado, do próximo e da própria sociedade, para subministrar ao homem certos bens e condições. Em contraste com os chamados direitos individuais, cujo conteúdo é um não fazer, um não violar, um não prejudicar, por parte das demais pessoas e sobretudo das autoridades públicas, resulta que, pelo contrário, o conteúdo dos direitos sociais consiste em um fazer, um contribuir, um ajudar, por parte dos órgãos estatais.[226]

Muito embora pareça que apenas os órgãos Estatais devem atuar no cumprimento dos Direitos Sociais, por meio de políticas públicas positivas, fato é, como o próprio autor menciona acima, que também os particulares, na medida do possível, devem atender a esse preceito.

Para Paulo Bonavides,

> Os Direitos de segunda geração merecem um exame mais amplo. Dominam o século XX do mesmo modo como os direitos da primeira geração dominaram o século passado. São os Direitos Sociais, culturais e econômicos bem como os direitos coletivos ou de coletividades, introduzidos no constitucionalismo das distintas formas de Estado social, depois que terminaram por obra da ideologia e da reflexão antiliberal do século XX. Nasceram abraçados ao princípio da igualdade, do qual não se podem separar, pois fazê-lo equivaleria a desmembrá-lo da razão de ser que os ampara e estimula.[227]

---

226 CARVALHO, Kildare Gonçalves. *Direito Constitucional*: teoria do Estado e da constituição: direito constitucional positivo. 14. ed. rev. atual. e ampl. Belo Horizonte: Del Rey, 2008, p. 788-789.
227 BONAVIDES, Paulo. *Curso de direito constitucional*. 26. ed. atual. São Paulo: Malheiros, 2011, p. 564.

Portanto, não há dúvidas de que os Direitos Sociais são colocados no texto constitucional com a finalidade de atingir um Estado mais igualitário e justo, com menos desigualdade, alcançando, sobremaneira, a finalidade da Justiça Social. Os Direitos Sociais, aliados ao princípio da função social, são os principais instrumentos legais e principiológicos existentes para a concretização da Justiça Social.

4.4 Direito Social ao Trabalho

O artigo 6º da Constituição Federal coloca o trabalho como um Direito Social, estipulando no artigo seguintes as garantias mínimas a que eles têm direito no âmbito de suas relações laborais. O trabalho é tido como importante instrumento de inserção social, de melhoria de condição de vida, diminuição das desigualdades e, por conseguinte, trata-se de um Direito Social que visa concretizar a Justiça Social.

Nesse ínterim, o Estado, tanto na criação das leis quanto em sua aplicação, deve se pautar por medidas que estimulam a iniciativa privada a contração de mão de obra, de forma que o particular possa, em maior escala possível, contratar trabalhadores.

Nesse ponto deve ser analisado o contrato de franquia, que cumpre a sua função social gerando empregos, que, por sua vez, é um Direito Social, o qual, por conseguinte, serve para atender a finalidade coletiva da Justiça Social.

A franquia hoje se mostra como o contrato empresarial de extrema importância para a manutenção de mais de 1 milhão de postos de trabalho.

Segundo a Associação Brasileira de Franchising (ABF), no ano de 2003, existiam 678 redes franqueadores e, em 2013, esse número saltou para 2703. Ainda segundo a ABF, no ano de 2003, existiam 56.564 franqueados, ao passo que no ano de 2013, 114.409.

Gráfico 1. Evolução do número de redes franqueadoras.

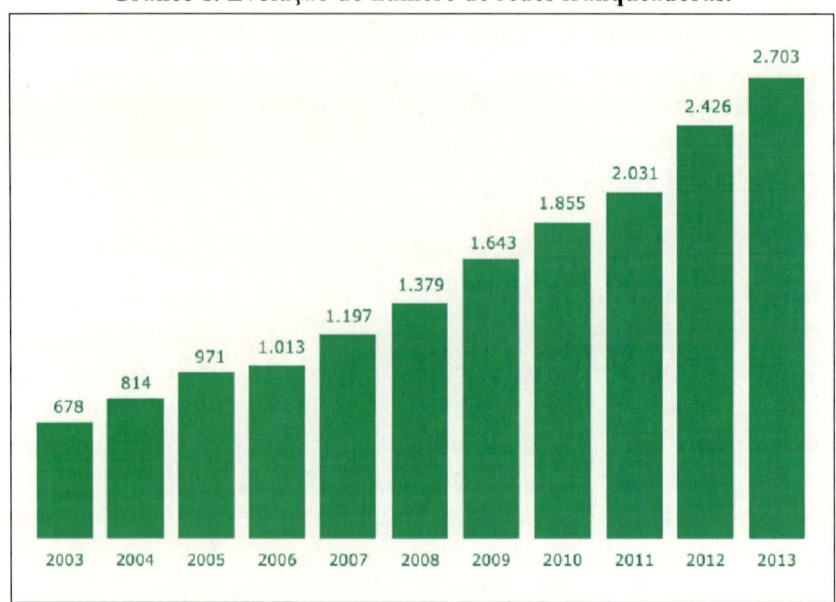

Ano	Número
2003	678
2004	814
2005	971
2006	1.013
2007	1.197
2008	1.379
2009	1.643
2010	1.855
2011	2.031
2012	2.426
2013	2.703

Fonte: Associação Brasileira de Franchising[228]

Gráfico 2. Evolução do número de franqueados.

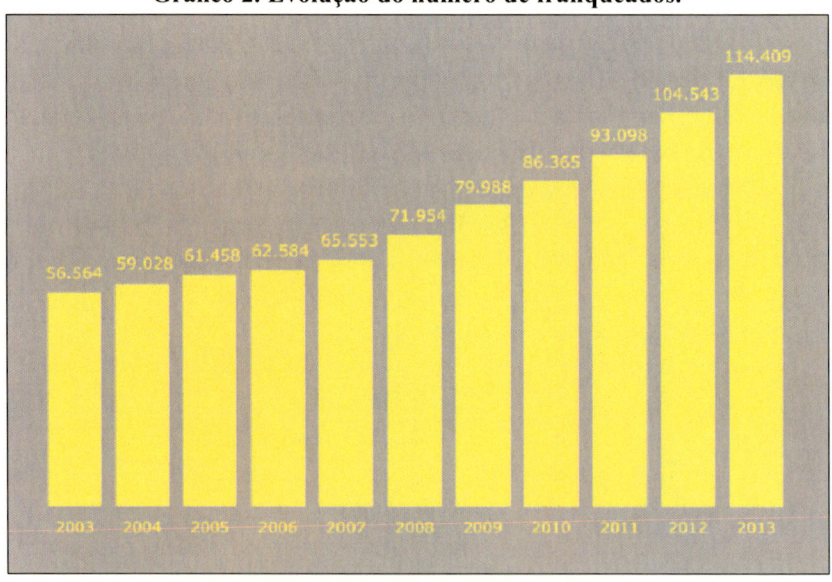

Ano	Número
2003	56.564
2004	59.028
2005	61.458
2006	62.584
2007	65.553
2008	71.954
2009	79.988
2010	86.365
2011	93.098
2012	104.543
2013	114.409

Fonte: Associação Brasileira de Franchising[229]

---

228 ASSOCIAÇÃO BRASILEIRA DE FRANCHISING. *Evolução do Setor 2003-2013*. São Paulo: ABF, 2014. Disponível em: <http://www.portaldofranjchising.com.br/numeros-do-franchising/evolucao-do-setor-de-franchising>. Acesso em: 14 jun. 2014.
229 Id.

Portanto, não há dúvidas de que os Direitos Sociais são colocados no texto constitucional com a finalidade de atingir um Estado mais igualitário e justo, com menos desigualdade, alcançando, sobremaneira, a finalidade da Justiça Social. Os Direitos Sociais, aliados ao princípio da função social, são os principais instrumentos legais e principiológicos existentes para a concretização da Justiça Social.

4.4 Direito Social ao Trabalho

O artigo 6º da Constituição Federal coloca o trabalho como um Direito Social, estipulando no artigo seguintes as garantias mínimas a que eles têm direito no âmbito de suas relações laborais. O trabalho é tido como importante instrumento de inserção social, de melhoria de condição de vida, diminuição das desigualdades e, por conseguinte, trata-se de um Direito Social que visa concretizar a Justiça Social.

Nesse ínterim, o Estado, tanto na criação das leis quanto em sua aplicação, deve se pautar por medidas que estimulam a iniciativa privada a contração de mão de obra, de forma que o particular possa, em maior escala possível, contratar trabalhadores.

Nesse ponto deve ser analisado o contrato de franquia, que cumpre a sua função social gerando empregos, que, por sua vez, é um Direito Social, o qual, por conseguinte, serve para atender a finalidade coletiva da Justiça Social.

A franquia hoje se mostra como o contrato empresarial de extrema importância para a manutenção de mais de 1 milhão de postos de trabalho.

Segundo a Associação Brasileira de Franchising (ABF), no ano de 2003, existiam 678 redes franqueadores e, em 2013, esse número saltou para 2703. Ainda segundo a ABF, no ano de 2003, existiam 56.564 franqueados, ao passo que no ano de 2013, 114.409.

Gráfico 1. Evolução do número de redes franqueadoras.

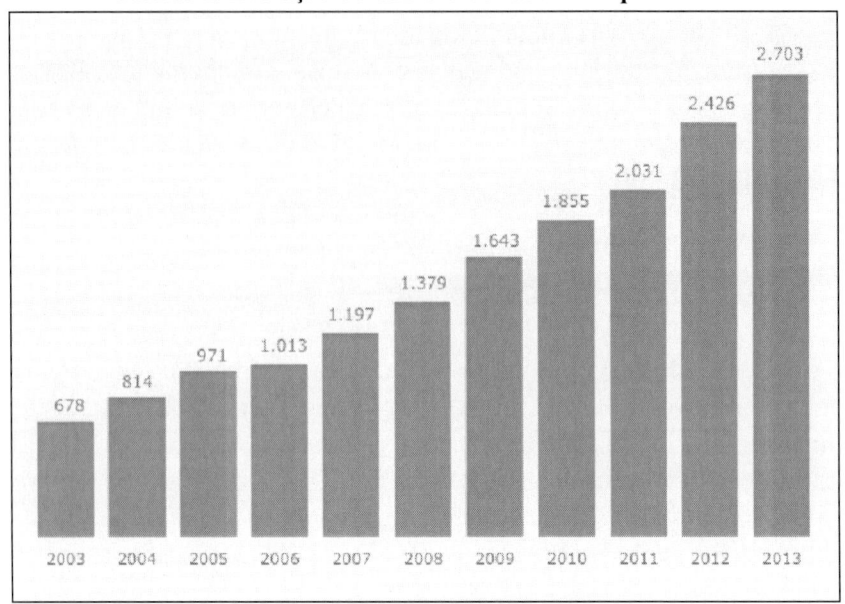

Ano	Número
2003	678
2004	814
2005	971
2006	1.013
2007	1.197
2008	1.379
2009	1.643
2010	1.855
2011	2.031
2012	2.426
2013	2.703

Fonte: Associação Brasileira de Franchising[228]

Gráfico 2. Evolução do número de franqueados.

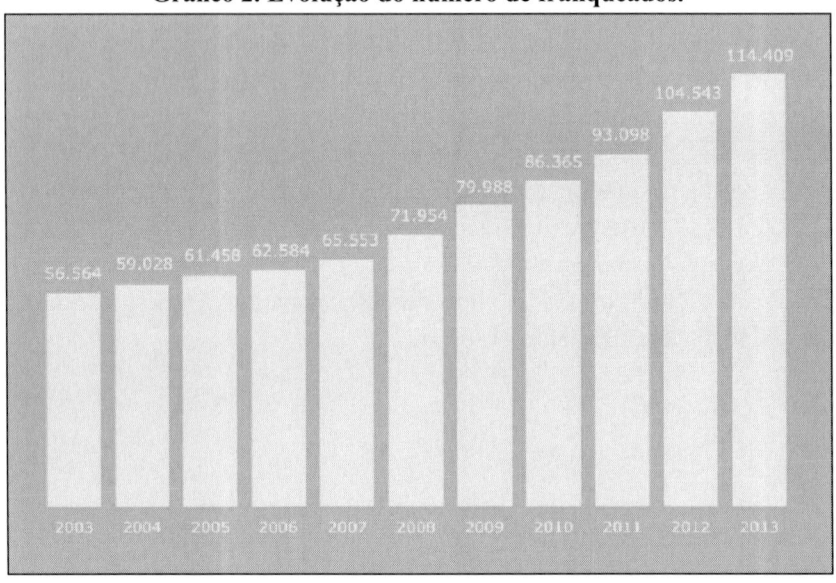

Ano	Número
2003	56.564
2004	59.028
2005	61.458
2006	62.584
2007	65.553
2008	71.954
2009	79.988
2010	86.365
2011	93.098
2012	104.543
2013	114.409

Fonte: Associação Brasileira de Franchising[229]

---

228 ASSOCIAÇÃO BRASILEIRA DE FRANCHISING. *Evolução do Setor 2003-2013*. São Paulo: ABF, 2014. Disponível em: <http://www.portaldofranjchising.com.br/numeros-do-franchising/evolucao-do-setor-de-franchising>. Acesso em: 14 jun. 2014.
229 Id.

A franquia foi o instrumento que ascendeu principalmente no início dos anos 2000 no Brasil, pois esse modelo passou a permitir aos pequenos empreendedores se associarem a grandes marcas, dando segurança e solidez aos negócios que abriam, de forma que todo esse crescimento surtiu reflexo positivo na geração de postos de trabalho.

No ano de 2003, o contrato de franquia gerava 509.076 empregos diretos, ou seja, trabalhadores que dependem diretamente das redes franqueadoras ou das unidades franqueadas, ao passo que em apenas 10 anos esse número dobrou, estando, no ano de 2013, na casa de 1.029.681 trabalhadores contratados de forma direta.

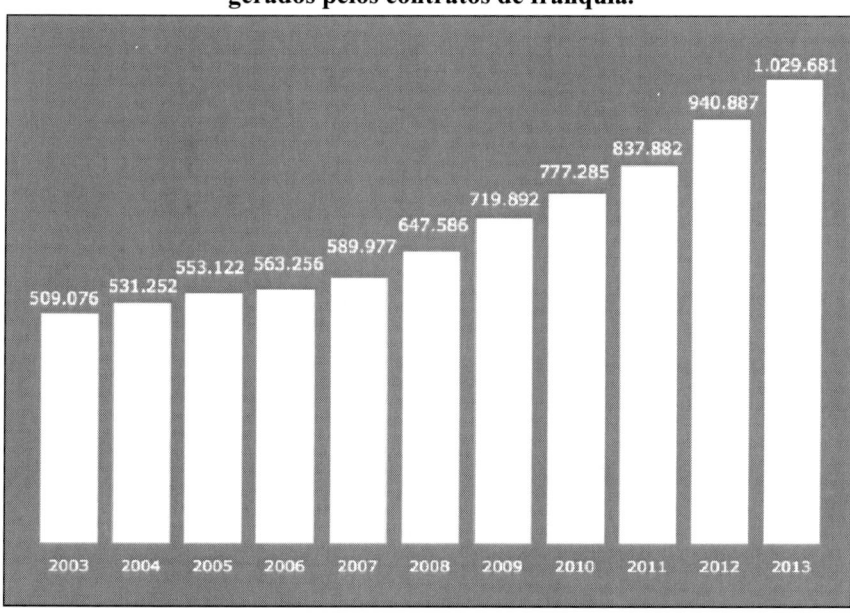

Gráfico 3. Evolução do número de empregos diretos
gerados pelos contratos de franquia.

Fonte: Associação Brasileira de Franchising[230]

Referem-se esses números apenas aos empregos diretos (funcionários contratados pelas redes ou franqueadas), não levando em conta os empregos indiretos gerados, como contração de serviços de advocacia, contabilidade, contração de produtos com fornecedores, por exemplo, que, por sua vez, precisarão contratar mais funcionários etc. Sem sombra de dúvidas, se for levado em conta os empregos indiretos, esse número será muito maior.

230 ASSOCIAÇÃO BRASILEIRA DE FRANCHISING. Evolução do Setor 2003-2013. São Paulo: ABF, 2014. Disponível em: <http://www.portaldofranjchising.com.br/numeros-do-franchising/evolucao-do-setor-de-franchising>. Acesso em: 14 jun. 2014.

Dessa maneira, fica cristalino o papel que a franquia, enquanto contrato que cumpre sua função social e enquanto instrumento que possibilita a contração de milhares de trabalhadores, exerce na sociedade brasileira para o cumprimento da Justiça Social, de forma que o Estado deve tomar medidas para incentivar e estimular ainda mais o seu crescimento, por meio de incentivos legais e fiscais, e não o contrário.

A incidência do ISS sobre os serviços prestados entre franqueador e franqueado irá em sentido contrário à estrutura do pensamento filosófico e jurídico Brasileiro atual, de forma que será um retrocesso para a economia. Poderá, como se verá, gerar um ganho direto aos cofres públicos com o aumento da arrecadação, mas os prejuízos indiretos sofridos se sobreporão a esses ganhos.

5 CONTRATO DE FRANQUIA:
a inconstitucionalidade da incidência do iss e a função social exercida

5.1 Natureza jurídica do objeto do contrato de franquia

O contrato de franquia ou *franchising*, como restou demonstrado no terceiro capítulo do trabalho, é uma espécie de contrato cuja definição legal decorre do artigo 2º da Lei n. 8.955/94, de cunho mercantil.[231]

Trata-se dum contrato através do qual o franqueador (*franchisor*) cede ao franqueado (*franchisee*) o direito de usar sua marca ou patente, associado ao direito de distribuição exclusiva ou semiexclusiva de produtos ou serviços e, eventualmente, também o direito de uso de tecnologia e implantação e administração de negócios ou sistema operacional desenvolvidos ou detidos pelo franqueador, mediante remuneração, sem que haja a caratecrização de vínculo empregatício.

Noutras palavras, o contrato de franquia tem por principal objetivo a licença de exploração de uso de marca ou patente associado à comercialização de produtos ou serviços, o qual pode ser o único objeto. Todavia, nos mais das vezes, o contrato é formalizado contemplando, além da cessão de direito, outros fins.

Através desta avença, o franqueado pode ter acesso a todo o *know-how* do franqueador através da utilização de tecnologia de implantação e administração do negócio ou emprego de sistema operacional desenvolvido.

Paulo de Barros Carvalho, em parecer oferecido à Associação Brasileira de Franchising (ABF), elucida que,

> Na maioria das vezes, entretanto, além de autorização para o uso de determinada marca, o franqueado recebe do franqueador assistência técnica e orientação necessários ao bom desenvolvimento da atividade empresarial objeto de franquia, sempre visando à manutenção da qualidade e reconhecimento comercial do produto franqueado. Nesse caso, determinado empresário concede a outro o direito de usar sua marca em troca de remuneração, comprometendo-se a prestar assitência técnica necessária à continuidade da atividade relacionada à marca cujo uso foi objeto da cessão [...]

---

[231] Jean Guyénot conceituou a franquia como "a concessão de uma marca de produtos ou serviços à qual se acrescenta a concessão do conjunto de métodos e meios de venda" (¿*Qué es el franchising*? Concesiones comerciales. Buenos Aires: Ediciones Juridica Europa-América, 1977, p. 21).

Nota-se que o **fim do contrato de franquia é possibilitar a terceiros a exploração de uma marca ou produto, usufruindo, o franqueado, de todos os benefícios a ela inerentes, tais como experiência empresarial do franqueador, os efeitos de sua publicidade e reconhecimento no mercado.** Essa espécie de contrato envolve elementos jurídicos, como marcas e títulos de estabelecimento, assim como os sinais exteriores indispensáveis à sua identificação pelos consumidores, tais quais padrões visuais, decoração, uniformes, modo de atendimento e de exercício de atividade empresarial.[232]

A franquia é um negócio jurídico que exterioriza um vínculo obrigacional que une franqueador ao franqueado, contudo essa relação contratual não possui apenas um objeto específico, mas em razão de ser de execução continuada, múltiplas facetas, pode possuir, numa só relação contratual, as três modalidades de obrigações, quais sejam, dar, fazer e não fazer.

Referidas obrigações são indissociáveis entre si. Não se tratam de contratos independentes, diversos ou autônomos. É exatamente a relação decorrente de diferentes deveres e direitos, dentro de um único contrato, que caracteriza o contrato de franquia.

Observa Marçal Justen Filho:

> Em tese, o desempenho das atividades de franquia pode envolver a prestação de utilidades (materiais ou não) sob o regime de direito privado, mas não de direito do trabalho. Podem apontar-se as hipóteses de transferência de tecnologia e de treinamento de pessoal, que se constituem em obrigações impostas aos franqueadores, na maioria dos contratos de franquia. Também é possível apontar as obrigações de cumprir políticas e metas coletivas dos sistema de franquia, previstas a cargo dos franqueados na quase totalidade dos casos.
> Quando se conceituou (na medida do possível) o contrato de franquia, destacou-se que seu conteúdo abrangia obrigações de fazer, de não fazer e de dar.
> A complexidade do contrato de franquia deriva, em grande parte, dessa proliferação de deveres heterogêneos gerados para as partes. Ademais, esses deveres de natureza heterogênea são igualmente revelantes para fins contratuais, sendo inviável promover dissociação sem desnaturar o contrato.

---

232 Parecer: *Constitucionalidade da exigência do Imposto sobre serviço (ISS) relativamente às prestações decorrentes dos contratos de franquia.* São Paulo, fev. 2004, p. 19-20, grifo nosso.

Desta feita, a franquia é um "contrato complexo", por possuir múltiplos objetos, apto a envolver uma relação maior do que a mera concessão do direito de uso da marca, contrato que, por suas próprias características, não pode ser dissociado em relação às suas obrigações.[233]

A indissociabilidade das obrigações contidas no contrato de franquia não passou despercebida por Paulo de Barros Carvalho:

> Qualquer tentativa de dissociação das parcelas contratadas acabaria por desnaturar o contrato, pois a franquia não se confunde com a simples cumulação de contratos, cada qual com individualidade própria. **No plexo de deveres impostos a franqueador e franqueado, as avenças são interligadas e dependentes uma das outras: a cessão do uso da marca é indissociável da transferência de tecnologoia, da assistência técnica e demais pactos constantes do ajuste, incumbindo a ambas as partes sua execução, de forma integral.** Eis porque os diversos deveres inerentes ao contrato de franquia não podem ser desmembrados para fins de consideração jurídica, inclusive tributária.[234]

O contrato de *franchising* tem por finalidade principal a cessão do direito de uso da marca ou patente, a fim de que o franqueado possa comercializar produtos ou oferecer os serviços ao consumidor final, donde deriva o pagamento das taxas de franquia e *royalties* ao franqueador.

No entanto, a capacitação, prestação de serviços e compra e venda também são objetos identificados na relação inerente ao contrato de franquia, mas de forma secundária, já que, sem aqueles fins secundários, o próprio propósito da franquia se inviabiliza.

Essas características fazem do contrato em análise uma avença complexa, híbrida, já que envolve obrigações de várias espécies (fazer, não fazer e dar), as quais não podem ser separadas sob pena de descaracterização da natureza jurídica do contrato.

Marcelo Caron Baptista elucida:

> A complexidade decorre da presença, no contrato de franquia, de prestações de dar – *v.g.* compra e venda de mercadorias – de fazer – *v.g.* prestar assistência técnica – e de não fazer – *v.g.* a relacionada aos

---

233 ISS e as atividades de franchising. *Revista de Direito Tributário*, n. 64, São Paulo: Malheiros, 1995, p. 250.
234 *Constitucionalidade da exigência do Imposto sobre serviços (ISS) relativamente às prestações decorrentes dos contratos de franquia*: parecer [documento entregue em mãos]. São Paulo, p. 1-49, fev. 2004, p. 21.

direitos e deveres de exclusividade ou semiexclusividade, tanto do franqueado quanto do franqueador.[235]

Em suma, é a franquia um contrato, de natureza empresarial, complexo, que possui um objeto principal e vários fins acessórios ou secundários, todavia tais escopos são inseparáveis ou indivisíveis para qualquer finalidade.

5.2 Atividades-meio e atividades-fim

Definida a natureza jurídica do objeto do contrato de franquia, importante relacioná-la com o conceito de atividades-meio e atividades-fim, distinção relevante para o deslinde do trabalho.

São atividades-meio aquelas desenvolvidas como requisito ou condição para a realização de uma outra utilidade; já as atividades-fim são aquelas que têm como resultado uma vantagem material ou imaterial colocada à disposição de outrem.

Quando essas atividades são analisadas com escopo de tributação, somente o objeto final, ou seja, a atividade-fim, deve ser considerada, já que as etapas, passos ou tarefas intermediárias necessárias à sua concretização são absorvidas pelo resultado final, não podendo ser individualmente consideradas.

As atividades-meio ou intermediárias são aquelas que tornam possível o objeto principal de um contrato consistente numa obrigação de fazer (não fazer) ou dar para terceiros.[236]

Aires F. Barreto esclarece que em toda e qualquer atividade existem "ações-meio", as quais nomeia de pseudo-serviços, e

> [...] cujo custo é direta ou indiretamente agregado ao preço dos serviços. Mas isso não autoriza possam ser elas tomadas isoladamente, como se cada uma fosse uma atividade autônoma, independente, dissociada daquele que constitui atividade-fim (como seria, por exemplo, se se pretendesse que o advogado presta serviço de datilografia,

---

235 *ISS*: do texto à norma. São Paulo: Quartier Latin, 2005, p. 369.
236 Aires F. Barreto faz referência aos seguintes exemplos: "O serviço de contador, de elaboração de balanços e demonstrações financeiras não muda de natureza pelo fato de serem ou não encadernados, mesmo que haja cobrança de valor adicional, por não serem apresentados em simples listagem de computador. O serviço do advogado, para elaborar parecer jurídico, não assume natureza de serviço de diversa natureza, apresentado oralmente ou por escrito, mesmo que haja cobrança adicional de certa quantia, na hipótese de vir a ser entregue impresso; não cabe cogitar, aí, de prestação de serviço de impressão pelo jurisconsulto" (*Curso de direito tributário municipal*. São Paulo: Saraiva, 2009, p. 356).

mesmo sabendo que o custo dessa atividade-meio, separada ou embutidamente, é sempre cobrado do tomador do serviços, por integrar seu preço).
[...]
A consecução de um fim qualquer exige, sempre, empírica ou cientificamente, o desenvolvimento de atividades de planejamento, envolvendo análises, coleta de dados, de organização, de administração, controle, requerendo cálculos, datilografia e um sem-número de tarefas as quais, nada obstante, *não* se confundem com o fim perseguido, que, por hipótese, poderia ser o de transportar pessoas.[237]

Em sendo assim, as atividades intermediárias, indispensáveis para a consecução de uma obrigação, não podem ser desmembradas para ser individualmente consideradas. São as mesmas consumidas pelas atividades-fim.

O que há sempre de prevalecer, portanto, é o resultado, fruto da atividades-fim, aquilo que foi objeto principal do contrato e que foi almejado para terceiro.

Os passos, processos, etapas ou as atividades-meio são realizadas para o próprio prestador, e não efetivamente para o terceiro contratante, ainda que este reflexamente os aproveite, não constituindo o escopo da avença.

Os conceitos de atividades-meio e atividades-fim são perfeitamente adequáveis ao contrato objeto do presente trabalho, qual seja, o contrato de franquia.

Mister ponderar que a relação submetida ora à análise é aquela derivada do contrato celebrado entre franqueado e franqueador, e não a eventualmente existente entre franqueado e qualquer outra pessoa em virtude do próprio exercício da atividade franqueada.

A par do exposto, cumpre esclarecer que o contrato de franquia é complexo, híbrido, porque tem por fim permitir que terceiros explorem um produto ou marca, os quais, em regra, estão ligados a uma série de ações, como planejamento, organização, administração, publicidade, assistência técnica e treinamento, todas voltadas para o exercício da atividade franqueada.

Essas atividades relacionadas com o exercício da franquia não têm função em si, já que estão voltadas à realização da cessão do direito do uso da marca. São praticadas como instrumentos que viabilizam o contrato de franquia. Constituem, assim, atividades-meio, cujo alvo é o franqueamento.

A peculiaridade do contrato de franquia, quanto às de atividades-meio e atividades-fim, foi observada pelo legislador que contemplou, no artigo 2º da Lei n. 8.955/94, a cessão do direito do uso da marca ou patente como

---
237 *Curso de direito tributário municipal*. São Paulo: Saraiva, 2009, p. 355, grifo do autor.

seu objetivo principal (atividade-fim), estabelecendo que o contrato poderá abarcar, eventualmente, o direito de uso de tecnologia de implantação e administração de negócio ou sistema operacional desenvolvidos ou detidos pelo franqueador (atividades-meio).

Prescreveu também, no artigo 3º da Lei n. 8.955/94, a necessidade da especificação no contrato de *franchising* de todas as atividades que serão desenvolvidas pelo franqueador para a implantação e desenvolvimento da franquia pelo franqueado, *in verbis:*

> Art. 3º. Sempre que o franqueador tiver interesse na implantação de sistema de franquia empresarial, deverá fornecer ao interessado em tornar-se franqueado uma circular de oferta de franquia, por escrito e em linguagem clara e acessível, contendo obrigatoriamente as seguintes informações:
> [...]
> XII - **indicação do que é efetivamente oferecido ao franqueado pelo franqueador**, no que se refere a:
> a) supervisão de rede;
> b) serviços de orientação e outros prestados ao franqueado;
> c) treinamento do franqueado, especificando duração, conteúdo e custos;
> d) treinamento dos funcionários do franqueado;
> e) manuais de franquia;
> f) auxílio na análise e escolha do ponto onde será instalada a franquia; e
> g) layout e padrões arquitetônicos nas instalações do franqueado; [...]
> (grifo nosso).

Desta feita, o contrato de franquia tem por objeto principal a cessão do direito de uso da marca, mas, como descrito, poderá também ter outras atividades como atividades secundárias: a primeira constitui a atividade-fim; e as segundas atividades-meio.

Paulo de Barros Carvalho explica:

> O objeto da franquia é a exploração de marca ou produto devidamente registrado pelo franqueador. Essa é a finalidade do contrato de *franchising*. Outras obrigações acordadas, consistentes em atividades intermediárias, necessárias à boa implantação do empreeendimento e sua regular manutenção, são atividades-meio e não podem ser consideradas prestações autônomas.[238]

---

238 *Franquia*: não incidência de ISS: parecer [documento entregue em mãos]. São Paulo, p. 1-62, jan. 2004, p. 22.

Ocorre que as atividades-meio não são passíveis de tributação. Apenas os frutos objetos do contrato é que poderão se subsumir a eventual hipótese de incidência de uma norma-padrão e, assim, configurar fato gerador de um tributo.

Disso decorre que as atividades secundárias necessárias à consecução do contrato de franquia não poderão ser tributadas via Imposto Sobre Serviços de Qualquer Natureza.

5.3 Impossibilidade da tributação via ISS das atividades-meio no contrato de franquia

O contrato de franquia tem por escopo principal a cessão do direito de uso da marca, a qual constitui, desde que se amolde a uma norma de incidência tributária, a única atividade passível de tributação.

Restou demonstrado que as atividades realizadas como condição para o desenvolvimento de outra utilidade são atividades-meio, enquanto que os atos praticados como fim, os quais geram um resultado material ou imaterial, configuram atividades-fim.

O alvo de toda tributação deve restringir-se ao objetivo final contratado, não às suas etapas ou processos intermediários.

É bem verdade que existe um elo inseparável entre ambas as atividades, uma vez que as secundárias ou acessórias estão à serviço do resultado final, todavia só este pode ser tributado.

É o que se verifica no contrato de franquia, que, para alcançar o propósito pretendido, exploração de uma marca ou patente por pessoa diferente do seu titular, são praticados diversos atos que o viabilizam.

Há, aqui, a aplicação da máxima romana segundo a qual *accessio cedit principali*, ou seja, o acessório segue o principal, do qual resulta que os atos acessórios não serão tributados, mas apenas o objeto principal da atividade contratada.

Demonstra Maria Helena Diniz: "A coisa acessória, apesar de não mais haver menção legal expressa a respeito, segue, logicamente, a principal, ante o princípio da gravitação jurídica, salva disposição especial em contrário".[239]

Atento à referida particularidade, Marcelo Caron Baptista esclarece que, no contrato de franquia, muitos dos serviços prestados pelo franqueador são dirigidos não só ao franqueado como a ele próprio, objetivando a defesa dos seus próprios interesses, o que nomeou de autosserviço.[240]

---

239 DINIZ, Maria Helena. *Curso de direito civil brasileiro*: teoria geral do direito civil. v. 1, 24. ed. São Paulo: Saraiva, 2007, p. 341.
240 *ISS*: do texto à norma. São Paulo: Quartier Latin, 2005, p. 371, 375.

Explica o autor:

> Quando, por exemplo, o franqueador presta assistência técnica ao franqueado, orientando-o sobre a utilização correta do equipamento voltado à comercialização de produtos ou à prestação de serviços, aquele também almeja evitar que o resultado da atividade seja diverso daquele que foi contratado, o que poderia ocasionar uma depreciação da imagem de seus produtos perante a clientela, colocando em risco não só a relação de franquia como a viabilidade de seus negócios como um todo.
> Há, portanto, nessa atividade, também um aspecto de "autosserviço", tornando mais difícil o comportamento conceitual da hipótese de incidência do ISS.

Roque Antonio Carrazza ensina que as ações prévias, que tornam possível o fazer para terceiros, chamadas atividades-meio, em última análise, são levadas a efeito no interesse da própria pessoa (física ou jurídica) que presta, em caráter negocial, um serviço.[241]

Desta feita, as atividades acessórias ou atividades-meio, ainda que consistam num fazer, não poderão sofrer qualquer tipo de incidência tributária, inclusive via Imposto Sobre Serviços de Qualquer Natureza.

O ISS tem como critério material de sua hipótese de incidência a efetiva prestação de serviço. Incide sobre o esforço humano prestado a terceiro com fulcro a uma prestação-fim, consistente num fazer gerador de uma utilidade material ou imaterial.

A finalidade do contrato de franquia é a cessão do direito de uso de marca ou patente. Independentemente de analisar, neste momento, se tal escopo se amolda ao conceito constitucionalmente pressuposto de "serviço", o fato é que todas as atividades desenvolvidas para propiciar o franqueamento, ainda que consistam em fazeres, não se sujeitarão a incidência do imposto municipal em razão de serem as mesmas absorvidas pelo objeto principal do contrato.

Marçal Justen Filho adverte:

> [...] se a lei tributária dissociasse os diversos ângulos do contrato de franquia e considerasse determinada obrigação de fazer como autônoma (para fins de inserção na materialidade da hipótese de incidência do ISS), estaria legitimada a tributação de qualquer obrigação de fazer – mesmo daquelas acessórias. Nada impediria que o Município deliberasse incluir na mesma norma tributária a obrigação do vendedor responder por evicção por exemplo. Também

---
241 *Reflexões sobre a obrigação tributária*. São Paulo: Noeses, 2010, p. 122.

seria viável impor tributação dos "serviços" prestados pelo sócio em prol da sociedade etc.[242]

Os tribunais superiores são uníssonos no sentido da intributabilidade das atividades secundárias, inclusive por meio do Imposto Sobre Serviços de Qualquer Natureza, mesmo quando consistentes numa obrigação de fazer.

Merece transcrição julgado recente que, muito embora verse sobre ICMS, demonstra a posição do Supremo Tribunal Federal quanto à incidência do imposto apenas sobre as atividades-fim:

> RECURSO EXTRAORDINÁRIO. TRIBUTÁRIO. ICMS. HABILITAÇÃO DE APARELHOS CELULARES. A LEI GERAL DE TELECOMUNICAÇÕES (ART. 60, § 1º, DA LEI Nº 9.472/97) **NÃO PREVÊ O SERVIÇO DE HABILITAÇÃO DE TELEFONIA MÓVEL COMO ATIVIDADE-FIM, MAS ATIVIDADE-MEIO PARA O SERVIÇO DE COMUNICAÇÃO.** A ATIVIDADE EM QUESTÃO NÃO SE INCLUI NA DESCRIÇÃO DE SERVIÇOS DE TELECOMUNICAÇÃO CONSTANTE DO ART. 2º, III, DA LC 87/1996, POR CORRESPONDER A PROCEDIMENTO TIPICAMENTE PROTOCOLAR, CUJA FINALIDADE REFERE-SE A ASPECTO PREPARATÓRIO. **OS SERVIÇOS PREPARATÓRIOS, TAIS COMO HABILITAÇÃO, INSTALAÇÃO, DISPONIBILIDADE, ASSINATURA, CADASTRO DE USUÁRIO E EQUIPAMENTO, ENTRE OUTROS, QUE CONFIGURAM ATIVIDADE-MEIO OU SERVIÇOS SUPLEMENTARES, NÃO SOFREM A INCIDÊNCIA DO ICMS, POSTO SERVIÇOS DISPONIBILIZADOS DE SORTE A ASSEGURAR AO USUÁRIO A POSSIBILIDADE DO USO DO SERVIÇO DE COMUNICAÇÃO, CONFIGURANDO AQUELES TÃO SOMENTE ATIVIDADES PREPARATÓRIAS DESTES, NÃO INCIDINDO ICMS.** INOCORRÊNCIA DE VIOLAÇÃO AOS ARTS. 2º, 150, I, E 155, II, DA CF/88. DESPROVIMENTO DO RECURSO EXTRAORDINÁRIO. (STF, Tribunal pleno, RE 572020/DF, Relator Min. Marco Aurélio, Data do Julgamento: 06/02/14, grifos nossos).

Dessume-se do julgado que o STF entende que o ICMS incide, tão somente, na atividade final, que é o serviço de telecomunicação propriamente dito, e não sobre o ato de habilitação do telefone celular, que se afigura como atividade meramente intermediária.

---

242 ISS e as atividades de franchising. *Revista de Direito Tributário*, n. 64, São Paulo: Malheiros, 1995, p. 253-254.

No mesmo sentido são os julgados do Superior Tribunal de Justiça.

> TRIBUTÁRIO. AGRAVO REGIMENTAL NO RECURSO ESPECIAL. **ISS. SERVIÇOS DE TELECOMUNICAÇÕES. ATIVIDADE-MEIO.** TRIBUTAÇÃO. IMPOSSIBILIDADE. PRECEDENTES.
> 1. Este Superior Tribunal de Justiça já consolidou o entendimento no sentido de que os serviços de **atividade-meio** indispensáveis ao alcance da atividade-fim, prestados pelas companhias telefônicas, não são passíveis da incidência do ISS. Precedentes: AgRg nos EDcl no AREsp 48.665/PR, Rel. Ministro Castro Meira, Segunda Turma, julgado em 7/2/2012, DJe 16/2/2012; AgRg no REsp 1.192.020/MG, Rel. Ministro Humberto Martins, Segunda Turma, julgado em 19/10/2010, DJe 27/10/2010; e REsp 883.254/MG, Rel. Ministro José Delgado, Primeira Turma, julgado em 18/12/2007, DJ 28/2/2008, p. 74. 2. Agravo regimental a que se nega provimento. (STJ, Segunda Turma, AgRg nos EDcl no AREsp 48665/PR, Relator Min. Castro Meira, Data do Julgamento: 07/02/2012, grifos nossos).

Para defender a não incidência do Imposto Sobre Serviços de Qualquer Natureza sobre as operações-meio no contrato de franquia, Paulo de Barros Carvalho faz interessante analogia com com a Teoria das Relações, utilizando-se da "lógica dos predicados poliádicos", sustentando que

> Estuda-se nela o cálculo das relações, isto é, o conjunto das operações possíveis entre relações dadas. Interessa-nos, no presente caso, a "inclusão de relações". Uma relação está incluída em outra se, e somente se, instaurando-se a primeira entre dois indivíduos, a segunda, inevitavelmente, também ocorrer. Esclarece Helmut Seiffert que a relação de classe inclusiva dá-se quando uma classe "A" contém totalmente uma classe "B". Nesse caso, todo elemento de "B" é também elemento de "A", posto que "A" inclui "B".
> Fazendo incidir essas noções ao caso [...], observa-se que os serviços de assistência técnica, tais como supervisão de rede, orientação, organização, treinamento e publicidade, encontram-se incluídos na atividade de franquia, posto que imprescindíveis à implantação e desenvolvimento das atividades do franqueado, bem como manutenção da qualidade e renome da marca ou produto objeto da cessão de direito. Por decorrência, a relação contratual de franquia é classe que contém a prestação de determinados serviços pelo franqueador, não podendo dela ser dissociada, sequer para fins de tributação.[243]

---

243 *Constitucionalidade da exigência do Imposto sobre serviços (ISS) relativamente às prestações decorrentes dos contratos de franquia*: parecer [documento entregue em mãos]. São Paulo, p. 1-49, fev. 2004, p. 28.

Desta feita, a relação contratual de franquia é classe que contém a prestação de certos serviços pelo franqueador, os quais não podem dela ser apartada, nem ao menos para incidência de qualquer exação.

Conclui Marçal Justen Filho, em seu artigo sobre o ISS e as atividades de *franshising*:

> **As atividades desenvolvidas pelas partes, em decorrência da franquia, não podem ser isoladamente consideradas, porquanto há plexo indissociável de deveres de dar, fazer e de não fazer.** Essas peculiaridades inviabilizam considerar as atividades de cada parte como uma prestação de serviço à outra, especialmente em vista de um fim comum em que todos os envolvidos buscam realizar. Não há, inclusive, possibilidade de individualizar uma remuneração específica como correspondente a um dever determinado imposto às partes. Por tudo, **é inviável eleger essas atividades de franquia para integrar a materialidade da hipótese de incidência do ISS**.[244]

Em sendo assim, as atividades secundárias, ainda que consistentes em obrigações de fazer, não são passíveis de tributação via Imposto Sobre Serviços de Qualquer Natureza, nem mesmo por qualquer exação, já que apenas as atividades-fim é que poderão se sujeitar a eventual hipótese de incidência tributária.

No caso específico do contrato de franquia, nem mesmo sua atividade-fim poderá ser a cobrança de ISS. Por primeiro porque a cessão do direito de uso de marca ou patente é atividade que não se subsume ao conceito constitucionalmente pressuposto de "serviço"; depois, porque a incidência dessa espécie de imposto na avença fere sua função social.

5.4 Inconstitucionalidade da incidência do ISS no contrato de franquia em razão da não subsunção ao conceito constitucional de "serviço"

O propósito principal do contrato de franquia, nos termos da legislação que o regula, é a cessão do direito de uso da marca ou patente do franqueador para o franqueado. Todavia, como restou demonstrado, pode a avença contemplar obrigações secundárias, tais como oferecimento de tecnologia e assistência técnica indispensáveis ao desempenho da atividade empresarial franqueada.

---

244 ISS e as atividades de franchising. *Revista de Direito Tributário*, n. 64, São Paulo: Malheiros, p. 242-256, 1995, p. 254, grifos nossos.

Face às referidas características, o contrato de franquia goza de natureza complexa, híbrida, de forma que as atividades sencundárias não se sujeitam ao imposto sobre serviço, assim como seu escopo principal, por não se enquadrar no conceito constitucional de "serviço", imprescindível à incidência.

O critério material da hipótese de incidência do Imposto Sobre Serviços de Qualquer Natureza consiste na "prestação de serviços de qualquer natureza, definidos em lei complementar".

Há um conceito constitucionalmente pressuposto para "serviço"[245], derivado da análise do arquétipo do imposto municipal, consistente naquele oriundo de uma prestação de fazer, fruto de um negócio jurídico (relação jurídica), consubstanciado nos termos do direito privado, o qual se perfaz num comportamento humano, material ou imaterial, em benefício de outrem.

Assim, da análise da norma-padrão pressuposta pela constituição dessume-se que são caraterísticas do serviço passível de tributação via ISS:

a. ter conteúdo econômico e ser realizado em cumprimento de um dever jurídico contratual;
b. estar submetido ao regime de direito privado;
c. ser prestado sem vínculo empregatício;
d. ter como prestação-fim uma obrigação fazer;
e. ser realizado com habitualidade e efetivamente;

Evidente, portanto, a imprescindibilidade de um trabalho humano físico ou intelectual para que se tenha configurada a "prestação de serviço", critério material da hipótese de incidência do ISS.

---

245 O Superior Tribunal de Justiça coaduna no sentido de que o conceito de serviço, para fins de incidência do ISS, é constitucional:
"PROCESSUAL CIVIL E TRIBUTÁRIO. AGRAVO REGIMENTAL NO RECURSO ESPECIAL. AÇÃO RESCISÓRIA. ISS SOBRE ARRENDAMENTO MERCANTIL. **DISCUSSÃO SOBRE O CONCEITO DE SERVIÇO. QUESTÃO CONSTITUCIONAL.**
1. **A discussão acerca do conceito de serviços, para fins de definição acerca da incidência, ou não, do ISS sobre as operações de arrendamento mercantil, é de natureza constitucional** (art. 156, III, da CF/88). Precedentes: AgRg no Ag 1.284.624/PR, Rel. Ministro Cesar Asfor Rocha, Segunda Turma, DJe 04/09/2012; AgRg no REsp 1.102.016/RS, Rel. Ministro Castro Meira, Segunda Turma, DJe 10/11/2010; AgRg no Ag 1.301.050/RS, Rel. Ministro Hamilton Carvalhido, Primeira Turma, DJe 02/12/2010.
2. Não é possível, pela via do recurso especial, conhecer da alegação de que o acórdão recorrido, ao julgar improcedente ação rescisória, violou preceito constitucional. O remédio processual adequado para esse mister é o recurso extraordinário. No mesmo sentido: AgRg no AREsp 401.586/RJ, Rel. Ministro Humberto Martins, Segunda Turma, DJe 20/11/2013; AgRg no REsp 1.139.395/PE, Rel. Ministra Eliana Calmon, Segunda Turma, DJe 10/04/2013; AgRg no REsp 1.213.576/RJ, Rel. Ministro Arnaldo Esteves Lima, Primeira Turma, DJe 18/03/2011. 3. Agravo regimental não provido. (STJ, 1° Turma, AgRg no REsp 1428438/SC, Relator Benedito Gonçalves, data do julg. 07/10/14)" (grifo nosso).
Outrossim, segundo o Tribunal Superior o conceito de serviço, para fins de incidência do ISS, deve ser extraído do art. 156, III, da CF/88 (STF, Segunda Turma, AgRg no REsp 1.102.016/RS, Relator Min. Castro Meira, DJe de 10/11/2010; STF, Primeira Turma, REsp 838.968/SC, Relator Min. Luiz Fux, DJ de 15/10/2007).

A cessão de direitos, atividade-fim do contrato de franquia, não se enquadra no citado conceito de "serviço", uma vez que a entrega de marca ou produto para uso de terceiros independe de qualquer esforço humano, não constituindo obrigação de fazer[246].

Há cessão de direito quando existe um negócio jurídico em que alguém cede a outrem, mediante contraprestação pecuniária, direitos dos quais é proprietário.

No escólio de Maria Helena Diniz:

> Juridicamente, portanto, suceder é colocar-se no lugar do sujeito de direito, ativa ou passivamente, uma outra pessoa, de tal forma que o direito deixe de integrar o patrimônio de um (cedente) para ingressar no do outro (cessionário). O ato determinante dessa transmissibilidade das obrigações designa-se *cessão,* que **vem a ser a transferência negocial, a título gratuito ou oneroso, de um direito, de um dever, de uma ação ou de um complexo de direitos, deveres e bens, com conteúdo predominantemente obrigatório, de modo que o adquirente (cessionário) exerça posição jurídica idêntica à do antecessor (cedente).**[247]

No contrato de franquia, o cedente (franqueador) permite que o cessionário (franqueado) utilize a marca da qual é titular mediante o pagamento de um valor chamado de *royalties*. Nele há cessão do direito de comercializar marcar e produtos do qual o franqueador é proprietário.

Coaduna Waldírio Bulgarelli ao citar que a franquia é "operação pela qual um comerciante, **titular de uma marca comum, cede seu uso**, num setor geográfico definido, a outro comerciante".[248]

Não existe, no objeto principal da avença de *franchising*, esforço intelectual ou físico do franqueador que possa caracterizar uma prestação de serviço, mas sim cessão de direitos de propriedade imaterial ao franqueado.

É notória a distância existente entre cessão de direitos e pretação de serviços, donde resulta a inconstitucionalidade quando se pretende tributar, via Imposto Sobre Serviços de Qualquer Natureza, atividade que não se almoda ao arquétipo constitucional, especialmente ao conceito de serviço pressuposto.

---

246 Cita-se, a título de esclarecimento: "Obrigação de fazer permanece a prestação de serviços, ainda que associada ao emprego de materiais e equipamentos. A presença de uso ou emprego de materiais e aparelhos na prestação de serviço não significa entrega de coisa, decorrente de obrigação de dar. Unidade incindível que é, a obrigação de fazer não se transmuta em dar pela utilização ou emprego de tais materiais e equipamentos em sua prestação" (SARTIN, Agostinho. ICM e ISS e obrigações de dar e de fazer. *Revista de direito tributário*, n. 19-20, jan./jun. 1982, p. 50).

247 DINIZ, Maria Helena. *Curso de direito civil brasileiro*: teoria geral das obrigações. v. 2, 22. ed. rev. e atual., de acordo com a Reforma do CPC. São Paulo: Saraiva, 2007, p. 431 (negrito nosso).

248 *Contratos mercantis*. 5. ed. São Paulo: Atlas, 1990, p. 484, grifo nosso.

Foi com base na não subsunção ao conceito constitucional de serviço que houve a declaração da inconstitucionalidade da incidência do ISS nas operações de locação de bens móveis culminando a edição da Súmula Vinculante n. 31.

Neste sentido, importante a transcrição da ementa do julgamento proferido no RE n. 116.121, precedente da súmula, o qual determina que a supremacia da Carta Federal impõe que seja glosada a cobrança de tributo discrepante do figurino constitucional.

> **TRIBUTO - FIGURINO CONSTITUCIONAL. A supremacia da Carta Federal é conducente a glosar-se a cobrança de tributo discrepante daqueles nela previstos.**
> IMPOSTO SOBRE SERVIÇOS - CONTRATO DE LOCAÇÃO. **A terminologia constitucional do Imposto sobre Serviços revela o objeto da tributação. Conflita com a Lei Maior dispositivo que imponha o tributo considerado contrato de locação de bem móvel.**
> Em Direito, os institutos, as expressões e os vocábulos têm sentido próprio, descabendo confundir a locação de serviços com a de móveis, práticas diversas regidas pelo Código Civil, cujas definições são de observância inafastável - artigo 110 do Código Tributário Nacional. (STF, Tribunal Pleno, RE/SP 116.121, Relator Ministro Marco Aurélio, Data do Julgamento: 11/10/00).

Nos tribunais superiores, a incidência do Imposto Sobre Serviços de Qualquer Natureza, especificamente no contrato de franquia, conta com dois momentos: o anterior e o posterior à entrada em vigor da Lei Complementar n. 116/03.

Isto porque a Lei complementar n. 116/03, que regula o imposto municipal, fez constar expressamente no subitem 17.08 da lista anexa dos serviços tributáveis o contrato de franquia, o que não acontecia com a Lei Complementar n. 56/87, a qual não trazia a avença dentre as atividades sujeitas à exação.

Antes da Lei Complementar n. 116/03, era assente no Superior Tribunal de Justiça a não incidência do tributo municipal e distrital no contrato em análise, basicamente pelos seguintes argumentos: a) tratar-se de contrato de natureza complexa, contemplador de várias atividades, não consubstanciando prestação de serviço; e b) não haver previsão legal do contrato de franquia no rol dos serviços tributáveis.[249]

---

249 Cf. REsp 221.577/MG; REsp 222.246/MG; REsp 189.225/RJ; AGA 436.886/MG; REsp 403.799/MG.

Com o advento do novo regramento, a questão passou a ser entendida de outra forma pelo referido Tribunal Superior. Segundo a atual posição, há incidência do imposto no contrato de franquia, por constar a atividade expressamente na lista anexa das atividades tributáveis (subitem 17.08), entendendo, ainda, que a subsunção ou não do franqueamento ao conceito de serviço é eminentemente constitucional, de modo que só poderia ser analisado pela Corte Suprema.[250]

No Supremo Tribunal Federal, a questão ainda não está resolvida. Após o advento da Lei complementar n. 116/03, a Suprema Corte vinha entendendo que a celeuma envolvia matéria relativa à interpretação de legislação infraconstitucional e que eventual afronta à constituição seria indireta, reflexa, hipótese em que não seria cabível o Recurso Extraordinário.[251] Não havia o reconhecimento do viés constitucional sobre o tema.

Todavia, no julgamento do RE n. 603.136-RG/RJ, o relator Ministro Gilmar Mendes reconheceu que a matéria relativa à incidência do imposto municipal no contrato de franquia envolve repercussão geral, já que o afastamento da exação pressupõe a declaração da inconstitucionalidade do subitem contido na Lei Complementar.[252, 253]

Não bastasse a não subsunção da atividade-fim decorrente do contrato de *franchising* ao conceito de serviço pressuposto pela Carta Política, a inconstitucionalidade da incidência do ISS na avença é reforçada pela violação da norma contida no artigo 110 do Código Tributário Nacional.

Como reiterado em itens anteriores, o artigo 156, inciso III, da Constituição Federal determina que o imposto municipal e distrital deve incidir sobre "serviços de qualquer natureza", nao compreendidos no artigo 155, inciso II, definidos em lei complementar.

---

250 Precedentes: EDcl no AREsp 124423/SP; AgRg no REsp 1.151.492/SP; AgRg no REsp 1.191.839/DF; AgRg no REsp 982.171/RJ; AgRg no REsp 1.151.492/SP; AgRg no REsp 1.140.028/MG; EDcl no REsp 1.066.071/SP; AgRg no AREsp 109.680-MG; EDcl no REsp 1121098-SP.

251 Cf. RE 571.256-AgR/PR; RE 500.783/MG; AI 583.632-AgR/MG; AI 676.778-AgR/SP; RE 603.015/MG; AI 730.821/RJ; AI 755.761-AgR/SP, AI 767.834/RS; AI 785.176/RJ.

252 Menciona o relator: "Assim, percebo que a qualificação como serviço de atividade que não ostenta essa categoria jurídica implicaria violação frontal à matriz constitucional do imposto, havendo, pois, questão constitucional em debate".

253 A constitucionalidade do subitem 17.08 também é objeto da Ação Direta de Inconstitucionalidade (ADI) n. 4784, proposta em maio de 2012, pela Anafpost - Associação Nacional das Franquias Postais do Brasil.
O tema é atual e tem sido discutido nas instâncias judiciais inferiores, tanto que 18ª Câmara de Direito Público do Tribunal de Justiça de São Paulo, em decisão proferida em agosto de 2014, na Apelação n. 1005329-60.2013.8.26.0053, reconheceu a inconstitucionalidade da incidência do ISS no contrato de franquia.
"Ementa: AÇÃO DECLARATÓRIA DE INEXIGIBILIDADE DE ISS SOBRE CONTRATO DE FRANQUIA JULGADA PROCEDENTE. APELAÇÃO–O CONTRATO DE FRANQUIA É CONTRATO COMPLEXO QUE ABRANGE DIVERSOS TIPOS DE RELAÇÕES ENTRE FRANQUEADOR E FRANQUEADO, NÃO SE CONSTITUINDO EM SERVIÇO SOBRE O QUAL POSSA INCIDIR ISS. INCONSTITUCIONALIDADE DO ITEM 17.08 DA LISTA ANEXA À LC 116/03. RECONHECIDA PELO E. ÓRGÃO ESPECIAL DO TJSP. NEGADO PROVIMENTO AO RECURSO".

O presente trabalho abarca a tese de que, observando os ditames constitucionais, compete à lei complementar nacional definir os serviços passíveis de tributação, os quais foram listados pela Lei Complementar n. 116/03 de forma taxativa.

Muito embora a função da lei complementar seja elencar os serviços tributáveis via ISS, não pode ela incluir atividade que de fato não constitua "serviço", sob pena de afronta à supremacia constitucional.

O conceito de "serviço", por constituir numa obrigação de fazer, é consagrado pelo Direito Civil e foi utilizado pela Constituição Federal, conforme acima exposto, ao estabelecer, ainda que implicitamente, o arquétipo do Imposto Sobre Serviços de Qualquer Natureza.

Adverte Ives Gandra da Silva Martins: "Não se pode admitir na expressão 'complementar' que a lei possa esclarecer alterando o que na Constituição esteja explícita ou implicitamente exposto"[254].

Em sendo assim, não pode sofrer alteração por norma infraconstitucional, quer complementar ou ordinária. É o que decorre da norma interpretativa prevista no artigo 110 do Código Tributário Nacional[255], *in verbis:*

> A lei tributária não pode alterar a definição, o conteúdo e o alcance de institutos, conceitos e formas de direito privado, utilizados, expressa ou implicitamente, pela Constituição Federal, pelas Constituições dos Estados, ou pelas Leis Orgânicas do Distrito Federal ou dos Municípios, para definir ou limitar competências tributárias.

Viola, pois, o artigo 110 do Código Tributário Nacional a incidência do ISS na atividade decorrente do contrato de franquia, já que a Lei Complementar n. 116/03 incluiu no rol dos serviços tributáveis, especificamente no subitem 17.08, atividade que de fato não constitui serviço[256], o que a eiva de inconstitucionalidade.

---

254 I.S.S. – Cumulatividade: Parecer. *Revista de direito tributário*, n. 11-12, jan./jul. 1980, p. 159.
255 No julgamento do REsp n. 1.137.033/RJ, o STJ reconheceu que "o art. 110 do CTN veicula norma que versa sobre os limites da competência tributária concorrente, **ostentando caráter constitucional** e, por isso, insuscetível de conhecimento na via do recurso especial" (grifo nosso).
256 Muito embora não recente, valiosos os ensinamentos contidos na decisão prolatada pelo Superior Tribunal de Justiça, já que demonstram exatamente a posição defendida no trabalho.
"PROCESSUAL CIVIL. AGRAVO REGIMENTAL. RECURSO ESPECIAL. TRIBUTÁRIO. ISS. FRANQUIA (*FRANCHISING*). NATUREZA JURÍDICA HÍBRIDA (PLEXO INDISSOCIÁVEL DE OBRIGAÇÕES DE DAR, DE FAZER E DE NÃO FAZER). PRESTAÇÃO DE SERVIÇO. CONCEITO PRESSUPOSTO PELA CONSTITUIÇÃO FEDERAL DE 1988. AMPLIAÇÃO DO CONCEITO QUE EXTRAVASA O ÂMBITO DA VIOLAÇÃO DA LEGISLAÇÃO INFRACONSTITUCIONAL PARA INFIRMAR A PRÓPRIA COMPETÊNCIA TRIBUTÁRIA CONSTITUCIONAL. INCOMPETÊNCIA DO SUPERIOR TRIBUNAL DE JUSTIÇA. NÃO CONHECIMENTO DO RECURSO ESPECIAL. VIOLAÇÃO DO ARTIGO 535, DO CPC. NÃO OCORRÊNCIA.
1. O ISS na sua configuração constitucional incide sobre uma prestação de serviço, cujo conceito pressuposto pela Carta Magna eclipsa *ad substantia obligatio in faciendo*, inconfundível com a denominada obrigação de dar.

Isto porque na delimitação constitucional da competência impositiva do tributo municipal e distrital, o legislador utilizou conceitos derivados do direito privado para a delimitação do arquétipo dos tributos, os quais não podem ser modificados, sob pena de alteração da competência tributária impositiva por normas infraconstitucionais.

Ensina Misabel Derzi, em atualização à obra de Aliomar Baleeiro:

> Sendo assim, o art. 110 do CTN determina a cristalização da denotação e da conotação jurídica daqueles institutos, conceitos e formas, vedando-se ao legislador tributário a alteração de sentido que é própria do Direito Privado. O art. 110, implicitamente, somente dita o comando: obedeça-se a Constituição. [...]
> Pois bem, o art. 110 é uma limitação à discricionariedade do legislador tributário. [...] Fica o legislador tributário, que já recebeu a

---

2. Outrossim, a Constituição utiliza os conceitos de direito no seu sentido próprio, com que implícita a norma do artigo 110, do CTN, que interdita a alteração da categorização dos institutos.
3. Consectariamente, qualificar como serviço a atividade que não ostenta essa categoria jurídica implica em violação bifronte ao preceito constitucional, porquanto o texto maior a utiliza não só no sentido próprio, como também o faz para o fim de repartição tributária-constitucional (RE 116121/SP).
4. Sob esse enfoque, é impositiva a regra do artigo 156, III, da Constituição Federal de 1988, *verbis*:
'*Art. 156. Compete aos Municípios instituir impostos sobre:*
[...]
III - serviços de qualquer natureza, não compreendidos no art. 155, II, definidos em lei complementar.
(Redação dada pela Emenda Constitucional no 3, de 1993).
[...]'
5. A dicção constitucional, como evidente, não autoriza que a lei complementar inclua no seu bojo atividade que não represente serviço e, *a fortiori*, obrigação de fazer, porque a isso corresponderia franquear a modificação de competência tributária por lei complementar, com violação do pacto federativo, inalterável sequer pelo poder constituinte, posto blindado por cláusula pétrea.
6. O conceito pressuposto pela Constituição Federal de serviço e de obrigação de fazer corresponde aquele emprestado pela teoria geral do direito, segundo o qual o objeto da prestação é uma conduta do obrigado, que em nada se assemelha ao *dare*, cujo antecedente necessário é o repasse a outrem de um bem preexistente, a qualquer título, consoante a homogeneidade da doutrina nacional e alienígena, quer de Direito Privado, quer de Direito Público.
[...]
12. A mera inserção da operação de franquia no rol de serviços constantes da lista anexa à Lei Complementar 116/2003 não possui o condão de transmudar a natureza jurídica complexa do instituto, composto por um plexo indissociável de obrigações de dar, de fazer e de não fazer. 13. Destarte, revela-se inarredável que a operação de franquia não constitui prestação de serviço (obrigação de fazer), escapando, portanto, da esfera da tributação do ISS pelos municípios.
14. A afirmação de constitucionalidade da inserção da franquia como serviço e a proposição recursal no sentido de que aquela incide em inequívoca inconstitucionalidade do Subitem 17.08, da relação anexa à Lei Complementar 116/2003, conjura a incompetência imediata do STJ para a análise de recurso que contenha essa antinomia como essência em face da repartição constitucional que fixa os lindes entre esta E. Corte e a Corte Suprema.
[...]
20. Agravo regimental desprovido. (STJ, 1 Turma, AgRg no REsp n. 953.840 – RJ, relator Ministro Luiz Fux, data do Julg. 20.08.09)."

competência, definida segundo aquele conceito, forma ou instituto privado, de expandi-lá por meio da atribuição de novo sentido ou predicação ao objeto delimitado na Constituição.[257]

Na verdade, qualquer alteração de definição hospedada numa norma implica em modificação desta. Se o legislador altera um conceito que está contido na Constituição, ele altera a própria Constituição.

Hugo de Brito Machado explica:

> Não é necessário que o conceito de serviço esteja no Direito privado. Muito menos que ele esteja definido em norma do Direito privado. Para que ele não possa ser alterado pelo legislador tributário basta que esteja, como está, na Constituição Federal, pois sua alteração pelo legislador implica evidente alteração da norma da Constituição na qual está albergado.[258]

Assim, não seria necessária a regra do artigo 110 do Código Tributário Nacional para se concluir pela inconstitucionalidade da incidência do imposto municipal sobre atividade não consistente em prestação de serviço, já que deveriam os legisladores, complementar e ordinário, respeitar os conceitos utilizados pela Carta Política para restringir ou definir competências impositivas.

Aires F. Barreto conclui:

> É inequívoca a intributabilidade, por via de ISS, da atividade de franquia. O *franchising* (espécie de cessão de direitos) não se subsume ao conceito constitucional de serviços tributáveis por esse imposto municipal; consequentemente, dita atividade econômica não está abrangida pela competência tributária atribuída aos Municípios pela Constituição Federal. A exigência de ISS agride a Carta Magna. Não podem os Municípios invadir a área de competência da União para tributar a cessão de direitos. Só pode fazê-lo a União, caso delibere exercitar sua competência residual (art. 154, I, da CF).
> *Ergo,* reitera-se, é manifestamente inconstitucional o subitem 17.08 da lista que acompanha a Lei Complementar 116/2003.[259]

A inconstitucionalidade da incidência é reforçada pela circunstância de o subitem 17.08 estar em completo descompasso com o item 17, seu gênero.

---

257 Notas atualizadoras. In: BALEEIRO, Aliomar. *Direito tributário Brasileiro.* 11. ed. atual. Rio de Janeiro: Forense, 2006, p. 492-493.
258 MACHADO, Hugo de Brito. *O ISS e a locação ou cessão de direito de uso.* 2004. Disponível em: <http://www.hugomachado.adv.br/>. Acesso em: 24 dez. 2014.
259 *ISS na constituição e na lei.* 3. ed. São Paulo: Dialética, 2009, p. 221.

Conforme restou demonstrado no subitem 2.3.3.1, do Capítulo 2, os itens são gêneros dos quais os subitens são espécies.

Havendo descompasso, se o subitem não pertencer ao gênero previsto no item, não constituir espécie da classe, haverá inconstitucionalidade no rol, não podendo prevalecer a tributação.

O item 17 da lista anexa da Lei Complementar n. 116/03 diz respeito aos serviços de apoio técnico, administrativo, jurídico, contábil, comercial e congêneres, e o subitem 17.08, à Franquia (*franchising*).

O objeto do contrato de franquia, além de não constituir serviço, não se coaduna com as atividades previstas no item do qual deveria ser espécie. A cessão de direito de uso da marca ou patente não pertence à classe dos serviços elencados como gênero no item 17, donde também deriva a inconstitucionalidade da incidência.

É cristalina a intributabilidade, via ISS, da atividade de *Franchising*. O contrato de franquia tem como atividade-fim prestação que não se amolda ao conceito constitucional de "serviço". É inconstitucional a incidência do ISS no fraqueamento não só porque não há atividade consistente em obrigação de fazer nos moldes expostos, mas também porque viola a função social do contrato.

5.5 Inconstitucionalidade da incidência do ISS no contrato de franquia face à violação da função social

A finalidade fundamental de um "Estado Democrático e Social de Direito é *o bem comum de um certo povo, situado em determinado território*".[260]

Dalmo de Abreu Dalari explica que, quando se sustenta que a sociedade tem por objetivo o bem comum, isso quer dizer que ela almeja

> [...] a criação de condições que permitam a cada homem e a cada grupo social a consecução de seus respectivos fins particulares. Quando uma sociedade está organizada de tal modo que só promove o bem de uma parte de seus integrantes é sinal de que ela está mal organizada e afastada dos objetivos que justifica a sua existência.[261]

Do preâmbulo da Constituição Federal vigente, é possível dessumir que o bem comum é realizado quando são assegurados o exercício dos Direitos Sociais e individuais, a liberdade, a segurança, o bem-estar,

---
260 DALLARI, Dalmo de Abreu. *Elementos de Teoria Geral do Estado*. 19. ed. São Paulo: Saraiva, 1995, p. 91.
261 Ibid., p. 20.

o desenvolvimento, a igualdade e a justiça como valores supremos de uma sociedade fraterna, pluralista e sem preconceitos.

A função social é um princípio decorrente da Constituição Federal que há de ser cumprido em todos os negócios jurídicos e em todas as esferas, objetivando satisfazer a Justiça Social.[262]

O bem comum, a repartição equitativa dos bens sociais, o compromisso de diminuição das desigualdades sociais, o fomento de condições para desenvolvimento econômico e empresarial, a proteção aos Direitos Sociais são os fins da Justiça Social, assim como também devem ser o propósito dum "Estado Democrático e Social de Direito".[263]

Dentro deste contexto, inclui-se a questão relativa à incidência tributária, ao ônus do tributo, ou seja, à tributação, que também deve cumprir a função social sob pena de inconstitucionalidade.

---

[262] A Justiça Social objetiva que a todos indivíduos duma sociedade seja garantido o mínimo necessário para a satisfação das suas necessidades essenciais. Ela almeja, por meio especialmente da redistribuição de rendas, que a todos seja garantida uma vida digna e justa.

[263] Luis Eduardo Schoueri explica a evolução dos modelos de financiamento do Estado até a chegada ao "Estado Democrático e Social de Direito": "A existência de um Estado implica a busca de recursos financeiros para sua manutenção. [...] Este modelo de Estado Patrimonial é aquele no qual o Estado, valendo-se de seus próprios meios, obtém o de que necessita para sua subsistência. Ou seja: o Estado, enquanto agente econômico, gera a riqueza que consome. Historicamente, o Estado Patrimonial, que se consolidou no século XVI, tinha principal característica o patrimonialismo financeiro, i.e., vivia de recursos patrimoniais ou dominiais do soberano. Interessa notar que, no estágio Patrimonial, o Estado é poderoso agente econômico, que atua, ao lado do particular, na incipiente economia. Aos poucos, o Estado Patrimonial foi sendo substituído pelo Estado Policial. Ainda aqui o Estado tem caracterísiticas do modelo que o antecedeu, mas ganha, naquele ponto, caracterísiticas intervencionistas. Ou seja: não é mais agente econômico, mas autoridade que se vale de todos os meios a seu dispor – inclusive o tributo – para dirigir a economia. [...] O modelo do Estado de Polícia foi substituído pelo Estado Fiscal (ou, literalmente, Estado de Imposto – *Steuerstaat*). Sua principal característica é seu modelo de financiamento ser prioritariamente por tributos. Ou seja: não é o Estado que gera sua riqueza, mas o particular é a fonte (originária) de riquezas, cabendo-lhes transferir uma parcela (por derivação) ao Estado. Numa primeira fase, o Estado Fiscal assumiu feição minimalista, sob inspiração do liberalismo: [...]. Não era admissível nenhum ato arbitrário do Estado que violasse a propriedade, o que conduzia à necessidade de aprovação dos tributos pelo parlamento. Eis, mais uma vez, a base para as garartias que se firmarão posteriormente na relação entre o Estado e o contribuinte. [...] Este Estado Fiscal Minimalista é sucedido pelo Estado Social, ou Estado Social Fiscal. Não deixa de ser um Estado Fiscal, quando se tem em conta sua principal fonte de financiamento, mas já não se cogita um Estado mínimo. Ao contrário, o Estado avoluma-se e igualmente cresce enormemente sua necessidade de recursos. A carga tributária agiganta-se para sustentar o Estado Social. [...] O Estado Fiscal social cede espaço para o Estado do Século XXI, denominado "Estado Democrático e Social de Direito" (ou Estado Subsidiário, ou Estado da Sociedade de Risco, ou Estado de Segurança). [...] Se no Estado Social a sociedade pagava um preço para o Estado atingir o desiderato coletivo, no Estado do Século XXI a sociedade passa a compreeender que o preço tornou-se muito alto, e o resultado, pífio. A tributação excessiva torna-se inconciliável com o modelo do Estado do Século XXI, pois implica retirar recursos que a própria coletividade necessita para seus fins. A transferência excessiva de recursos ao Estado pela sociedade tolhe a iniciativa desta, reduzindo ou impossibilitando o desenvolvimento econômico. [...] Revelando-se o Estado incapaz (ou inábil) para suprir certas demandas sociais, não se legitima o aumento desmedido de tributos, em ciclo crescente e interminável, onde se vê que, por mais que se aumentem os tributos, em maior grau se ampliam as demandas sociais, exigindo nossos aumentos" (*Direito tributário*. São Paulo: Saraiva, 2011, p. 15-27).

5.5.1 Violação ao princípio da função social

A função social consolidou-se como princípio previsto na Constituição Federal, especificamente nos artigos 5º, inciso XXIII, 170 e 193, firmando-se como princípio geral, que limita não apenas um ramo da ciência jurídica, bem como sendo norteador para a criação e aplicação da leis.

Conforme mencionado no capítulo 4º do presente trabalho, a função social deriva da noção de que o interesse coletivo, direto ou indireto, deve ser tomado como base nas diversas relações jurídicas, estimulando e beneficiando as que a cumprem e desestimulando ou sancionando as que a violam.

Em sendo assim, fala-se em princípio da função social da propriedade, a qual, em razão da constitucionalização do Direito, deve ser cumprido e protegido em qualquer relação jurídica. Exsurge, assim, como corolário da função social da propriedade, a função social dos contratos, dos tributos e também da empresa.

O princípio da função social do contrato aparece expressamente positivado no artigo 421 e no parágrafo único do artigo 2.035 do Código Civil de 2002, todavia há que se reconhecer que ele vai além do âmbito legal, ganhando contorno constitucional, diante do previsto no artigo 170, *caput*, e no artigo 1º, inciso IV, ao tratar da livre iniciativa com fulcro no desenvolvimento e Justiça Social.

Caio Mário da Silva Pereira, ao tratar da função social do contrato, revela que a avença determina um comportamento social, ou seja, tem força jurígena social:

> Aquele que contrata projeta na avença algo de sua personalidade. O contratante tem a consciência do seu direito e do direito como concepção abstrata. Por isso, realiza dentro das suas relações privadas um pouco da ordem jurídica total. Como fonte criadora de direitos, o contrato assemelha-se à lei, embora em âmbito mais restrito. Os que contratam assumem, por momento, toda a força jurígena social. Percebendo o poder obrigante do contrato, o contraente sente em si o impulso gerador da norma de comportamente social, e efetiva este impulso.[264]

Completa o raciocínio afirmando que a função social do contrato funciona como limitadora da autonomia de vontade quando estiver em confronto com o interesse social e que este deve sempre prevalecer, pregando a nulidade da avença que ofenda ao princípio.[265]

---

264 *Instituições de direito civil*: contratos. v. 3, 15. ed. São Paulo: Forense, 2011, p. 11.
265 Ibid., p. 12.

> Considerando o Código que o regime da livre-iniciativa, dominante na economia do País, assenta em termos do direito do contrato, na liberdade de contratar, enuncia regra contida no art. 421, de subordinação dela à função social, com prevalência dos princípios condizentes com a ordem pública, e atentando a que o contrato não deve atentar contra o conceito de justiça comutativa. Partindo de que o direito de propriedade deve ser exercido tendo como limite o desempenho deveres compatíveis com a sua função social, assegurada na Constituição da República, o Código estebelece que a liberdade de contratar não pode divorciar-se desta função. Dentro nesta concepção, o Código consagra a rescisão do contrato lesivo, anula o celebrado em estado de perigo, combate o enriquecimento sem causa. Admite a resolução por onerosidade excessiva, disciplina a redução de cláusula penal excessiva.[266]

Desta forma, a não observância da função social do contrato gera, nos termos do que apregoa o Código Civil, a nulidade da avença.

Mais que isso, o não cumprimento da função social ocasiona, diante do não cumprimento das normas constitucionais, a inconstitucionalidade do contrato em face da afronta à livre iniciativa com finalidade ao desenvolvimento e Justiça Social.

Dessa forma, a violação da função social do contrato gera a inconstitucionalidade de qualquer incidência tributária decorrente da celebração da avença.

É o que ocorre quando o contrato de *franchising* sofre a tributação via Imposto Sobre Serviços de Qualquer Natureza.

A incidência do imposto municipal e distrital na cessão de direito de uso de marca ou patente fere a função social do contrato, sendo, portanto, inconstitucional, já que onera demasiadamente a avença, ocasionando um desestímulo na sua celebração. Há violação dos fundamentos da ordem econômica, quais sejam, a valorização do trabalho humano e a livre inciativa, o que impede o cumprimento dos objetivos da Justiça Social.

De outra banda, decorre da proteção constitucional da função social da propriedade a necessidade de que os tributos cumpram também sua função social.

Para alcançar seus fins, os entes federados precisam de recursos financeiros, de receita, de dinheiro, e a principal fonte de receita pública, inquestionavelmente, deriva da arrecadação tributária.

Nas palavras de Hugo de Brito Machado: "A tributação é, sem sombra de dúvida, o instrumento de que se tem valido a economia capitalista para sobreviver. Sem ela, não poderia o Estado realizar os seus fins sociais, a não ser que monopolizasse toda a atividade econômica."[267]

---
266 *Instituições de direito civil: contratos.* v. 3, 15. ed. São Paulo: Forense, 2011, p. 12.
267 *Curso de direito tributário.* 25. ed. rev., atual. e amp. São Paulo: Malheiros, 2004, p. 30.

Os tributos têm por escopo não só obter receitas para atender as despesas oriundas do próprio funcionamento da máquina estatal, mas, principalmente, custear as necessidades e garantir os direitos da sociedade.[268]

Disso decorre a função social dos tributos, que, além de encontrar fundamento constitucional na função social da propriedade, está consubstanciada nos artigos 150 a 152 da Carta Política, ao impor que a exação observe os princípios da legalidade, anterioridade, irretroatividade, liberdade de tráfego de pessoas e bens, uniformidade geográfica, sobretudo os princípios da isonomia, capacidade contributiva e não confisco[269].

O cumprimento da função social dos tributos robustece não só os anseios da Justiça Social, como também da Justiça Fiscal.

Alberto Nogueira esclarece que a realização da Justiça Social, especialmente quanto à implementação dos Direitos Sociais, está atrelada à tributação, já que

> [...] o conjunto de todos os contribuintes redunda no campo social, parte integrante – e essencial – do conceito de Estado Democrático de Direito como instrumento de realização da justiça social, em especial no tocante aos direitos sociais, cuja implementação depende, quanto aos meios materiais, da tributação, que se volta, no particular, para os direitos sociais (democracia social), tal como estatuído na CF/88. *É a tributação a exercer sua fudamental função de viabilizar, concretizando-a, a justiça social, sobretudo na dimensão material.*[270]

Por sua vez, a Justiça Fiscal[271], em sentido jurídico, segundo Klaus Tipke, "é a execução sistematicamente consequente da igualdade tributária e dos princípios, que concretizam o princípio da igualdade".[272]

---

268 "A tributação ou a forma de obtenção da receita tributária foi, assim, aos poucos, sendo disciplinada por *normas*, paralelamente à evolução do constitucionalismo e influindo sobremodo no advento do Estado de Direito, no sentido de proteger, com mais intensidade, não apenas os direitos individuais, mas, igualmente, os sociais" (NOGUEIRA, Ruy Barbosa. *Curso de direito tributário*. 11. ed. São Paulo: Saraiva, 1993, p. 5).
269 Os três últimos princípios estão previstos no artigo 150, II, IV e 145, parágrafo primeiro, da Constituição Federal.
270 NOGUEIRA, Alberto. *Teoria dos princípios constitucionais* – a nova matriz da cidadania democrática na pós-modernidade tributária. Rio de Janeiro: Renovar, 2008, p. 173, grifos do autor.
271 Para Regina Helena Costa: "[...] tem-se que o valor justiça deve nortear a atividade tributária tanto no plano da função legislativa quanto em nível de administração fiscal. E a justiça tributária revela-se prioritariamente, como expressamente apontado, na conjugação do princípio da isonomia e de seus desdobramentos – generalidade e capacidade contributiva –, sendo que deste último se extraem as diretrizes da equitativa distribuição da carga tributária, da progressividade e da não confiscatoriedade" (*Praticabilidade e justiça tributária* – exequibilidade da lei tributária e direitos do contribuinte. São Paulo: Malheiros, 2007, p. 384).
272 LANG, Joachim; TIPKE, Klaus. *Direito tributário (Steuerrecht)*. Tradução da 18. ed. alemã, totalmente refeita, de Luiz Doria Furquim. Porto Alegre: Sergio Antonio Fabris, 2008, p. 394.

Dessa forma, realiza a Justiça Social e fiscal o tributo que cumpre a função social, no sentido de a incidência tributária ter por fim o financeamento das atividades estatais revertidas para o bem da coletividade, ou seja, bem comum.

Por outro viés, referida função exige que a incidência tributária seja realizada de forma igualitária, com a observância dos princípios constitucionais, de modo que cada contribuinte coopere com os cofres públicos na medida de sua possibilidade financeira, impondo, ainda, que a tributação não seja demasiadamente alta a ponto de desestimular ou impedir a realização de uma atividade.

No ponto específico ventilado acima, há que se reconhecer que a função social dos tributos possui duas vertentes, ambas fundamentadas no princípio constitucional da igualdade tributária: uma positiva e outra negativa.

A positiva determina que o contribuinte deve contribuir para os cofres públicos na medida de sua capacidade econômica, de forma que aquele que tiver maior aptidão financeira deve sofrer maior carga tributária.[273]

A negativa impõe que a incidência tributária não seja excessivamente alta a ponto de violar o direito de propriedade e desestimular ou impedir a realização de uma atividade lícita.[274]

---

[273] Trata-se da aplicação do princípio da capacidade contributiva, previsto no artigo 145, parágrafo primeiro, da Constituição Federal.
Klaus Tipke e Douglas Yamashita explicam o princípio da capacidade contributiva da seguinte forma: "*Todos devem pagar impostos segundo o montante da renda disponível para pagamento de impostos.* Quanto mais alta a renda disponível, tanto mais alto deve ser o imposto. Para contribuintes com rendas disponíveis igualmente altas o imposto deve ser igualmente alto. Para contribuintes com rendas disponíveis desigualmente altas o imposto deve ser desigualmente alto" (*Justiça fiscal e princípio da capacidade contributiva*. São Paulo: Malheiros, 2002, p. 31, grifos dos autores).
Héctor B. Villegas menciona que a capacidade contributiva tem quatro implicações fundamentais: "1) Requiere que todos los titulares de medios aptos para hacer frente al impuesto, deben contribuir en razón de un tributo o de otro, salvo aquellos que por no contar con un nivel económico mínimo, quedan al margen de la imposición (conf. Cortés Domínguez, Ordenamiento tributario español, p. 25, Madrid, 1968). 2) El sistema tributario debe estructurarse de tal manera que los de mayor capacidad económica tengan una participación más alta en las entradas tributarias del Estado. 3) No puede seleccionarse como hechos imponibles o bases imponibles, circunstancias o situaciones que no sean abstractamente idóneas para reflejar capacidad contributiva. 4) En ningún caso el tributo o conjunto de tributos que recaiga sobre un contribuyente puede exceder la razonable capacidad contributiva de las personas, ya que de lo contrario se está atentando contra la propiedad, confiscándola ilegalmente" (*Curso de finanzas, derecho financiero y tributario*. 7. ed. Buenos Aires: Depalma, 2001, p. 199).
Roque Antonio Carrazza explica que a capacidade contributiva se manifesta: "nos fatos ou situações que revelam, *prima facie*, da parte de que quem os realiza ou nelas se encontram, condições objetivas para, pelo menos em tese, suportar a carga fiscal. Deve, pois, assentar-se na efetiva *capacidade econômica* do contribuinte; nunca em presunções ou ficções" (*Imposto sobre a renda*: perfil constitucional e temas específicos. 2. ed. rev., ampl. e atual. São Paulo: Malheiros, 2006, p. 105, grifos do autor).

[274] Trata-se da aplicação do Princípio do não confisco, da não confiscatoriedade ou também chamado de princípio da vedação ao confisco, previsto no artigo 150, inciso IV, da Constituição Federal.
Roque Antonio Carrazza ensina: "Estamos confirmando, destarte, que a norma que impede que os tributos sejam utilizados com efeito de confisco, além de criar um limite explícito às discriminações arbitrárias de

Em que pese a arrecadação tributária ter por fim a obtenção de receitas para o funcionamento da máquina estatal, bem como para satisfazer as necessidades públicas, não pode a incidência tributária ser onerosa de forma a ferir o cumprimento da função social dos tributos, especialmente no sentido do aspecto negativo.

Admitir a hipótese seria permitir a ofensa frontal à Justiça Social diante da não possibilidade da realização dos direito sociais, previstos no artigo 6º da Constituição Federal, assim como dos princípios norteadores da ordem econômica, elencados no artigo 170 da Carta Constitucional.

Outrossim, da função social da propriedade também decorre a função social da empresa, prevista implicitamente na Constituição Federal, que comina que toda atividade empresarial deve ser voltada para a geração de postos de trabalho, bem como de manutenção dos Direitos Sociais.

A tributação, a incidência tributária, precisa, sob pena de inconstitucionalidade, observar a função social para que possa existir e manter-se no ordenamento jurídico.

No caso em testilha, a incidência do Imposto Sobre Serviços de Qualquer Natureza sobre a atividade-fim decorrente do contrato de franquia fere a função social da propriedade, do contrato, do tributo e da empresa, não se sustentando diante da Justiça Social, donde resulta sua inconstitucionalidade.

A cobrança do imposto municipal e distrital no franqueamento viola a livre iniciativa, prejudica o desenvolvimento empresarial e econômico, lesa princípios tributários, tais como o não confisco e capacidade contributiva, fere direitos sociais, pois onera descomedidamente o contrato, dificultando o exercício da atividade de *franchising*, além de impedir a geração de postos de trabalho.

A oneração do contrato de franquia decorre, dentre outros motivos, da tributação por meio do Imposto Sobre Serviços de Qualquer Natureza das importâncias recebidas pelo franqueador relativas ao pagamento inicial do ingresso do franqueado na atividade ou na renovação da avença, chamada

---

contribuintes, reforça o *direito de propriedade*. Assim, em função dela, nenhuma pessoa, física ou jurídica, pode ser tributada por fatos que estão fora da *regra-matriz constitucional* do tributo que lhe está sendo exigido, porque isto faz perigar o direito de propriedade. Portanto, o *princípio da não confiscatoriedade* exige do legislador conduta marcada pelo equilíbrio, pela moderação e pela medida da quantificação dos tributos, tudo tendo em vista um direito tributário *justo*. A *priori*, no entanto, é difícil precisar a partir de qual momento um tributo passa a ser confiscatório. Isto só se saberá analisando cada caso concreto, ao lume dos princípios constitucionais" (ibid., p. 111, grifos do autor).

O princípio do não confisco veda que a tributação exija do contribuinte uma colaboração maior do que pode para com as despesas públicas, ou seja, impede o ingresso da tributação no patrimônio do contribuinte além do que a sua condição econômica permite. Daí advém a relação do princípio em análise com o princípio da capacidade contributiva, uma vez que será confiscatório o tributo que exceder a capacidade econômica do sujeito passivo.

de taxa de franquia, assim como na cobrança do imposto sobre os *royalties* mensalmente recebidos, os quais, em regra, constituem numa porcentagem sobre o faturamento bruto do contratante.

Não se justifica a cobrança de ISS sobre tais valores, que representam um montante significativo para a franqueadora, os quais poderiam ser revertidos para o fomento da atividade empresarial, da marca ou mesmo para potencializar a realização de novos negócios jurídicos.

Ademais, argumentos econômicos ou financeiros não podem justificar tributação que fere a função social do contrato.

É que, por acasião do julgamento da constitucionalidade da tributação via ISS na locação de bens móveis, argumentou-se pela constitucionalidade do imposto por tratar-se de uma atividade das mais lucrativas, motivo pelo qual a não incidência seria absurda.

Nesse sentido, sustentou o Ministro Ilmar Galvão em voto proferido no julgamento:

> O que se pretende, nesse caso, é isenção de tributos sobre uma das atividades econômicas certamente das mais lucrativas, porquanto das mais exploradas presentemente, visto que, não sendo prestação de serviço, muito menos será circulação de mercadorias. Assim, não serve de base a nenhum dos tributos previstos na Constituição, o que soa inteiramente absurdo, não sendo de ser admitido.[275]

Ora, o argumento de uma atividade ser das mais lucrativas, justificando que não venha a não servir de base de nenhum dos tributos previstos no sistema tributário, é completamente desprovido de consistência à luz das normas constitucionais integrantes do ordenamento jurídico.

Primeiro, porque, se a atividade é lucrativa, sobre seus resultados financeiros incidirá o Imposto sobre a Renda, depois, porque existem outros tributos, como as contribuições, que incidem sobre a receita bruta decorrente duma atividade.

O mesmo ocorre quando se trata do Imposto Sobre Serviços de Qualquer Natureza incidente na atividade decorrente do contrato de franquia, já que sobre os valores auferidos pelo franquedor há a cobrança de outras espécies tributárias, tais como o imposto sobre a renda e as contribuições sociais, o que reitera a onerosidade para a realização do franqueamento.

---

275   RE n. 116.121-3/SP.

Soma-se, às circunstâncias citadas, o fato de a carga tributária[276] ser excessivamente alta[277] no Brasil, inclusive via incidência do ISS[278], o que desestimula a livre-iniciativa através da não celebração de novos contratos e, assim, impede que novos franqueados surjam, afetando o desenvolvimento empresarial e econômico, com a consequente não abertura de postos de trabalhos.[279]

---

276   A carga tributária sofre elevação a cada ano: de 2012 para 2013, passou de 35,58% para 35,83% do PIB (OLIVEIRA, Ribamar. Valor Econômico (SP): Carga tributária subiu em 2013, mostra Ipea. *Ipea*. Brasília: Ipea, 08 maio 2014. Disponível em: <http://www.ipea.gov.br/portal/index.php? option=com_content&view=article&id=22277&Itemid=75>. Acesso em: 31 dez. 2014).

277   Em janeiro de 2014, foram divulgados dados pela Organização para a Cooperação e Desenvolvimento Econômico (OCDE) que demonstravam que o Brasil tinha a segunda maior carga tributária entre os países da América Latina. No *ranking*, que compreende 18 países, o país apareceu atrás apenas da Argentina (IBRACON. *Carga tributária brasileira é 2ª maior da América Latina, mostra OCDE*. São Paulo: Ibracon, 21 jan. 2014. Disponível em: <http://www.ibracon.com.br/ibracon/Portugues/ detNoticia.php?cod=1627>. Acesso em: 02 jan. 2015).

278   Há Municípios que tributam a atividade de franquia à alíquota máxima de 5% (cinco por cento). É o que acontece, por exemplo, no Município de São Paulo, cidade em que está localizada a maioria da empresas sujeitas à exação, donde resulta sua onerosidade (Subitem 17.07 da lista anexa da Lei n. 13.701/2003).

279   De acordo com estudo realizado pelo IBPT (Instituto Brasileiro de Planejamento e Tributação) em que houve a análise do perfil empresarial do primeiro semestre de 2014, em pesquisa divulgada em agosto daquele ano, o Brasil sofre uma corrente diminuição dos números de novas empresas, com a consequente perda da geração de emprego: "O último período em que houve crescimento no número de novas empresas foi o de 2010 a 2011, com um acréscimo de 4,5%. Posteriormente, todos os períodos registraram perda na geração de novos negócios: 2012, em relação a 2011, queda de 9,3%; 2013, em relação a 2012, queda de 7,9%. O primeiro semestre de 2014 responde pelo pior resultado e a maior queda da série comparativa. A geração de novos negócios do primeiro semestre de 2014 é 24,15%, inferior ao registrado no mesmo período de 2010. Portanto, comparado a 2010, uma em cada quatro novas sociedades deixou de ser criada".
Conclui o instituto:
"O objetivo desse estudo é o de monitorar o nível de abertura de novas empresas no Brasil, o qual se materializa em importante indicador do aquecimento ou desaceleração da economia. Assim, a partir das demonstrações anteriormente apresentadas, possibilita-nos considerar como segue:
1. O nível de atividade econômica do Brasil vem registrando quedas significativas desde o início da série, no ano de 2010;
2. Os setores mais afetados são indústria, agronegócio e comércio. Também são os setores com maior representatividade na cadeia de valor, portanto, setores primário e secundário;
3. Os números do estudo ratificam os indicadores de atividade econômica e nível de emprego do Banco Central do Brasil. No primeiro semestre de 2014, o volume de vendas do comércio foi superior ao mesmo período de 2013 em apenas 0,75%. Produtos alimentícios, supermercados, bebidas e fumo cresceram 0,48%. Em contrapartida, as vendas de automóveis, motocicletas e autopeças caíram 18,74%. As vendas de tecidos, vestuário e calçados foram 2,38% inferiores a 2013;
4. Os níveis de empregos, ainda segundo os números do Banco Central do Brasil, cresceram em média 1,36% em relação a 2013. Contudo, na indústria houve queda de 0,41% e a construção cresceu apenas 0,13%. Ainda, o nível de atividade econômica observado caiu 2,15% no primeiro semestre, comparado a 2013.
Os números do IBPT apontam para o declínio de 24,17% no número de novas empresas, quando comparado ao mesmo período de 2010 (AMARAL, Gilberto Luiz do et al. (Coords.). *Empresômetro* – Perfil empresarial brasileiro. Análise do 1º semestre de 2014. São Paulo: IBPT, ago. 2014 Disponível em: <https://www. ibpt.org.br/img/uploads/novelty/estudo/1878/EmpresometroJunho2014V4.pdf>. Acesso em: 26 dez. 2014).

Corrobora Hugo de Brito Machado:

> É importante, porém, que a carga tributária não se torne pesada ao ponto de desestimular a iniciativa privada. No Brasil, infelizmente, isto vem acontecendo. Nossos tributos, além de serem muitos, são calculados mediante alíquotas elevadas.
> [...]
> Além de bastante elevada nossa carga tributária é crescente. A cada dia se eleva um tributo ou se cria um tributo novo e a arrecadação, assim, tem batido sucessivos recordes. Não obstante não há dinheiro para as obras importantes. [...] Parece que os recursos arrecadados são utilizados apenas para o pagamento de juros, ou escorrem pelo ralo da corrupção.[280]

Não bastasse a inconstitucionalidade da incidência do Imposto Sobre Serviços de Qualquer Natureza na atividade-fim decorrente do contrato de *franchising*, face a seu objeto não se subsumir ao conceito constitucionalmente pressuposto de "serviço" pelo arquétipo da exação; a violação à Constituição Federal também decorre da afronta à função social da avença, o que afasta totalmente a incidência do imposto.

Por outro lado, ao cumprir sua função social, o que implica a não cobrança do ISS na cessão de direito do uso da marca, a celebração do contrato de franquia fomenta o direito social do trabalho e tem refexos positivos na arrecadação tributária.

5.6 Franquia: negócio jurídico de fomento ao Direito Social do Trabalho e arrecadação tributária

A franquia, como estudada no capítulo 3, é um negócio jurídico bilateral, oneroso, comutativo e possui como objeto principal a cessão do direito de uso da marca pelo franqueador ao franqueado, possuindo natureza jurídica contratual.

Todavia, equivocam-se aqueles que acham que nela existem apenas os interesses comerciais e econômicos do proprietário da marca e o da unidade franqueada, pois ela serve de importante instrumento para a contratação de mão de obra, direta e, também, indireta.

Trata-se de um tipo contratual que massificou sua presença no Brasil a partir do início da década de 90, presente hoje em todos os Estados e

---
280 *Curso de direito tributário*. 31. ed. rev., atual. e amp. São Paulo: Malheiros, 2010, p. 31.

praticamente todos os municípios brasileiros, pois sua essência permite que qualquer ramo de atividade desenvolvido pelo franqueador (vestuário, alimentação, educação, serviços em geral, assessoria etc.) se amolde a ela, tanto que as franquias hoje existem nos mais diferentes níveis de investimento e nas mais diferentes áreas de atuação.

A franquia hoje, conforme visto no item 4.4, é um contrato que emprega mais de um milhão de trabalhadores diretos, ou seja, um milhão de brasileiros trabalham diretamente para as unidades franqueadas ou franqueadoras, com vínculos trabalhistas.

No entanto, contados os empregos indiretos por ela gerados, certamente esse número se mostra muito maior, haja vista que ela fomenta a compra de materiais com fornecedores, os quais contratarão mais funcionários, precisarão de consultorias nas áreas jurídicas e fiscais, permitindo que escritórios especializados contratem outros trabalhadores e adquirirão maquinário, incentivando, assim, a contratação de mão de obra também na indústria de transformação.

A geração de empregos está diretamente relacionada ao cumprimento dos Direitos Sociais, especialmente, do direito ao trabalho.

O direito ao trabalho está previsto expressamente na Constituição Federal como Direito Social, no artigo 6º, *in verbis*:

> São direitos sociais a educação, a saúde, a alimentação, o **trabalho,** a moradia, o lazer, a segurança, a previdência social, a proteção à maternidade e à infância, a assistência aos desamparados, na forma desta Constituição (grifo nosso).

Os Direitos Sociais, de acordo com Alexandre de Moraes, são

> [...] direitos fundamentais do homem, caracterizando-se como verdadeiras *liberdades positivas*, de observância obrigatória em um Estado Social de Direito, tendo por finalidade a melhoria de condições de vida aos hipossuficientes, visando à concretização da igualdade social, e são consagrados como fundamento do Estado democrático, pelo art. 1º, IV, da Constituição Federal.[281]

Para serem realizados exigem prestações positivas por parte do Estado, ou seja, exigem a prática de atos endereçados ao seu fim.

Kildare Gonçalves Carvalho observa a necessidade da prática de políticas afirmativas para a satisfação dos referidos direitos:

---
281 *Direito Constitucional*. 30. ed. São Paulo: Atlas, 2014, p. 204.

Enquanto que os direitos individuais impõem uma abstenção por parte do Estado, preservando a autonomia dos indivíduos, os direitos sociais, como se mostrou, reclamam "atividades positivas do Estado, do próximo e da própria sociedade, para subministrar ao homem certos bens e condições. Em contraste com os chamados direitos individuais, cujo conteúdo é um 'não fazer', um 'não violar', um 'não prejudicar', por parte das demais pessoas e sobretudo das autoridades públicas, resulta que, pelo contrário, o conteúdo dos direitos sociais consiste em 'um fazer', 'um contribuir', 'um ajudar', por parte dos órgãos estatais".[282]

Enfim, em sendo o trabalho um Direito Social, conforme prevê artigo 6º da Constituição Federal, não há que se duvidar que a franquia é um dos contratos empresariais atuais que mais desempenham com afinco esse papel, o que consequentemente permite o cumprimento de sua função social e a concretização da Justiça Social, valores defendidos pela Carta Magna.

Não bastasse o viés na área social do trabalho, o aumento do número de franquias permite que o Estado, em todos os entes, aumente sua arrecadação tributária, na cobrança de impostos federais, estaduais e municipais.

No âmbito federal, a União arrecada, por exemplo, o Imposto sobre a Renda (que tributa o auferimento de renda do franqueador e franqueado), o Imposto sobre Produtos Industrializados (que é cobrado dos maquinários, mobiliários e produtos adquiridos pelas unidades franqueadas), o Imposto de Importação e Imposto de Exportação (uma vez que existem unidades franqueadas que atuam na comercialização de produtos importados e outras nacionais que exportam seus produtos para unidades franqueadas no exterior, como, por exemplo, marca de chinelos Havaianas) e o Imposto sobre Operações Financeiras (que incidirá nas transações financeiras praticadas pelas pessoas jurídicas que atuam como franqueador e franqueada), além das contribuições sociais.

Por parte do ente Estadual, tem-se a cobrança de Imposto sobre Circulação de Mercadorias (arrecadado na venda de mercadorias e até mesmo no consumo de energia por parte das unidades franqueadas) e do Imposto sobre a Propriedade de Veículos Automotores (para aquelas unidades franqueadas que atuam no sistema de *delivery* ou que necessitam de veículos).

No ente municipal, há cobrança de Imposto sobre a Propriedade Predial Territorial Urbana (que será exigido dos imóveis em que elas atuarem), de Imposto sobre Serviços na prestação de serviços de terceiros (advogados,

---
282 CARVALHO, Kildare Gonçalves. *Direito Constitucional*: teoria do Estado e da constituição: direito constitucional positivo. 14. ed. rev. atual. e ampl. Belo Horizonte: Del Rey, 2008, p. 788-789.

contadores, consultores) às unidades franqueadas ou franqueadoras e também de Imposto sobre a Transmissão de Bens Imóveis (quando houver a compra de um imóvel para a realização do negócio).

Assim, diferente do que se pode pensar, a não incidência do Imposto Sobre Serviços de Qualquer Natureza no contrato de franquia não viola a autonomia dos Municípios e do Distrito Federal com a diminuição de receitas tributárias.

Pelo contrário, conforme restou demonstrado, diante do aumento na celebração de avenças, haverá a majoração da incidência de outros tributos, os quais, além de gerar receitas para o cumprimento das necessidades estatais, irão, de forma reflexa, ser dirigidos para os Municípios e Distrito Federal, já que, em sua grande maioria, ao contrário do que acontece com o ISS, os tributos federais e estaduais se sujeitam à repartição de receitas, o que trará a participação daqueles entes na parcela arrecadada.

De fato, haverá o cumprimento da função social, vez que o estímulo da atividade diante da não cobrança de ISS gerará maior receita para todas esferas da federação.

Enfim, fica cristalino que a franquia permite a movimentação econômica nas esferas trabalhista e fiscal, de forma que a receita fiscal que os entes extraem dela é de suma importância para a manutenção das finanças do Estado. Por isso, se, além de toda essa carga tributária, houver a instituição da cobrança do ISS sobre os serviços prestados pelo franqueador ao franqueado, isso certamente trará reflexos negativos para a manutenção do equilíbrio econômico desse contrato.

Em um primeiro momento, a incidência do ISS até aumentará diretamente a receita estatal. No entanto, com o passar dos tempos a tendência é que a onerosidade tributária que pairará sobre o contrato desestimule o seu fomento, o que, consequentemente, culminará na diminuição de receita por parte dos entes federados, os quais não conseguirão cobrar mais qualquer imposto sobre a franquia, pois elas gradualmente diminuirão sua existência.

Toda essa estrutura poderá ficar comprometida caso a cobrança do Imposto Sobre Serviços de Qualquer Natureza venha a incidir no contrato de franquia, pois, em que pese a carga tributária já ser demasiadamente elevada, a incidência desse imposto municipal desestimularia a procura por novos interessados em franquia, gerando, consequentemente, uma diminuição nos postos de trabalhos.

5.7 Predominância da função social sobre a finalidade fiscal do imposto

Para firmar a não incidência do Imposto Sobre Serviços de Qualquer Natureza no contrato de franquia diante das inconstitucionalidades reveladas, é preciso demonstrar que a função social do contrato prevalece sobre a finalidade fiscal do imposto.

Quando se vislumbra que o ISS não pode incidir porque viola a função social do contrato, está-se deixando de lado a função arrecadatória do imposto, para reconhecer que o fim social, o interesse comum, a não oneração do contrato, o estímulo à livre-iniciativa, ao trabalho, aos Direitos Sociais devem prevalecer sobre aquela finalidade.

Importante clarificar que o que se está analisando é a finalidade da arrecadação proveniente, única e exclusivamente, da cobrança do Imposto Sobre Serviços de Qualquer Natureza sobre o contrato de franquia, ou seja, sobre a cessão do direito de uso de marca ou patente, e não a incidência do imposto municipal em qualquer outra relação ou da arrecadação decorrente de outros tributos.

De acordo com sua finalidade, os tributos podem ser classificados em fiscais, extrafiscais e parafiscais.

Em regra, as espécies tributárias possuem finalidade arrecadatória, no sentido de a incidência tributária ter por objetivo angariar receitas para os cofres públicos para satisfação das necessidades públicas. Outras vezes, as espécies tributárias, além da finalidade arrecadatória, contemplam escopos como interferir na economia ou gerar fundos para que uma entidade ou órgão possa se organizar.

Paulo de Barros Carvalho explica a finalidade dos tributos:

> Fala-se, assim, em *fiscalidade* sempre que a organização jurídica do tributo denuncie que os objetivos que presidiram sua instituição, ou que governam certos aspectos da sua estrutura, estejam voltados ao fim exclusivo de abastecer os cofres públicos, sem que outros interesses – sociais, políticos ou econômicos – interfiram no direcionamento da atividade impositiva.
> A experiência jurídica nos mostra, porém, que vezes sem conta a compostura da legislação de um tributo vem pontilhada de inequívocas providências no sentido de prestigiar certas situações, tidas como social, política ou economicamente valiosas, às quais o legislador dispensa tratamento mais confortável ou menos gravoso. A essa forma de manejar elementos jurídicos usados na configuração dos tributos, perseguindo objetivos alheios aos meramente arrecadatórios, dá-se o nome de *extrafiscalidade*.

[...] podemos definir *parafiscalidade* como fenômeno jurídico que consiste na circunstância de a lei tributária nomear sujeito ativo diverso da pessoa que a expediu, atribuindo-lhe a disponibilidade dos recursos auferidos, para o implemento de seus objetivos peculiares.[283]

Hugo de Brito Machado demonstra que, quanto ao seu objetivo, o tributo pode ser:

a. *Fiscal,* quando seu principal objetivo é a arrecadação de recursos financeiros para o Estado.
b. *Extrafiscal*, quando seu objetivo principal é a interferência no domínio econômico, buscando um efeito diverso da simples arrecadação de recursos financeiros.
c. *Parafiscal*, quando seu objetivo é a arrecadação de recursos para o custeio de atividades que, em princípio, não integram funções próprias do Estado, mas este as desenvolve através de entidades específicas.[284]

A par da classificação, mister analisar qual é a função ou finalidade do Imposto Sobre Serviços de Qualquer Natureza.

O ISS tem finalidade eminentemente arrecadatória, já que sua existência tem apenas por função carrear os cofres públicos de dinheiro.

Nesse sentido, o imposto sobre serviços difere do Imposto sobre Circulação de Mercadorias e Serviços, Imposto de Importação, Imposto de Exportação e do Imposto sobre Produtos Industrializados, que possuem finalidade extrafiscal, uma vez que interferem na economia no País, estimulando, quando benéfica, ou desestimulando, se prejudicial, uma atividade.

Também se distingue das contribuições sociais previdenciárias e das instituídas no interesse de uma categoria profissional ou econômica, como a Contribuição para a Ordem dos Advogados do Brasil, por exemplo, posto que estas possuem finalidade parafiscal. O valor arrecadado é destinado para a entidade que cobra o tributo com o intuito de custear suas atividades.

Demonstrada a finalidade do Imposto Sobre Serviços de Qualquer Natureza, é preciso reiterar que o contrato de franquia, conforme restou demonstrado nos itens anteriores, possui função social, a qual é violada quando se permite a incidência inconstitucional do imposto municipal.

Falar em incidência ou não do ISS no contrato de *franchising* significa, por outro lado, dirimir o conflito existente entre a função social do contrato e a finalidade arrecadatória derivada da incidência do imposto municipal.

---

283 *Curso de direito tributário*. 25. ed. rev. São Paulo: Saraiva, 2013, p. 291-293, grifos do autor.
284 *Curso de direito tributário*. 25. ed. rev., atual. e amp. São Paulo: Malheiros, 2004, p. 74.

Neste caso, é preciso verificar, diante do conflito existente entre referidas finalidades, qual deve prevalecer. Surge a necessidade da utilização do postulado da ponderação.

Ana Paula de Barcellos oferece precisa definição para o postulado:

> Ponderação (também chamada, por influência da doutrina norte-americana, de *balancing*) será entendida neste estudo como técnica jurídica de solução de conflitos de normas que envolvem valores ou opções políticas em tensão, insuperáveis pelas formas de hermenêuticas tradicionais.[285]

Humberto Ávila menciona que "A *ponderação de bens* consiste num método destinado a atribuir pesos a elementos que se entrelaçam, sem referência a pontos de vista materiais que orientem esse sopesamento".[286]

Do exposto neste capítulo, não resta dúvida de que a função social do contrato de franquia, consubstanciada na realização da Justiça Social, deve prevalecer sobre a finalidade fiscal do Imposto Sobre Serviços de Qualquer Natureza.

Outra conclusão leva ao absurdo da arrecadação tributária com, única e exclusiva, finalidade fiscal, ou seja, carrear os cofres públicos de dinheiro, prevalecer sobre a livre iniciativa, o desenvolvimento empresarial e econômico, os Direitos Sociais e a geração trabalho, fins da função social.

Assim, reforça a impossibilidade da cobrança do ISS no contrato de franquia a prevalência da função social da avença à finalidade fiscal do imposto.

---

285 BARCELLOS, Ana Paula de. *Ponderação, racionalidade e atividade jurisdictional*. Rio de Janeiro: Renovar, 2005, p. 23.
286 *Teoria dos princípios*. 14. ed. rev. atual. ampl. São Paulo: Malheiros, 2014, p. 185.

CONCLUSÃO

1. Somente as pessoas jurídicas de direito público interno, por serem dotadas de Poder Legislativo, gozam da aptidão para instituir tributos. Tributo é gênero do qual, segundo a corrente pentapartite, são espécies os impostos, taxas, contribuição de melhoria, empréstimos compulsórios e contribuições sociais.

2. Os impostos, nos termos do artigo 16 do Código Tributário Nacional, ao contrário das demais espécies tributárias, somente podem ter como fato ensejador para sua criação e, consequente, cobrança, uma situação em que se encontra o contribuinte ou uma atividade por ele desenvolvida. O fato gerador dessa espécie tributária independe de atividade estatal específica relativa ao contribuinte.

3. Dentre os impostos da competência tributária dos Municípios, nos termos do artigo 156 da Carta Constitucional, está o Imposto Sobre Serviços de Qualquer Natureza, representado pelas siglas ISS ou ISSQN.

4. A prestação de serviços passou a ser tributada no Brasil em 1812, através do "imposto sobre seges, lojas e embarcações". Em 1836, houve a substituição pelo "imposto sobre lojas" e, em 1860, pelo "imposto sobre indústrias e profissões", que incidia sobre toda atividade lucrativa, inclusive prestação de serviços.

5. A inclusão constitucional do imposto sobre serviços ocorreu em 1891, tendo sido atribuída aos Estados-membros a competência tributária. Com a Emenda Constitucional n. 18 e a Carta de 1967, aconteceu a transferência da competência dos Estados-membros para os Municípios, havendo a divisão da tributação dos serviços em dois impostos, um municipal e outro Estadual. Foram criados o Imposto Sobre Serviços de Qualquer Natureza (ISS) e o Imposto sobre a Circulação de Mercadorias (ICM), ganhando o ISS o contorno constitucional vigente.

6. Estabelece a Constituição Federal de 1988, especificamente, no artigo 156, inciso III, competir aos Municípios a instituição do Imposto Sobre Serviços de Qualquer Natureza (ISS), não compreendidos no artigo 155, inciso II, definidos em lei complementar. A competência para a criação do imposto, consoante dicção do artigo 147, parte final, da Magna Carta, foi também atribuída ao Distrito Federal.

7. O exercício da competência tributária exige que o ente federado observe o arquétipo constitucional pressuposto e construa sua regra-matriz. A norma jurídica que cria o tributo é estruturada da mesma forma que as demais normas. Possui um antecedente, composto pelos critérios material, temporal e espacial, a qual deriva uma consequência, composta pelos critérios pessoal, sujeito ativo e passivo, e quantitativo, base de cálculo e alíquota.

8. A delimitação do critério material do Imposto Sobre Serviços de Qualquer Natureza (ISS) foi feita em duas partes: a) competência para criar imposto "sobre serviços de qualquer natureza, não compreendidos no artigo 155, inciso II, da Constituição Federal; e b) definidos em lei complementar.

9. O núcleo do critério material da hipótese da regra-matriz de incidência é sempre composto por um verbo pessoal e transitivo e um complemento. Em sendo assim, no ISS os Municípios e o Distrito Federal têm competência para criar o imposto sobre a circunstância de alguém *"prestar* serviços de qualquer natureza".

10. A rigidez constitucional não deixa ao alvitre do legislador ordinário a concepção do termo "serviços de qualquer natureza", a qual somente poderá incluir atividades que não estejam sob o manto da competência tributária dos Estados-membros, quais sejam, transporte entre estados e entre os Municípios e comunicação, bem como aquelas que se amoldem ao conceito constitucionalmente pressuposto de "serviço".

11. O perfil constitucional do Imposto Sobre Serviços de Qualquer Natureza (ISS) exige a adoção do conceito jurídico de "serviço", segundo o qual o imposto incide apenas sobre prestações consistentes num "fazer", ou seja, naquelas derivadas de um negócio jurídico relativo a uma obrigação de *facere*, consubstanciada nos termos do direito privado, e donde resulte a produção de uma utilidade material ou imaterial.

12. Para fins de incidência do ISS o "serviço" deve gozar das seguintes características: 1) ter conteúdo econômico e ser realizado em cumprimento de um dever jurídico contratual; 2) estar submetido ao regime de direito privado; 3) ser prestado sem vínculo empregatício; 4) ter como prestação-fim uma obrigação de fazer; e 5) ser realizado com habitualidade e efetivamente.

13. O artigo 146 da Constituição Federal estabelece competir à lei complementar fixar normas gerais de direito tributário, as quais podem ter duas funções: dispor sobre conflitos de competência em matéria tributária ou regular as limitações constitucionais ao poder de tributar.

14. A função das normas gerais de direito tributário, nos termos do artigo 146 da Constituição Federal, é aclarar ou detalhar o desenho constitucional do tributo, de modo que o legislador ordinário, ao instituí-lo, deve respeitar não só as normas que fixam o arquétipo da espécie tributária, como também eventuais normas gerais abarcadas por lei complementar com esse fim.

15. O artigo 156, inciso III, da Constituição Federal exige que os "serviços" sujeitos ao ISS sejam "definidos em lei complementar", o que impõe que o conteúdo, alcance e sentido da palavra *serviço* sejam fixados em norma geral nacional prevista em lei complementar, a qual, objetivando impedir e dirimir conflito de competência entre os entes municipais e distrital, auxilia na demarcação da competência.

16. A lei complementar que regulamenta atualmente o Imposto Sobre Serviços de Qualquer Natureza (ISS) é a de n. 116, de 31 de julho de 2003, que, além de elencar regras gerais a serem observadas pelas Municipalidades, adota a mesma técnica que as regulamentações anteriores, ao trazer uma lista anexa de serviços passíveis de tributação via lei ordinária instituidora do imposto.

17. A natureza jurídica da listagem dos serviços tributáveis contidos na lei complementar é objeto de forte celeuma acadêmica. Discute-se se é taxativa, exemplificativa ou meramente sugestiva, todavia tem prevalecido nos tribunais superiores diretriz pela taxatividade da lista, admitindo-se interpretação ampla e analógica para os serviços congêneres.

18. O rol de serviços anexos à lei complementar é *numerus clausus*. Respeitado o arquétipo constitucional do tributo mediante a inclusão de serviços consistentes em efetivas prestações de fazer, devem os Municípios e o Distrito Federal observar a lista na criação do ISS.

19. A taxatividade não viola a autonomia municipal, a isonomia e o pacto federativo. A função da lei complementar é evitar que o imposto seja criado de maneira diferente entre Municípios e Distrito Federal, sendo imprescindível a norma unificadora.

20. Os serviços foram previstos na lista anexa da Lei Complementar n. 116/03 em itens divididos em subitens. Os itens funcionam como índice dos serviços, como gênero do qual são espécies os subitens. É inconstitucional o subitem que não pertence à classe do item.

21. Ao final de sua descrição, alguns serviços contemplados no rol trazem a palavra *congênere*, donde deriva a possibilidade da interpretação extensiva das atividades, de forma que a lei municipal ou distrital criadora do tributo abarque serviços não expressamente arrolados, desde que congêneres aos elencados.

22. No item 17, especificamente no subitem 17.08, está elencado o contrato de franquia, ou *franchising*, como atividade passível de tributação via ISS.

23. A circunstância da Lei Complementar contemplar uma atividade em seu rol não autoriza, por si só, a cobrança do imposto em análise. Para que a incidência seja possível é imprescindível que o "serviço" previsto se amolde ao conceito constitucionalmente pressuposto.

24. No Imposto Sobre Serviços de Qualquer Natureza (ISS), o critério temporal é o momento da efetiva prestação do serviço. Ocorre o fato imponível quando o serviço avençado é concretizado, materializado ou findado e entregue ao seu destinatário.

25. O critério temporal aponta o critério espacial, já que, no exato instante da ocorrência do fato imponível, da prestação da obrigação de fazer, é que se identifica o local competente para a exigência do imposto.

26. O sujeito ativo é o Município ou Distrito Federal em que houve a efetiva prestação do serviço, onde foi consumada a obrigação de fazer.

27. O sujeito passivo, na condição de contribuinte, é o prestador do serviço, já que realiza o fato imponível. É devedor do tributo, na figura do responsável tributário, o tomador da atividade, se assim tiver previsto a lei reguladora do imposto.

28. A base de cálculo é o valor do serviço prestado, e a alíquota é a fixada em lei ordinária municipal, respeitados os limites mínimo (2%) e máximo (5%).

29. A fixação de alíquotas mínimas e máximas pelo legislador complementar goza de constitucionalidade. O fundamento decorre da própria função da espécie legislativa, que, nos termos do artigo 146, I, do Diploma Maior, deve dispor sobre conflito de competência entre os entes da federação, evitando guerra fiscal.

30. A limitação quanto à fixação das alíquotas não lesa a autonomia municipal ou o pacto federativo. Os entes federados não estão por meio dela impedidos de exercitar a competência tributária, há apenas uma restrição para que as alíquotas não sejam utilizadas como forma de angariar prestadores de serviços para determinada localidade.

31. A origem da Franquia remonta aos anos 60 do século XIX, data em que a empresa *Singer Sewing Machine* começou a distribuir seus produtos por todo o território dos Estados Unidos da América, permitindo que seus distribuidores utilizassem sua marca, sem, contudo, formalizar com eles contrato de trabalho.

32. Apenas na década de 50 do século seguinte (século XX) o *franchising* começou a se difundir em larga escala, principalmente com o surgimento da rede de restaurantes *fast food McDonald's*, que padronizou a fabricação de lanches e permitiu que interessados o fabricassem e vendessem com sua marca.

33. No Brasil, a franquia ganhou destaque a partir da década de 80, de forma que sua regulamentação por meio de lei ocorreu na década de 90, com a publicação da Lei n. 8.955/94 (Lei de Franquias), a qual encontra-se vigente atualmente.

34. A Franquia, conforme entendimento do Superior Tribunal de Justiça, é um contrato complexo, por possuir mais de um objeto. Todavia, conforme menciona artigo 2º da Lei n. 8.955/94, seu objeto principal é a cessão de direito do uso de marca ou patente. Por meio dela, o franqueador (titular de uma marca famosa) permite que o franqueado utilize os privilégios de vender produtos com sua marca e goze deles, mediante o pagamento de retribuição.

35. Ela é classificada como um contrato bilateral, solene, oneroso e comutativo, e, antes de sua assinatura, o franqueador precisa enviar ao franqueado a Circular de Oferta de Franquia (artigo 3º, da Lei n. 8.955/94), documento em que constam todas as informações econômicas, jurídicas e administrativas do franqueador, bem como se apresenta o perfil que os interessados a franqueados devem atender.

36. A Função Social é um princípio que guarda origem no Direito de Propriedade, estampado no artigo 5º, inciso XXIII, da Constituição Federal. Trata-se de um instituto principiológico criado com a finalidade de que o direito real de propriedade não atenda exclusivamente os interesses do proprietário, mas, também, da coletividade.

37. Atualmente a função social é um princípio que norteia a criação de normas dos mais diferentes ramos do Direito, tendo como objetivo que os negócios jurídicos entre Estado/Particulares e entre Particulares não atendam exclusivamente os interesses intrínsecos das partes, mas que possuam uma finalidade maior de beneficiar com aquele ato, direta ou indiretamente, a todos.

38. As relações contratuais (negócios jurídicos que vinculam as partes em obrigações de dar/fazer/não fazer) também devem obediência na sua formação e consecução, conforme estipula o artigo 421, do CC, ao princípio da função social, de forma que ela servirá para que o Direito crie incentivos ou sanções para aqueles contratos que atuem em consonância ou em dissonância com esse princípio.

39. A função social, enquanto princípio norteador da criação de leis, é importante instrumento de concretização da Justiça Social, que visa, numa escala maior, à equidade, à solidariedade e à atuação do Direito em prol da coletividade e dos menos favorecidos, uma vez que ela serve para diminuir as desigualdades.

40. Os Direitos Sociais, preceitos constitucionais de segunda geração, tais como estampados no artigo 6º da Constituição Federal, são paradigmas a serem seguidos na atuação do Estado e também dos particulares para a concretização da Justiça Social, sendo o Direito ao Trabalho, além de educação, saúde e lazer, um ponto primordial nos estudos dos Direito Sociais.

41. A Franquia, enquanto contrato que deve obediência ao princípio da função social, a cumpre na medida em que gera postos de trabalho, tanto nos quadros do franqueador quanto do franqueado, contribuindo, dessa maneira, para o fomento do Direito Social ao trabalho, o que, consequentemente, contribui para a concretização da Justiça Social.

42. O *franchising* tem como objeto principal a cessão de direito de uso de marca ou patente (atividades-fim) e vários fins acessórios ou secundários (atividades-meio), como capacitação, prestação de serviços e compra e venda, objetivos que são indissociáveis para qualquer finalidade.

43. Atividades-meio são aquelas desenvolvidas como requisito ou condição para a realização de uma outra utilidade, e as atividades-fim têm como resultado uma vantagem material ou imaterial colocada à disposição de outrem.

44. Não têm função em si as atividades-meio relacionadas com o exercício da franquia, já que voltadas à realização da cessão do direito do uso da marca e praticadas como instrumentos para viabilizar o contrato. São absorvidas pelo objetivo principal do contrato; na verdade, são levadas a efeito no interesse do próprio franqueador.

45. Somente as atividades-fim se sujeitam à tributação. As atividades acessórias, ainda que consistam num fazer, não podem sofrer qualquer tipo de incidência tributária, inclusive via Imposto Sobre Serviços de Qualquer Natureza (ISS), por não serem o resultado da obrigação decorrente da avença.

46. É inconstitucional a incidência do ISS no contrato de *franchising* porque a cessão de direitos de uso de marca ou patente, sua atividade-fim, não se enquadra no conceito constitucionalmente pressuposto de "serviço", já que a entrega de marca ou produto para uso de terceiros independe de qualquer esforço humano, não constituindo obrigação de fazer, núcleo da hipótese da regra-matriz do imposto.

47. A norma interpretativa do artigo 110 do Código Tributário Nacional impõe que conceitos e definições utilizados, expressa ou implicitamente, pela Constituição Federal para definir ou limitar competências tributárias, não sejam alterados pelo legislador infraconstitucional.

48. O conceito constitucionalmente pressuposto de "serviço", consistente na realização efetiva de uma prestação de fazer, deriva do Direito Civil e, por isso, não pode sofrer alteração por norma infraconstitucional, quer complementar ou ordinária. Quando o legislador complementar elenca no rol das atividades passíveis de tributação por ISS atividade não consistente num *facere*, modifica conceito utilizado pela Constituição no arquétipo do tributo, o que não é permitido pelo sistema tributário nacional.

49. A inconstitucionalidade da incidência do ISS no contrato de franquia é reforçada pela circunstância de o subitem 17.08, que prevê o *franchising*, estar em completo descompasso com o item 17, do qual devia ser espécie. O subitem 17.08 não pertence à classe contemplada no item 17, qual seja, serviços de apoio técnico, administrativo, jurídico, contábil, comercial e congêneres, posto que seu objeto é a cessão de direito de uso de marca ou patente, e não um fazer. É inconstitucional a descrição de uma atividade no subitem que não é espécie daquela prevista genericamente no item.

50. A incidência do ISS sobre a atividade-fim decorrente do contrato de franquia fere a função social da propriedade, do contrato, do tributo e da empresa, não se sustentando diante da Justiça Social, donde resulta sua inconstitucionalidade.

51. A cobrança do imposto viola a livre iniciativa, prejudica o desenvolvimento empresarial e econômico, lesa princípios tributários, tais como o não confisco e capacidade contributiva, fere direito sociais, ao onerar descomedidamente o contrato, dificultando o exercício da atividade de *franchising* e impedindo a geração de postos de trabalho.

52. Não se sustenta o argumento econômico e financeiro segundo o qual o contrato de franquia, por consistir numa das atividades das mais lucrativas, tem obrigatoriamente que sujeitar-se à incidência do ISS para gerar arrecadação tributária. Se a atividade é lucrativa, sobre seus resultados financeiros já incidem outros tributos, tais como o Imposto sobre a Renda e contribuições, que são cobrados sobre a receita bruta. A mera arrecadação tributária é fundamento para a exigência do imposto.

53. Ao cumprir o contrato de franquia sua função social, o que implica a não cobrança do ISS na avença, há o fomento do Direito Social do trabalho e reflexos positivos na arrecadação tributária.

54. A franquia é um contrato que emprega mais de um milhão de trabalhadores diretos, e, contados os empregos indiretos, o número se mostra muito maior, haja vista que ela fomenta a compra de materiais com fornecedores, os quais contratarão mais funcionários, precisarão de consultorias nas áreas jurídicas e fiscais, permitindo que escritórios especializados contratem outros trabalhadores e adquiram maquinário, incentivando, assim, a contratação de mão de obra também na indústria de transformação.

55. Em sendo o trabalho um Direito Social, conforme prevê artigo 6º da Constituição Federal, não há que se duvidar que o *franchising* é um dos contratos empresariais atuais que mais desempenham com afinco esse papel, o que, consequentemente, permite o cumprimento de sua função social e a concretização da Justiça Social, valores defendidos pela Carta Magna.

56. A não incidência do Imposto Sobre Serviços de Qualquer Natureza (ISS) no contrato de franquia não viola a autonomia dos Municípios e do Distrito Federal através da diminuição de receitas tributárias em face de sua não cobrança. Ao contrário, havendo aumento de celebração de avenças, ocorrerá majoração das receitas decorrente da arrecadação de outros tributos, rendas estas que serão direcionadas também àqueles entes pela repartição constitucional de receitas.

57. A função social do contrato de franquia, consubstanciada na realização da Justiça Social, prevalece sobre a finalidade fiscal do ISS, merecendo proteção pelo sistema e infirmando a inconstitucionalidade da incidência do imposto na espécie, em face da sua violação.

58. Quando se declara que o Imposto Sobre Serviços de Qualquer Natureza (ISS) não incide porque viola a função social do contrato, está-se deixando de lado a função arrecadatória do imposto, para que o fim social, o interesse comum, a não oneração do contrato, o estímulo à livre-iniciativa, ao trabalho, aos direitos sociais prevaleçam sobre aquela finalidade.

REFERÊNCIAS

ALESSI, Renato; STAMMATI, Gaetano. *Istituzioni di diritto tributario*. Torino: UTET, 1964.

AMARAL, Gilberto Luiz do et al. (Coords.). *Empresômetro – Perfil empresarial brasileiro. Análise do 1º semestre de 2014*. São Paulo: IBPT, ago. 2014 Disponível em: <https://www.ibpt.org.br/img/uploads/novelty/estudo/1878/EmpresometroJunho2014V4.pdf>. Acesso em: 26 dez. 2014.

AMARO, Luciano. *Direito tributário brasileiro*. 20. ed. rev. e atual. São Paulo: Saraiva, 2014.

ARAÚJO, Luiz Alberto David; NUNES JÚNIOR, Vidal Serrano. *Curso de Direito Constitucional*. 18. ed. São Paulo: Verbatim, 2013.

ASSOCIAÇÃO BRASILEIRA DE FRANCHISING. *Evolução do Setor 2003-2013*. São Paulo: ABF, 2014. Disponível em: <http://www.portaldofranchising.com.br/numeros-do-franchising/evolucao-do-setor-de-franchising>. Acesso em: 14 jun. 2014.

ATALIBA, Geraldo. *Hipótese de incidência tributária*. 6. ed., 7. tir. São Paulo: Malheiros, 2005.

_____. Imposto sobre Serviços: parecer. *Revista de Direito Tributário*, São Paulo: Malheiros, v. 10, n. 35, p. 68-93, jan./mar. 1986.

_____. *República e constituição*. Atual. Rosolea Miranda Folgosi. 2. ed. São Paulo: Malheiros, 1998.

ÁVILA, Humberto. *Sistema constitucional tributário*. 3. ed. São Paulo: Saraiva, 2008.

_____. *Teoria dos princípios*. 14. ed. rev. atual. ampl. São Paulo: Malheiros, 2014.

BALEEIRO, Aliomar. *Direito tributário Brasileiro*. 11. ed. atual. por Misabel de Abreu Machado Derzi. Rio de Janeiro: Forense, 2006.

_____. *Limitações constitucionais ao poder de tributar*. 7. ed. atual. por Misabel de Abreu Machado Derzi. Rio de Janeiro: Forense, 2006.

BAPTISTA, Marcelo Caron. *ISS*: do texto à norma. São Paulo: Quartier Latin, 2005.

BARCELLOS, Ana Paula de. *Ponderação, racionalidade e atividade jurisdictional*. Rio de Janeiro: Renovar, 2005.

BARRETO, Aires Fernandino. *Curso de direito tributário municipal*. São Paulo: Saraiva, 2009.

_____. *ISS na constituição e na lei*. 3. ed. São Paulo: Dialética, 2009.

_____. ISS na Constituição – sociedades de trabalho. Tributação mitigada, como exigência dos princípios da igualdade e da capacidade contributiva. *Revista dialética de direito tributário*, n. 222, p. 7-35, mar. 2014.

_____. *Franquia*: não incidência de ISS: Parecer [documento entregue em mãos]. São Paulo, p. 1-62, jan. 2004.

BARROSO, Luís Roberto. *Interpretação e Aplicação da Constituição*: Fundamentos de uma Dogmática Transformadora. 5. ed. São Paulo: Saraiva, 2003.

BASTOS, Celso Ribeiro. *Curso de direito financeiro e de direito tributário*. 8. ed. atual. São Paulo: Saraiva, 2001.

BECKER, Alfredo Augusto. *Teoria geral do direito tributário*. 5. ed. São Paulo: Noeses, 2010.

BERTOLDI, Marcelo; RIBEIRO, Marcia Carla Pereira. *Curso Avançado de Direito Comercial*. 5. ed. São Paulo: Revista dos Tribunais, 2009.

BOBBIO, Norberto. *Teoria do ordenamento jurídico*. Trad. Maria Celeste Cordeiro Leite dos Santos; rev. téc. Claudio De Cicco. 10. ed. Brasília: Universidade de Brasília, 1999.

BONAVIDES, Paulo. *Curso de direito constitucional*. 26. ed. atual. São Paulo: Malheiros, 2011.

BORGES, José Souto Maior. *Teoria geral da isenção tributária*. 3. ed. rev. atual. São Paulo: Malheiros, 2011.

BRASIL. Câmara dos Deputados. *Alvará de 20 de outubro de 1812*. Estabelece um imposto sobre seges, lojas e embarcações para fundo capital do Banco do Brazil. Disponível em: <http://www2.camara.leg.br/legin/fed/alvara/anterioresa1824/alvara-39745-20-outubro-1812-570461-publicacaooriginal-93591-pe.html>. Acesso em: 23 jul. 2014.

BULGARELLI, Waldírio. *Contratos mercantis*. 5. ed. São Paulo: Atlas, 1990.

CANOTILHO, José Joaquim Gomes. Constituição dirigente e vinculação do legislador: contributo para a compreensão das normas constitucionais programáticas. Coimbra: Almedina, 1994.

_____. *Direito constitucional e teoria da constituição*. 7. ed. Coimbra: Almedina, 2003.

_____. *Direito constitucional*. 6. ed. Coimbra: Almedina, 1996.

CARRAZZA, Elizabeth Nazar. Natureza "não cumulativa do ISS". *Revista de Direito Tributário*. São Paulo, n. 19-20, p. 255-268, jan./jun. 1982.

CARRAZZA, Roque Antonio. *Curso de direito constitucional tributário*. 26. ed. rev., amp. e atual. até EC n. 64/2010. São Paulo: Malheiros, 2010.

_____. *ICMS*. 10. ed. rev., ampl., até EC 45/2004 e de acordo com a Lei Complementar 87/1996, com suas ulteriores modificações. São Paulo: Malheiros, 2005.

_____. *Imposto sobre a renda*: perfil constitucional e temas específicos. 2. ed. rev., ampl. e atual. São Paulo: Malheiros, 2006.

_____. Inconstitucionalidades dos itens 21 e 21.1, da lista de serviços anexa à LC n. 116/2003. In: TÔRRES, Heleno Taveira (Coord.). *Imposto sobre serviços* – ISS: na Lei Complementar n. 116/03 e na Constituição. São Paulo: Manole, 2004.

_____. *Reflexões sobre a obrigação tributária*. São Paulo: Noeses, 2010.

CARRIÓ, Genaro R. *Notas sobre derecho y lenguaje*. 4. ed. Buenos Aires: Abeledo-Perrot, 1990.

CARVALHO, Kildare Gonçalves. *Direito Constitucional*: teoria do Estado e da constituição: direito constitucional positivo. 14. ed. rev. atual. e ampl. Belo Horizonte: Del Rey, 2008.

CARVALHO, Paulo de Barros. *Curso de direito tributário*. 25. ed. rev. São Paulo: Saraiva, 2013.

_____. *Direito tributário*: fundamentos jurídicos da incidência. 8. ed. rev. São Paulo: Saraiva, 2010.

_____. *Direito tributário*: linguagem e método. 3. ed. rev. ampl. São Paulo: Noeses, 2009.

_____. *Constitucionalidade da exigência do Imposto sobre serviços (ISS) relativamente às prestações decorrentes dos contratos de franquia*: parecer [documento entregue em mãos]. São Paulo, p. 1-49, fev. 2004.

CASSONE, Vittorio. *Direito tributário*: fundamentos constitucionais da tributação, definição de tributos e suas espécies, conceito e classificação dos impostos, doutrina e jurisprudência. 19. ed. São Paulo: Atlas, 2008.

COELHO, Fábio Ulhoa. *Curso de Direito Civil*. v. 3, 4. ed. São Paulo: Saraiva, 2010.

COÊLHO, Sacha Calmon Navarro. *Curso de direito tributário brasileiro*. 9. ed. rev. e atual. de acordo com o Código Civil de 2002. Rio de Janeiro: Forense, 2007.

_____; MARTINS, Ives Gandra da Silva. Distinção entre não incidência e isenção em tema de ISS – Atividades Bancárias. *Revista Dialética de Direito Tributário*, São Paulo: Dialética, n. 126, p. 61-69, mar. 2006.

COSTA, Regina Helena. *Curso de direito tributário*: constituição e código tributário nacional. São Paulo: Saraiva, 2009.

_____. *Praticabilidade e justiça tributária* – exequibilidade da lei tributária e direitos do contribuinte. São Paulo: Malheiros, 2007.

CREW, Albert. *Economía*. 2. ed. Barcelona: Labor, 1960.

CRUZ, Antonio Mauricio da. Conflitos de competência – ISS – IPI – ICM. *Revista de direito tributário*, n. 19-20, p. 63-90, jan./jun. 1982.

CURADO, Fernando Dias Fleury; BARREIRINHAS, Robinson Sakiyama. *Manual do ISS*. São Paulo: Método, 2011.

DÁCOMO, Natália de Nardi. *Hipótese de incidência do ISS*. São Paulo: Noeses, 2007.

DALLARI, Dalmo de Abreu. *Elementos de Teoria Geral do Estado*. 19. ed. São Paulo: Saraiva, 1995.

DERZI, Misabel de Abreu Machado. *Direito tributário, direito penal e tipo*. São Paulo: Revista dos Tribunais, 1988.

_____. Notas atualizadoras. In: BALEEIRO, Aliomar. *Direito tributário Brasileiro*. 11. ed. atual. Rio de Janeiro: Forense, 2006.

DINIZ, Maria Helena. *Curso de direito civil brasileiro*: teoria geral do direito civil. v. 1, 24. ed. São Paulo: Saraiva, 2007.

_____. *Curso de direito civil brasileiro*: teoria geral das obrigações. v. 2, 22. ed. rev. e atual., de acordo com a Reforma do CPC. São Paulo: Saraiva, 2007.

FANUCCHI, Fábio. *Curso de direito tributário brasileiro*. 4. ed. São Paulo: Resenha Tributária, 1986.

FAZZIO JUNIOR, Waldo. *Manual de direito comercial*. 14. ed. São Paulo: Revista dos Tribunais, 2013.

FERRAZ JUNIOR, Tércio Sampaio. Competência tributária municipal. *Revista de Direito Tributário*. São Paulo, n. 53, ano 14, p. 82-86, jul./set. 1990.

FERREIRA FILHO, Manoel Gonçalves. *Do processo legislativo*. São Paulo: Saraiva, 1977.

FURLAN, Valéria Cristina Pereira. *Apontamentos de direito tributário*. 3. ed. São Paulo: Malheiros, 2009.

GAMA, Tácio Lacerda. *Competência tributária* – fundamentos para uma teoria da nulidade. São Paulo: Noeses, 2009.

GONÇALVES, Carlos Roberto. *Direito civil brasileiro*: teoria geral das obrigações. 11. ed., v. 2. São Paulo: Saraiva, 2014.

_____. *Direito civil brasileiro*: contratos e atos unilaterais. 11. ed., v. 3. São Paulo: Saraiva, 2014.

GONÇALVES, José Artur Lima. *Imposto sobre a renda*: pressupostos constitucionais. São Paulo: Malheiros, 2002.

GRAU, Eros Roberto. *A ordem econômica na constituição de 1988 (interpretação e crítica)*. 16. ed. rev. atual. São Paulo: Malheiros, 2014.

GUYÉNOT, Jean. *¿Qué es el franchising?* Concesiones comerciales. Buenos Aires: Ediciones Juridica Europa-América, 1977.

HAMDAN, Janaina; LEAL JÚNIOR, João Carlos; PIRES, Natália Taves; FREITAS FILHO, Julio César de. A instrumentalização do princípio constitucional da função social. In: *Âmbito Jurídico.com.br* Disponível em: <http://www.ambito-juridico.com.br/site/index.php?n_link=revista_artigos_leitura&artigo_id=5135>. Acesso em: 04 nov. 2014.

HARADA, Kiyoshi. *Direito financeiro e tributário*. 23. ed. rev. ampl. São Paulo: Atlas, 2014.

HART, Herbert. L. A. *O conceito de direito*. Lisboa: Fundação Calouste Gulbenkian, 1986.

IBRACON. *Carga tributária brasileira é 2ª maior da América Latina, mostra OCDE*. São Paulo: Ibracon, 21 jan. 2014. Disponível em: <http://www.ibracon.com.br/ibracon/Portugues/detNoticia.php?cod=1627>. Acesso em: 02 jan. 2015.

JARDIM, Eduardo Marcial Ferreira. *Manual de direito financeiro e tributário*. 7. ed. rev. atual. São Paulo: Saraiva, 2005.

JUSTEN FILHO, Marçal. ISS e as atividades de franchising. *Revista de Direito Tributário*, n. 64, São Paulo: Malheiros, p. 242-256, 1995.

_____. *O Imposto sobre serviços na Constituição*. São Paulo: Revista dos Tribunais, 1985.

_____. O ISS, a Constituição de 1988 e o Decreto-lei n. 406. *Revista Dialética de Direito Tributário*, São Paulo, n. 3, p. 64-85, dez. 1995.

KELSEN, Hans. *Teoria geral do direito e do estado*. Tradução Luís Carlos Borges. 4. ed. São Paulo: Martins Fontes, 2005.

_____. *Teoria pura do direito*. Tradução João Batista Machado. 6. ed. São Paulo: Martins Fontes, 1998.

LACOMBE, Américo Lourenço Masset. *Princípios constitucionais tributários*. 2. ed. São Paulo: Malheiros, 2000.

LANG, Joachim; TIPKE, Klaus. *Direito tributário (Steuerrecht)*. Tradução da 18. ed. alemã, totalmente refeita, de Luiz Doria Furquim. Porto Alegre: Sergio Antonio Fabris, 2008.

LENZA, Pedro. *Direito Constitucional Esquematizado*. São Paulo: Saraiva, 2010.

MACHADO, Hugo de Brito. *Curso de direito tributário*. 25. ed. rev., atual. e amp. São Paulo: Malheiros, 2004.

_____. _____. 31. ed. rev., atual. e amp. São Paulo: Malheiros, 2010.

_____. *O ISS e a locação ou cessão de direito de uso.* 2004. Disponível em: <http://www.hugomachado.adv.br/>. Acesso em: 24 dez. 2014.

_____. *Os princípios jurídicos da tributação na constituição de 1988.* 4. ed. São Paulo: Dialética, 2001.

MAMEDE, Gladston. *Direito empresarial brasileiro* – Empresa e atuação empresarial. 7. ed. São Paulo: Atlas, 2013.

MARÇAL FILHO, Justen Marçal. *O Imposto sobre Serviços na Constituição*. São Paulo: Revista dos Tribunais, 1985.

MARTINS, Fran. *Contratos e obrigações comerciais*. 16. ed. rev. e aum. Rio de Janeiro: Forense, 2010.

MARTINS, Ives Gandra da Silva (Coord.). *Curso de direito tributário*. 10. ed. rev. e atual. São Paulo: Saraiva, 2008.

_____. I.S.S. – Cumulatividade: Parecer. *Revista de direito tributário*, n. 11-12, p. 151-168, jan./jul. 1980.

_____. O ISS na constituição de 1988 e na anterior. *Revista dos tribunais*, São Paulo, v. 79, n. 653, p. 252-257, mar. 1990.

MARTINS, Sérgio Pinto. *Manual do imposto sobre serviços*. 9. ed. atual. rev. amp. São Paulo: Atlas, 2013.

_____. *Os princípios jurídicos da tributação na constituição de 1988*. 4. ed. São Paulo: Dialética, 2001.

MASINA, Gustavo. *ISSQN*: Regra de competência e conflitos tributários. Porto Alegre: Livraria do Advogado, 2009.

MELLO, Celso Antonio Bandeira de. *Curso de direito administrativo*. 19. ed. São Paulo: Malheiros, 2005.

MELO, José Eduardo Soares de. *ISS* – aspectos teóricos e práticos. 5. ed. São Paulo: Dialética, 2008.

_____; LIPPO, Luiz Francisco. *A não cumulatividade tributária (ICMS, IPI, ISS, PIS COFINS)*. 2. ed. São Paulo: Dialética, 2004.

MEYERS, Albert. L. *Elementos da economia moderna*. Rio de Janeiro: Delta, 1970.

MIRANDA, Francisco Cavalcanti Pontes de. *Tratado de direito privado*. Parte especial. 3. ed., t. XXII. Rio de Janeiro: Borsoi, 1971.

MORAES, Alexandre de. *Direito Constitucional*. 30. ed. São Paulo: Atlas, 2014.

MORAES, Bernardo Ribeiro. *Doutrina e prática do imposto sobre serviços*. São Paulo: Revistas dos Tribunais, 1975.

MOUSSALLEM, Tárek Moysés. *Revogação em matéria tributária*. São Paulo: Noeses, 2005.

MURICY, Sara Raquel Alves, CHIESA, Clélio. A função social do tributo: contribuição do super simples para o desenvolvimento socioeconômico. *Revista Jurídica Cesumar* - Mestrado, v. 11, n. 2, p. 471-480, jul./dez. 2011. Disponível em: <http://periodicos.unicesumar.edu.br/index.php/revjuridica/article/download/1815/1416>. Acesso em: 05 nov. 2014.

NADER, Paulo. *Introdução ao Estudo do Direito.* 32. ed. Rio de Janeiro: Forense, 2010.

NOGUEIRA, Alberto. *Teoria dos princípios constitucionais* – a nova matriz da cidadania democrática na pós-modernidade tributária. Rio de Janeiro: Renovar, 2008.

NOGUEIRA, Ruy Barbosa. *Curso de direito tributário.* 11. ed. São Paulo: Saraiva, 1993.

NUNES, Rizatto. *Manual de Introdução ao Estudo do Direito.* 10. ed. São Paulo: Saraiva, 2011.

OLIVEIRA, José Jayme de Macedo. *Impostos municipais*: ISS, ITBI, IPTU: comentários, doutrina, jurisprudência. 2 ed. São Paulo: Saraiva, 2011.

OLIVEIRA, Ribamar. Valor Econômico (SP): Carga tributária subiu em 2013, mostra Ipea. *Ipea.* Brasília: Ipea, 08 maio 2014. Disponível em: <http://www.ipea.gov.br/portal/index.php?option=com_content&view=article&id=22277&Itemid=75>. Acesso em: 31 dez. 2014.

PERES, Tatiana Bonatti. Função Social do Contrato. *Revista de Direito Privado*, ano 10, n. 40, p. 288-307, out.-dez. 2009.

PERREIRA, Caio Mário da Silva. *Instituições de direito civil:* contratos. v. 3., 4. ed Rio de Janeiro: Forense, 1978.

_____. *Instituições de direito civil*: contratos. v. 3, 15. ed. São Paulo: Forense, 2011.

PIVA, Sílvia Helena Gomes. *O ISSQN e a determinação do local da incidência tributária.* São Paulo: Saraiva, 2012.

POÇAS, Fernando Augusto Ferrante. *Imposto sobre serviços de acordo com a lei complementar n. 116/03*. São Paulo: Quartier Latin, 2004.

RÁO, Vicente. *O direito e a vida dos direitos*. 5. ed. anotada e atual. por Ovídio Rocha Barros Sandoval. São Paulo: Revista dos Tribunais, 1999.

RAWLS, John. *Uma Teoria da Justiça*. São Paulo: Marins Fontes, 2008.

ROSA JÚNIOR, Luiz Emygdio F. da. *Manual de direito financeiro & direito tributário*. 19. ed. rev. e atual. Rio de Janeiro: Renovar, 2006.

ROSS, Alf. *Sobre el derecho y la justicia*. 4. ed. Buenos Aires: Editorial Universitaria de Buenos Aires, 1977.

SARTIN, Agostinho. ICM e ISS e obrigações de dar e de fazer. *Revista de direito tributário*, n. 19-20, p. 48-62, jan./jun. 1982.

SCHOUERI, Luís Eduardo. *Direito tributário*. São Paulo: Saraiva, 2011.

SEBRAE. *Aspectos legais dos sistemas de franquias*. Disponível em: <http://www.sebrae.com.br/sites/PortalSebrae/artigos/Aspectos-legais-dos-sistemas-de franquias>. Acesso em: 25 jul. 2014.

SEN, Amartya. *A ideia de justiça*. São Paulo: Companhia das Letras, 2014.

SILVA, De Plácido e. *Vocabulário jurídico*. Rio de Janeiro: Forense, 1996. 4v.

SILVA, José Afonso da. *Curso de direito constitucional positivo*. 10. ed. São Paulo: Malheiros, 1995.

STOLZE, Pablo; PAMPLONA FILHO, Rodolfo. *Novo Curso de direito civil – obrigações*. 14. ed. Saraiva: São Paulo, 2013.

TARTUCE, Flávio. *Função Social dos Contratos*: do Código de Defesa do Consumidor ao novo Código Civil. São Paulo: Método, 2005.

TIPKE, Klaus; YAMASHITA, Douglas. *Justiça fiscal e princípio da capacidade contributiva*. São Paulo: Malheiros, 2002.

TÔRRES, Heleno Taveira. Funções das leis complementares no sistema tributário nacional: hierarquia de normas e papel do código tributário nacional no ordenamento. *Revista de Direito Tributário*, São Paulo, n. 84, p. 50-69, 2002.

VENOSA, Sílvio de Salvo. *Direito civil*: teoria geral das obrigações e teoria geral dos contratos. 8. ed., v. 2. São Paulo: Atlas, 2008.

_____. *Direito civil* – contratos em espécie. 13. ed., v. 3. Atlas: São Paulo, 2013.

VILANOVA, Lourival. *Estruturas lógicas e o sistema de direito positivo*. 3. ed. São Paulo: Noeses, 2005.

VILLEGAS, Héctor B. *Curso de finanzas, derecho financiero y tributario*. 7. ed. Buenos Aires: Depalma, 2001.

VINSON FRANCHISE LAW FIRM. *U.S. Franchise Law Basics*. Disponível em: <http://franchiselaw.net/startups/usfranchiselawbasics.html>. Acesso em: 23 maio 2014.

ZANETTI, Andrea Cristina. *Princípio do Equilíbrio Contratual*. São Paulo: Saraiva, 2012.

SOBRE O LIVRO
Tiragem: 1000
Formato: 16 x 23 cm
Mancha: 12 X 19 cm
Tipologia: Times New Roman 11,5/13/16/18
 Arial 8,5/9/10
Papel: Pólen 80 g (miolo)
 Royal Supremo 250 g (capa)